中国交通舆情研究报告

(2015~2020)

REPORT ON THE PUBLIC OPINION OF
TRANSPORTATION IN CHINA (2015-2020)

名誉主编／闫学东

主　编／刘　凯

副主编／苏林森　陈　杰　刘晓燕　黄彪文

社会科学文献出版社
SOCIAL SCIENCES ACADEMIC PRESS (CHINA)

图书在版编目（CIP）数据

中国交通舆情研究报告 . 2015 – 2020 / 刘凯主编 . ––
北京：社会科学文献出版社，2021.10
ISBN 978 – 7 – 5201 – 8728 – 2

Ⅰ.①中⋯　Ⅱ.①刘⋯　Ⅲ.①交通运输业 – 舆论 – 研
究报告 – 2015 – 2020　Ⅳ.①F512

中国版本图书馆 CIP 数据核字（2021）第 143662 号

中国交通舆情研究报告（2015~2020）

名誉主编／闫学东
主　　编／刘　凯
副 主 编／苏林森　陈　杰　刘晓燕　黄彪文

出 版 人／王利民
组稿编辑／陈　颖
责任编辑／薛铭洁　桂　芳
责任印制／王京美

出　　版／社会科学文献出版社·皮书出版分社（010）59367127
　　　　　地址：北京市北三环中路甲 29 号院华龙大厦　邮编：100029
　　　　　网址：www. ssap. com. cn
发　　行／市场营销中心（010）59367081　59367083
印　　装／天津千鹤文化传播有限公司

规　　格／开本：787mm × 1092mm　1/16
　　　　　印张：21.75　字数：330 千字
版　　次／2021 年 10 月第 1 版　2021 年 10 月第 1 次印刷
书　　号／ISBN 978 – 7 – 5201 – 8728 – 2
定　　价／198.00 元

《中国交通舆情研究报告（2015～2020）》
编 委 会

主要编撰者介绍

刘　凯　博士，北京交通大学副教授，硕士生导师。美国康奈尔大学访问学者。主要研究领域包括网络舆情、政策传播、新媒体技术发展等。主持省部级以上纵向课题4项，部委横向委托重大课题7项。过去5年，在核心期刊、国际会议上共发表论文15篇，出版学术专著1部，上报相关部委工作内参报告超150万字。过去5年，为铁路等交通行业开展宣传、舆情应对等培训20余场。

苏林森　博士，北京交通大学教授，硕士研究生导师，主要研究领域为舆论学、媒介经济学。美国密苏里大学、美国佛罗里达大学、中国香港城市大学访问学者。发表中英文学术论文70余篇，出版专著3部、译著2部、教材（编著）1部；主持国家社会科学基金课题2项、北京市社会科学基金重点课题2项、国家民委委托课题1项，主持其他各类课题十余项。

陈　杰　博士，北京交通大学副教授、硕士生导师。美国肯特州立大学传播与信息学院访问学者。主要研究领域包括新媒体、交通舆情、数据挖掘、计算传播等，主持或参与多项国家及省部级课题。

黄彪文　博士，北京交通大学传播系副教授、硕士生导师。中国科学院大学人文学院博士后，澳洲国立大学访问学者。主要研究方向为公共传播、舆情研究、健康传播等。主持或承担多项国家及省部级课题，在国内外核心期刊发表论文十余篇，著有《新媒体概论》、编写《中国危机管理报告》等。

刘晓燕 北京交通大学副教授、硕士生导师。清华大学新闻传播学博士，美国普渡大学联合培养博士生。主要研究领域为新媒体、社会网等。主持教育部人文社会科学基金青年项目1项，在《新闻与传播研究》《现代传播》等期刊发表学术论文十余篇。

摘　要

城市化进程和经济发展推动国民交通需求不断增加，交通业在人们日常生活中发挥着越来越重要的影响。随着交通与互联网、大数据的进一步融合，交通类重大突发事件通过网络曝光与传播越来越频繁，社交媒体等新媒体平台又成为交通舆情快速扩散的首要平台，交通舆情分析与监测成为解决交通问题的重要内容。智慧交通在交通强国发展中起着越来越重要的作用，而交通舆情也是未来交通运输、社会舆情和城市治理紧密结合的发展方向。

《中国交通舆情研究报告（2015～2020）》（以下简称《报告》）以2015年以来交通运输领域相关舆情为主题，基于交通强国和智慧交通的战略背景，对过去五年交通运输领域重要事件、人物和思潮的舆情进行总结，并对未来交通舆情的演变态势进行研判。《报告》包括总报告、分报告、评价篇、热点篇和海外篇等5个篇章，其中总报告重点分析了中国交通舆情的范畴、发展规律及治理策略；分报告分别阐述了新冠肺炎疫情期间重大交通舆情传播规律，2015～2020年铁路航空、公路交通和城市交通相关的舆情传播规律；评价篇重点对铁路系统媒体传播能力、铁路系统的媒体影响力和危机舆情事件处置能力进行排行和评价；在热点篇中，报告选取近年来交通运输领域发生的重大事件如航空运输领域的川航备降事件、城市交通领域的重庆公交坠江事件、滴滴顺风车事件以及无锡高架桥侧翻事件为例，进一步聚焦分析不同交通领域热点事件的舆情传播特点和规律；海外篇重点介绍了海外媒体对我国交通建设媒体报道情况概要，分析海外公众对我国交通评论及态度，以及中国交通"走出去"媒体报道情况。

　　《报告》指出，由于交通与互联网、大数据的进一步融合和智慧交通的深入推进，越来越多的交通事件借助互联网平台传播形成网络舆情，基于交通类事件"电子痕迹"的挖掘分析监测交通网络舆情，从而为营造良好交通秩序、便利国民出行提供必要的数据支撑；交通舆情在扩散过程中存在单一历时、多元共时、复杂网络联动三种议题关联现象；交通行业外的多态组织型意见领袖在舆情扩散中起主要作用，交通行业内单态意见领袖在城市交通舆情中经常失语，缺乏对交通舆情的引导力。《报告》指出，新冠肺炎疫情期间公众对交通类议题最关注复工、乘车、退票等内容，对"复工"和"退票"的关注度此消彼长。虽然近年来城市交通领域舆情事件发生频次呈现逐年上升趋势，但媒体对于城市交通领域关注度呈现逐年下降的趋势，公路舆情事件发生近年来呈逐年增加趋势，其中安全类是占比最高的公路舆情事件类型。《报告》指出，重大安全话题类和公共秩序管理类事件是航空领域舆情的两大热点议题，航空领域相关自媒体以官方机构的自媒体账号为主，且及时和粉丝保持沟通联系增加账号的影响力。长期化和突发性舆情在传播规律上存在较大差异；铁路事业对于我国社会发展具有重要意义，《报告》从"媒体布局""内容产出类型""内容产出数量""受众群体数量"四个指标出发，测量18个铁路局集团的垂直媒体网络传播效果，同时针对铁路系统18个铁路局的主流媒体影响力、社交媒体影响力及媒体形象排行进行了综合评价和排行。报告最后指出，海外媒体对中国交通"走出去"年度报道数量整体呈上升趋势，报道分布与铁路建设国家一致，报道目前仍然停留在比较宏观的叙事层面。

　　关键词：　交通运输　网络舆情　意见领袖　铁路舆情

序

进入 21 世纪以来，中国交通事业发展日新月异。特别是随着我国"一带一路"倡议的全球落地、新时期我国全面"走出去"的步伐提速，中国交通行业更是一马当先，在多个领域取得了非凡的成就，有力地助推了我国国民经济的快速发展。在改革开放初期，"要想富、先修路"的理念深入人心，而在当前改革开放新时期，中国交通行业承担的历史使命和社会责任更加艰巨且伟大！

交通行业具有较强的公共属性，网络新媒体的普及使得交通舆情成为公共管理领域的重要一环。第一，公共交通空间内的社会秩序、礼仪乃至道德伦理等问题，成为舆情高发领域；第二，交通相关的安全绿色出行、公众利益诉求等成为现代社会管理和国家治理的重要组成部分；第三，我国交通海外发展势必促使我们将目光延伸到海外。在未来的中国交通发展中，中国高铁、C919 飞机、港口水运、公路桥梁乃至城市交通领域，都将加速提质，深度提优，在全球必将产生巨大的影响力，这也是我国国力提升、民族实现全面复兴的重要举措。因此，讲好中国交通故事在当前显得尤为重要。

做好交通行业的舆情工作，可以促进交通政策的传播和落地，优化交通行业发展的社会舆论氛围，同时可以反向作为参考，为交通行业事业发展和优化服务提供方向。北京交通大学交通舆情研究团队历经三年磨练，填补了交通行业这项研究的空白，该书的出版必将对中国交通行业的转型升级发展、优化行业治理等提供扎实翔实的有益参考。

本书章节设置合理，具有较强的现实指导意义。比如对新冠肺炎疫情期间重大交通舆情传播规律的研究，在当前具有较强的总结归纳、现实指导意义；书中对热点舆情、公众焦点关注的深度分析和规律锤炼，将对今后处置类似事件提供精准的指导；本书对中国 18 个铁路局的三大类传播与舆情处置能力指标进行了排行，这是首次对全系统相关能力的摸排和整体评估，在行业内将产生较大的影响。此外，本书的海外篇尤为引人注目，对多个国家地区公众对我国交通走出去的反馈进行了系统的研究，这是当前为数不多的、能够为中国交通走出去提供综合参考的报告。

我们期待着北京交通大学交通舆情研究团队不断成长壮大，逐步成为中国交通领域重要的舆情研究力量，不断产出新的优秀成果，讲好中国交通故事，并成长为专注研究中国交通国内外发展态势的重要智库。

中国交通报社党委书记、社长　蔡玉贺

2021.10

目 录 ⤷

总报告

分报告

评价篇

热点篇

海外篇

总 报 告

中国交通舆情的范畴、
发展规律及治理策略

刘 凯 程思琪*

摘 要： 本报告对交通舆情的概念、外延及涉及范畴进行了定义和分类，同时总结归纳了交通舆情社会影响模式和基本特征。在此基础上，本报告指出：除了舆情参与主体专业媒体外，平台及算法推荐技术在舆情发展中发挥越来越重要的作用；交通舆情的衍生呈现五种特征，在扩散过程中存在单一历时、多元共时、复杂网络联动三种议题关联现象；同时对交通舆情发展中单态、多态意见领袖发挥的不同作用进行了定量的分析。最后，本报告从舆情与优化交通治理、改进交通社会公共服务的角度切入，提出了交通舆情治理四项策略。

关键词： 交通舆情 舆情扩散 意见领袖 舆情治理

---

* 刘凯，北京交通大学传播学系副教授、硕士生导师；程思琪，北京师范大学心理学院博士后。

一 交通舆情概念界定与研究现状

（一）交通舆情定义

"舆情"是"舆论情况"的简称，是指在一定的社会空间和一定的时间内，作为主体的社会公众对中介性社会事件、人物、思潮发生、发展和变化所产生和持有的具有一定指向性的社会意见、观点和态度。它是较多群众关于社会中各种现象、问题所表达的信念、态度、意见和情绪等的总和。鉴于互联网的快速普及和发展，网络舆情成为当前社会舆情的典型代表，网络舆情即由于各种事件的刺激而产生的，通过互联网传播的，人们对于该事件的所有认知、态度、情感和行为倾向的集合。相应地，交通舆情即交通舆论情况，是指在一定的社会空间内、一定的时间中，社会公众对交通运输领域社会事件、人物、思潮所产生和持有的具有一定指向性的信念、态度、意见和情绪等总和。交通网络舆情即围绕交通相关的事件，网民在网络平台上表达情感、态度、传播意见与互动。

从研究对象看，交通舆情既可能在交通运输领域产生（交通运输作为中介），也可能是针对交通运输领域（交通运输作为客体），还可能是交通运输领域的公众对相关事件/人物/思潮的看法（交通运输作为主体）。

（二）交通舆情相关研究

长期以来，交通舆情研究属于"两不管"地带：研究交通的学者很少从媒体角度探讨问题，而研究传播学、舆论学的学者也由于不熟悉交通特点而难以深入分析，形成交通和舆情研究"两张皮"现象。

目前对于舆情问题的研究相对较为丰富，而专门针对交通舆情的研究较为少见。最近十年来，与交通相关的热点事件层出不穷，然而国内交通舆情相关的学术研究则较少；以关键词"交通舆情"在中国期刊全文数据库CNKI上进行搜索，一共仅有176篇文章，明显不符合我国交通舆情的发展现状。就学者的研究对象来看，多以一个或几个重大交通事件进行个案或多个案例研究，分析交通网络舆情事件的应对策略和建议，从政府、新闻媒体、自媒体平台以及公众等几个角度进行思考，提出相应的舆情引导方法（马永定，2010；赵铭玮，2012；杨扬，2012；杨兼，2015），如抢占信息发布先机、据实告知事实真相等。上海交通大学舆情研究实验室选取了中国2009～2011年发生的77起重大交通舆情事件进行分析（包括杭州飙车案、上海钓鱼执法事件、南京张明宝醉驾案、温州动车事故等），分析交通舆情事件的特点；同时指出，广东、浙江、北京等是舆情事件高发地，城市公共交通形势严峻。从舆情监测系统的技术角度，黄肖峰（2015）提出了基于Hadoop的铁路舆情监测系统的设计方法，从HDFS、Hbase和MapReduce这三个Hadoop的核心模块入手，设计了一个高性能的、安全可靠的舆情监测处理平台。总体来说，国内交通舆情的相关研究数量较少，与大都市发展中突出的交通问题并不相称；另外，现有的交通舆情研究多属于对交通类新闻报道、网民反映等现象的描述，缺乏相应的学术关注；方法上也缺少系统的研究框架和体系，很少用实证方法进行量化研究。

笔者同时以"public opinion"&"transportation"为关键词在Web of Science上搜索和本研究相关的文献，发现文献较少，又扩大了文献搜索范围，将transportation与media、newspaper、Internet等关键词进行了搜索，力求穷尽相关文献；国内的文献除了交通舆情的研究外，还搜集了关于公共舆情以及业界的分析报告，对学界和业界的研究成果有了充分的了解。

国外关于城市交通舆情的研究大致可以分成两个阶段：前互联网时期和互联网时期，在第一个阶段，这方面的研究集中在媒体报道对酒驾的影响，如早在1985年就有研究者发现，媒体报道而非酒精检测，是酒驾事故减少的关键原因（Mercer，1985），类似的研究还发现，反酒驾广告也降低了酒驾及酒驾事故的发生（Murry，Stam，Lastovicka，1993），Yanovitzky and Bennett（1999）进一步发现，司机对媒体报道的关注度（而非单纯的媒体报道）减少了酒驾。该研究进一步指出，司机的媒体关注度对酒驾的影响是通过禁止酒驾的法律法规起作用的，如果控制住法律、法规的作用，媒体关注度对酒驾的影响并不显著。该研究揭示出，媒体报道通过对舆论环境和文化氛围的影响，间接降低了酒驾的发生，并且这种作用是累积的、长期的。基于八个相关研究综述，Elder et al.（2004）发现媒介酒驾报道活动（Media campaigns on alcohol-impaired driving）对酒驾减少是有效的，平均能降低13%的酒驾事故，该论文指出，媒介报道提高了公众对禁止酒驾法律和酒驾危害（社会后果和健康危害）的认知，改变了公众对酒驾的态度和行为，也在社会上营造了酒驾有害的社会氛围和群体压力，从而降低了酒驾行为和由此带来的事故。

互联网为交通报道和交通舆情的形成提供了新的平台，互联网信息使交通舆情的研究得到拓展，社交媒体提供了海量的交通信息，这些网上交通"轨迹"（数据），也为交通舆情的研究提供了新的机遇，这方面的研究集中在社交媒体交通舆情监测。社交媒体在交通舆情中的主要作用是提升公众对利于交通事件危害的认知和交通舆情的预测，交通服务部门则利用社交媒体与客户直接沟通（Chaniotakis，Antoniou，Pereira，2016）。

Cao et al.（2014）基于中国2014年新交规"闯黄灯"和"油价"在论坛、微博引发的讨论，研究了如何运用语义分析研究智能交通系统在社交媒体交通舆情中的运用；社交媒体Twitter实时数据还用于交通事故探测和处理（Fu，Nune，Tao，2015；Gu，Qian，Chen，2016）、地铁客流量预测（Mo，Hao，Zheng，Liu，Wen，2016；Ni，He，Gao，2016；Zhang et al.，2016），还有研究利用Twitter的地理数据来监测包括交通在内的灾害（Hara，2015），基于社交媒体和人员流动数据，还可以通过群体感知监测交通异常（Pan，Zheng，Wilkie，Shahabi，2013）。通过社交媒体监测交通舆情还有一个集中的领域，就是通过社交媒体数据监测都市交通的老大难问题——交通拥堵，如通过社交媒体可以估计城市交通的拥堵状况（Wang，He，Stenneth，Yu，Li，2015），基于司机、行人和乘客的Twitter数据，对城市道路交通拥堵情况进行估计（Chen，Chen，Qian，2014），Zeng，Liu，Wang and Chen（2013）基于2012年国庆期间新浪微博关于交通出行的帖子，分析了交通拥堵与微博帖子的紧密关系。

相关研究的不足主要表现在，第一，由于数据获得的有限性，前互联网时期，交通舆情的相关研究主要是基于各国的全国数据而非基于都市数据，而都市交通是交通问题的重点和本研究的重点；第二，社交媒体在国外起步早、发展快，其基于社交媒体（Facebook、Twitter 等）的数据挖掘为交通舆情监测提供了方便，但国外媒体发展情况与中国差异较大，中国拥有世界上最大的互联网用户，尤其社交媒体、移动媒体用户增长快速，因此国外相关研究只能作为参考，并不能照搬。

（三）交通舆情的社会影响特征

交通运输是国民经济的支柱行业，起着连接社会的桥梁、纽带作用，交通舆情畅通是城市和谐发展中的重大问题，公众对交通议题、政策、事件所持的态度形成的交通舆情，也在一定程度上影响交通治理的成效。交通舆情特点主要如下。

1. 涉及面广

交通关系每个社会公众，随着城市化的加快和社会流动的加速，交通的重要性持续增强。仅以交通事故为例，据世界卫生组织（WHO）2018 年《全球道路安全现状报告》（*Global Status Report on Road Safety 2018*）统计，全球每年道路交通死亡人数达 135 万，每 24 秒就有一人在道路上失去生命，居人类死亡原因第八位（在 5~29 岁人群中居第一位）。重大社会活动、突发性交通事件、交通限行政策、交通拥堵、交通基础设施建设等话题都可能引发交通舆情，交通类舆情影响面广，如 2018 年川航备降事件、滴滴打车遇害事件、普吉岛游船倾覆事故、2020 年钻石公主号邮轮疫情事件，等等，均引发广泛的社会舆情。

2. 时间季节性明显

人们的迁徙具有时间周期性或季节性特征，因此，交通舆情也相应地具有季节性特征，如双休日出行、节假日旅游、春节期间的春运，等等，均表现出明显的时间性，通常而言，下半年交通舆情高发、春运舆情相对集中，但近年来由于春节活动的多元化，春运舆情有所下降。

3. 区域性特征显著

交通运输业同时与地域分布存在紧密的联系，经济活跃、交通运输网络密集的地区，交通类事件发生得更频繁，如东部沿海地区的交通舆情比西部地区更为频发。具体而言，北京、上海、广东、浙江、河南等地的交通舆情频发，城市交通舆情压力也远大于农村。

4. 交通工具性特征差异明显

由于交通工具的特征差异，发生交通舆情的特征也千差万别，通常而言，民航领域出现交通舆情较少，但一旦出现（尤其是坠机事件），影响很大，铁路、水运领域发生的交通舆情影响远大于公路类交通舆情。

二 交通舆情的衍生及扩散规律

（一）交通舆情衍生及诱发特征

交通舆情的衍生模式受到三个方面的显著影响：第一，交通行业的社会影响相较于以前更加广泛深入，舆情主体基数扩大，且不同交通工具的受众群体呈现一定程度分化；第二，公众对交通领域的认知从"单一工具性"向"社会基础设施、社会公共空间、社会公共服务"转化，舆情焦点也相应地发生了较大转移；第三，随着媒体融合的快速发展，新兴媒体平台和渠道成为舆情诱发的新领域，且媒体间交叉协作，使得舆论的衍生速度加快，议题设置的时间缩短。在上述三种环境变化趋势下，交通舆情的衍生存在如下几个特征。

1. 公共交通议题频发且呈现全局影响

公共交通工具的快速发展牵涉公众日常生活，而公共交通诱发的舆情数量呈现逐年增高态势。在该领域，公共交通空间的道德问题、法律法规、日常举措都受到媒体极大的关注，极易演变成为全局性影响的舆论事件。例如近年来频发的袭击公交车司机、地铁不雅行为、高铁霸坐等公共秩序类事件，引发牵涉社会道德、法律法规的公共讨论。

2. 政策诱发性舆情呈逐年增长趋势

近年来，交通行业的政策法规频频出台，所诱发的舆情事件也在快速增长。综合具体舆情事件分析，政策出台引发公众舆情的原因主要有：第一，公众歪曲、片面理解政策，导致对政策本身产生误解，例如航班晚点补偿、高铁退票补票相关规定等频繁引发网民的误解。第二，政策出台的具体举措、发布时间节点引发公众认知不一致或冲突。例如"新交规"引发的一系列争议。第三，政策出台前后的"空白期"引发公众关注，例如各地共享单车政策出台前后，均呈现高度聚焦的社会热点。因此，强化交通政策出台前后的舆情评估势在必行。

3. 一线城市的舆情辐射效应放大

从近年来舆情高发地域来看，发生地为一线城市的舆情辐射效应通过新媒体放大，从数量上来看，一线城市交通舆情数量"领跑"全国，且呈现连年上升态势。而不同重要程度的舆情事件辐射范围并无差异，诸如堵车、地铁偶发事件极易成为全国性热点话题。相对比而言，其他区域的舆情发展范围主要局限于系统内或本区域内。一线城市媒体具备传媒资源和较强的舆论议题设置能力。

4. 行业舆情呈现高度碎片化特征

从舆情影响力和发展范围来看，除了极少数具有社会争议性、重特大交通事故类、重大举措类舆情外，不同交通行业内的舆情衍生及发展范围仍然局限于系统内媒体、垂直类网络空间，其所涉及群体呈现高度碎片化特征。从交通舆情的议题分类来看，受众的利益诉求、观点态度、关注焦点也呈现较为明显的多元化趋势。碎片化衍生态势倒逼舆情工作进入"精细化、网格化"模式。

（二）交通舆情传播主体发生较大变化

随着信息传播格局的剧烈变化，传播主体日趋多元化。传统的专业媒体机构在内容生产领域已经不是一枝独秀。随着个人化媒体、MCN机构等多类型生产主体的出现，传播主体结构也发生了极大的变化，而交通领域又呈现与其他行业领域较为明显的差异，具体如下。

1. 行业媒体议程设置能力面临挑战

交通领域媒体具有较为封闭、完整的系统格局，例如航空、城市交通、铁路、公路等系统，媒体形态较为丰富。传统的交通系统内媒体平台一直以来是交通信息的传播主体和议题主要设置者。然而近年来，交通系统内媒体对于重大舆情的议题设置能力在下降。

2. 新兴平台和新技术模式舆情传播能力显著

在社交媒体全面渗透和受众对算法推荐模式资讯平台依赖度增加的双重影响下，交通舆情的议题设置能力和扩散主体在悄然发生巨大变化。热搜类媒体成为主要信息入口，其设置并放大焦点舆情，特别是对具有全国影响力、重大事件的舆情，热搜类平台具有绝对的控制力；同时算法推荐类的信息流类媒体持续精准影响受众个体，并且使得受众形成习惯依赖，具备了舆情精准定向推送的能力。

3. 关键意见领袖构成趋于复杂化

在前社交媒体时代，交通舆情的意见领袖多为行业内专家、一线工作者。但是近年来，意见领袖除了行业专家外，社会公共知识分子、网红、知名媒体人士等，均可能成为交通领域意见领袖。特别是在公共性、一般性话题中，其所发挥的舆情扩散和设置能力越来越重要。

4. 虚拟社群等私域空间主导舆情阐释

受众个体所嵌入的虚拟社群，对受众接触舆情的类型、态度、情感具有潜移默化的影响。因为在私域空间内受众高度同质化，相应的群体内舆情阐释、解读具有极大的相似性，传统的公共人物、专家的评论解读的舆论引导能力在下降，封闭空间内的解读成为受众态度的重要来源。

综合上述，交通行业的舆情态势具有明显的变化。首先，热搜和算法推荐机制在某种程度上消解了行业内媒体的重要性，系统内媒体不再是公众第一信息入口，行业媒体必然通过头条类、社交媒体公众号进行二次传播再次进入公众视野；公共性意见领袖对行业专业意见领袖构成了明显的话题设置能力、社会传播力和影响力的挑战，个体的态度情感来源也在很大程度上依赖个体所嵌入的虚拟社群。综上所述交通行业媒体影响力、引导能力面临新的挑战。

（三）交通舆情的扩散规律

1. 关联和次生舆情成为扩散过程中的常态

在重特大交通舆情事件中，关联性和次生舆情事件频发，"舆情涌浪"和"舆情搭车"现象明显，和舆情本身交织在一起，形成更为复杂的舆论场。通常，舆情事件由于其本身的影响力、所涉范围、社会敏感性在发展过程中，会发生裂变，衍生、诱发多种新生舆情话题，且谣言、误解等负面舆论现象极易发生。在这个过程中，通常会有三种衍生议题的演化模式：历时态的单向演化模式、共时态的多向演化模式和复合型的网状演化模式。这三种模式并非固定不变，甚至有交叉出现的现象。例如 2014 年马航失联舆情中，在第一阶段形成了历时线性衍生模式，议题快速裂变，第二、第三种模式很快出现。

2. 舆情发展的焦点多元扩散

随着社会多元发展，公众对同一舆情事件的观察角度、利益诉求呈现相应的差异化趋势。舆情焦点转移是指舆情的发展过程难以被一方主导，使得其演变呈现多极化发展，以至逐渐偏离事件的中心议题（严利华、陈捷琪，2016），受众在求新、从众、寻乐等复杂心态的驱使下不断游离（韩运荣，2019），对舆情的关注点偏离了事件本身最核心、最严肃的话题。发生于交通领域的舆情事件，频频出现"焦点转移"的现象，单一事件诱发关联舆情、次生舆情的现象时有发生，舆情事件中"失焦"案例逐年增多。严肃问题娱乐化、边缘衍生问题成为核心议题的现象频频发生。同时，讨论焦点的偏移会导致更大范围、更具普适性的话题产生。例如，在公共交通领域的舆情事件发展过程中，公众的关注焦点极易发展成为对社会公平、社会秩序、社会道德领域的延伸讨论。

3. 媒体融合背景下信息扩散路径复杂化

随着媒体融合、平台融合的深入发展，交通舆情扩散路径日益复杂化。

传统的交通舆情一般是按照系统内媒体或主流权威媒体首发，向其他媒体平台扩散的路径发展。但是在当前，交通舆情的扩散并不是线性发展的，而是发生在较为复杂的传播网络内。具体归纳起来，主要有三种模式：第一，公众个体爆料引发媒体关注，随后呈现多媒体协同转发、引用格局，且媒体利用社交媒体端口进一步吸引公众关注；第二，媒体或平台之间形成较为明显的议程互动现象，随着舆情的发展，媒体的议题选择受到公众、其他媒体信息的巨大影响；第三，不同舆情事件，其所衍生及发展的平台存在明显差异，热搜型社交媒体对于突发性事件的传播占有绝对主导地位，而社交平台对于长期态度类舆情、情感类舆情，则发挥巨大作用。综合这三个特征，在媒体融合背景下，对交通舆情传播路径规律、扩散网络的研究极为迫切。

三 交通舆情中的意见领袖类型及作用

意见领袖在交通舆情的议题设置、传播扩散、论点聚焦等方面发挥了独特的作用，也是探究交通舆情领域的重点环节。从交通领域舆情的影响力与范围来看，本报告主要分为单态（monomorphic）意见领袖和多态（polymorphic）意见领袖[1]，单态意见领袖多为某个领域内的专家，影响他人对该领域内相关议题的观点和看法等，而多态意见领袖不会专注于提供具体的建议，主要是基于突出人格魅力且极高的活跃度来发挥跨领域影响力[2]，由于个人特质的影响，单态意见领袖可能在某个非常专业的领域具有影响力，如某量子物理学家，多态意见领袖由于在多个领域具有影响力而成为公众人物。卡茨和拉扎斯菲尔德认为一个领域的意见领袖很难再成为另一个领域的意见领袖[3]；

① Ni, M., He, Q., & Gao, J. (2016). Forecasting the Subway Passenger Flow Under Event Occurrences With Social Media. IEEE Transactions on Intelligent Transportation Systems.

② Pan, B., Zheng, Y., Wilkie, D., & Shahabi, C. (2013). Crowd Sensing of Traffic Anomalies based on Human Mobility and Social Media. Paper Presented at the Proceedings of the 21st ACM SIGSPATIAL International Conference on Advances in Geographic Information Systems.

③ Hara, Y. (2015). Behaviour Analysis Using Tweet Data and Geo-tag Data in A Natural Disaster. Transportation Research Procedia, 11, 399–412.

但金等人发现意见领袖的跨领域影响的现象十分普遍，尤其在内容相近的领域①。和真实社区环境相比，社交媒体平台影响范围更广，信息流动性更强，"单态"与"多态"概念的引入为理解社交平台推动舆情发展提供了新维度。

在本报告中，以川航备降事件、合肥女子阻碍高铁发车事件、空姐滴滴打车遇害事件、泰国普吉岛游船倾覆事故、乐清女子滴滴遇害事件、男子高铁霸座事件为基本观察案例。上述六起舆情事件涉及多个交通领域且都曾占据微博热搜榜，引发极高的讨论热度，具有代表性和典型性。

（一）交通意见领袖的影响机制

在议程设置期，媒体机构主要通过还原事实发挥影响力。尽管事件的最初消息可能来自不同类型意见领袖的"爆料"，无论是草根用户、媒体从业者、自媒体还是网络媒体等，最先发布突发交通事件并获得一定关注的都有可能成为起始期的意见领袖，但是一旦舆情进入议程设置阶段，推动舆情走向高潮的通常还是传统媒体和网络媒体，其主要议程是还原突发交通事件的基本事实。比如在"乐清女孩滴滴遇害"事件中，@华西都市报首先还原了凶手的背景信息，同样在"泰国普吉岛游船倾覆"事件中，新浪新闻中心的官方账号@头条新闻也迅速发布了该事件的具体细节。当突发事件逐渐被关注时，人们最先想了解的是"到底发生了什么"，把握事件基本情况和进程成为人们首要关心的对象。传统媒体和网络媒体凭借其专业能力与巨大的粉丝基数在最短时间内将基本事实呈现并传播，既是对事实的还原，也是对大众媒体时代"两级传播"过程的网络再现。

但是微博水军让某些微博存在转发量或评论量虚高的现象，水军现象的严重程度反映了意见领袖影响力。和扩散期相比，议程设置期意见领袖的微博转发中水军现象较少，只有川航备降事件中@央视新闻的微博转发出现重

---

① Wang, S., He, L., Stenneth, L., Yu, P. S., & Li, Z. (2015). Citywide Traffic Congestion Estimation with Social Media. Paper Presented at the Proceedings of the 23rd SIGSPATIAL International Conference on Advances in Geographic Information Systems.

度水军现象（超过 50% 的转发者为水军账号）（见表 1）。对比其他意见领袖的传播路径图发现，该事件中@央视新闻的微博在经过演员@Crystal 张天爱一次转发后瞬间出现大量二次转发，且二次转发量远高于一次转发量。但水军较少的@头条新闻的微博转发量以一次转发为主，与其余几个意见领袖的微博转发情况一致。因此，@央视新闻这条微博的水军现象主要出现在对明星微博的二次转发过程中。总体来看，传统媒体与网络媒体在突发交通舆情的议程设置阶段真实地发挥了意见领袖的作用，通过还原事实推动舆情走向高潮。

表 1　部分交通事件

事件名称	意见领袖	水军现象
川航备降	@央视新闻	重度
泰国普吉岛游船倾覆	@头条新闻	轻度
乐清女子滴滴遇害	@华西都市报	轻度
空姐滴滴打车遇害	@微博台湾	轻度
合肥女子阻碍高铁发车	@央视新闻	轻度
男子高铁霸座	@北京人不知道的北京事儿	轻度

在舆情扩散期，首先是自媒体借助热点话题进行自我营销。自媒体尽管是该阶段最主要的意见领袖，但其微博转发量还是远低于议程设置期的传统媒体与网络媒体，一部分原因是舆情逐渐接近尾声很难再引发大量关注，但同时也说明在交通舆情议题上自媒体的影响力暂时还难以与传统媒体或网络媒体抗衡。仔细分析自媒体的微博内容可以发现，不同于传统媒体对基本事实的还原，自媒体通常借助舆情话题进行自我营销，其出发点并非真正关注突发交通舆情，而是所谓的"蹭热点"（见表 2）。"热点"指的是公众当下最为关注的新闻、人物、事件等，"蹭热点"的方式通常是将产品的推广融入热点信息中，增加产品的曝光度以期带来实际利润，可以将其看作一种低成本的广告形式，如"男子高铁霸座"事件中，自媒体@法国红酒哥借参与话题讨论之名行商业广告之实。另外，自媒体也可能是为了借助热点话题增加该账号本身的关注度，如@请叫我头条君借助"空姐滴滴打车遇害"这一话题

发布其他视频内容。此外,该阶段自媒体的微博转发中水军现象十分突出(见表3),即其微博转发量并非来自用户的真实转发,这说明期望借助热点舆情获取关注或营销获利的自媒体并不一定会对舆情走向产生实质性影响。

其次是政府机构通过辟谣引导舆情走向。政府机构作为该阶段新出现的意见领袖之一,其主要职责是消除事件中出现的网络谣言。突发事件中往往事实与谣言相互交织,受众单靠一己之力难以辨别真假,政府部门出于引导网络舆论、维护政府公信力的目的考虑,首先需要根据民众的反应进行舆情疏导,避免谣言虚假信息流传。各级政府在应对突发交通舆情时同样承担了这一职责,积极引导交通舆论的正确走向,比如@中国警方在线发文澄清了某自媒体有关乐清女子滴滴遇害事件的不当言论。

表2 舆情扩散期最具影响力的意见领袖及微博内容

事件名称	意见领袖	类型	微博内容
川航备降	@央视新闻	传统媒体	宣扬正能量
泰国普吉岛游船倾覆	@人民日报	传统媒体	事后问责
乐清女子滴滴遇害	@中国警方在线	政府	辟谣
空姐滴滴打车遇害	@请叫我头条君	自媒体	营销
合肥女子阻碍高铁发车	@澎湃新闻	网络媒体	事件结局
男子高铁霸座	@法国红酒哥	自媒体	营销

表3 舆情扩散期最具影响力的意见领袖微博转发水军现象严重度

事件名称	意见领袖	水军现象
川航备降	@央视新闻	轻度
泰国普吉岛游船倾覆	@人民日报	轻度
乐清女子滴滴遇害	@中国警方在线	重度
空姐滴滴打车遇害	@请叫我头条君	重度
合肥女子阻碍高铁发车	@澎湃新闻	轻度
男子高铁霸座	@法国红酒哥	重度

(二)交通意见领袖以多态机构型意见领袖为主

根据意见领袖的机构类型(机构 vs 个人)和影响范围(单态 vs 多态)

两个维度，可以将意见领袖的类型分为四个维度，抓取的58位意见领袖以跨越交通行业的多态机构型意见领袖为主，个人意见领袖较少，且交通类媒体以及政府部门、企业或者从业者等交通领域内专业意见领袖较少（见图1）。具体来看，媒体机构类意见领袖在交通突发舆情中影响力最大，自媒体[1]影响力超过网络媒体和传统媒体。出现这一现象的原因是网络意见领袖通常是积极获取信息、传播信息、表达观点的用户，其凭借自媒体积极

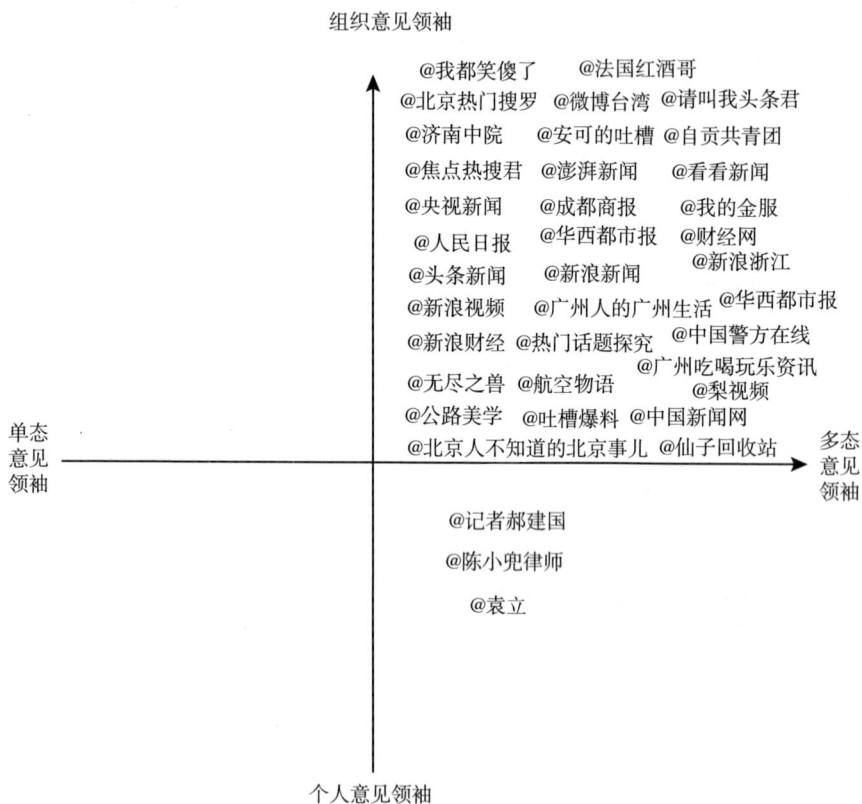

图1　意见领袖的类型划分

---

[1] 这里的自媒体指的是非专业媒体但通过密集发布资讯成功吸引巨量粉丝的微博账号，目前大部分成功的自媒体通常是以个人账号的形式出现，但背后有团队运营，因此本文将自媒体视为机构型意见领袖。

表达对交通舆情的密切关注与观点，开始逐渐被用户信任、发挥起舆论引导的作用。

具体到舆情发展的不同阶段，起始期出现的意见领袖影响力十分有限，在议程设置期，被转发量和被评论量最高的意见领袖均以传统媒体为主，如在"川航备降事件"中，@央视新闻关于该事件微博的转发量高达69027条，评论量也达到40807条。同时@央视新闻等传统媒体多次在不同事件中成为意见领袖，说明传统媒体在网上影响的深度和广度居各类意见领袖之首，且更能够引发舆情高潮，这源自传统媒体品牌和公信力，相对于个人微博其回应更充分，借助新媒体其反应也非常迅速。但在舆情扩散阶段，除传统媒体外，自媒体、网络媒体和政府的发声分别在各类事件中引发了最高转发量和评论量，传统媒体主导舆论的能力被自媒体、网络媒体以及政府等其他传播主体消解。

（三）交通领域内单态意见领袖集体失语

研究发现，交通领域内单态意见领袖在交通舆情发展中缺乏影响力。为探究这一现象出现的原因，本文进一步对交通行业内最具影响力的单态意见领袖进行分析。根据人民网舆情数据中心推出的《2018年一季度人民日报·政务指数微博影响力报告》，@成都地铁、@南昌铁路和@北京地铁等机构微博入选本年度最具影响力的十大交通运输微博。[①] 本文对这些交通领域内意见领袖2017年9月至2018年8月的微博进行统计和内容分析，探究其失语原因。

1. 单态意见领袖缺乏与粉丝互动和吸引力

首先，交通领域内单态意见领袖来自各个交通领域的主管部门，包括地铁、铁路以及政府交通部门。这些意见领袖微博更新频率高，表现活跃，但缺少粉丝互动，即微博平均转发量与平均评论量均较低（见图2），产生微

---

① 韩运荣：《舆论反转的成因及治理——通过新闻反转的对比分析》，《人民论坛》2019年第30期。

博更新活跃度与粉丝互动活跃度的失衡。其中 10 个单态意见领袖的平均日更微博数在 12 ~ 50 条，但是只有极少数微博引发了粉丝的大量转发和评论，微博平均转发量与评论量介于几条到几十条之间，只有@上海铁路局平均转发量达到 456 条，但平均评论量也只有 4 条。这种失衡现象最突出的是@西铁资讯，平均日更微博数达到 50 条，发博时间间隔几乎不超过半小时，但是微博平均转发和评论量均少于 10 次。因此交通行业内微博意见领袖除了保持微博更新的活跃度外，更要考虑促进粉丝互动的活跃度，才能真正提高与扩大影响力。

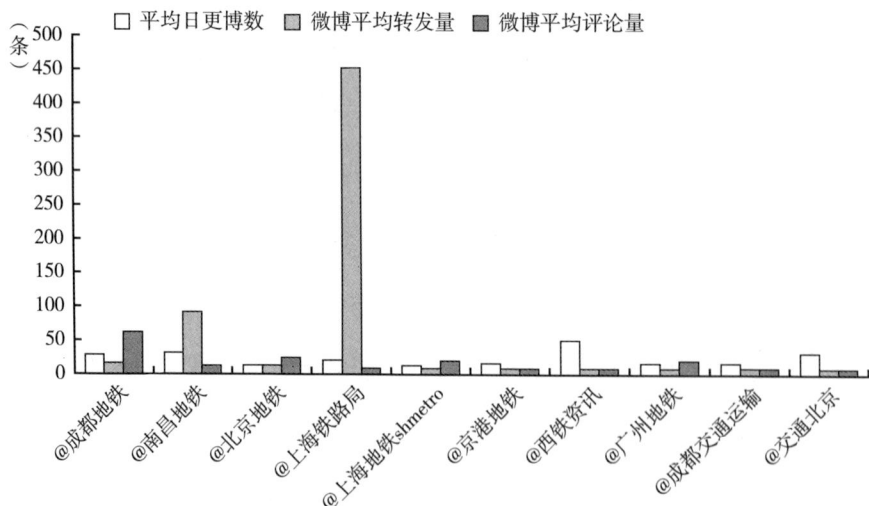

图 2　六事件中单态意见领袖活跃互动情况

　　其次，交通领域内意见领袖注重突出权威性，但内容缺乏吸引力。具体来看，该类意见领袖中的大部分集中发布与交通有关的微博内容，从一早的"出行提示"到全天候的"实时交通"，几乎 24 小时不下线，力图保持交通信息传播的权威性和专业性。另一部分的发博内容则较为混杂，除了交通信息，还包括社会新闻、娱乐信息等，内容和形式都更加娱乐化。但是和交通领域外意见领袖相比，交通领域内意见领袖主要还是发挥"交通信息公开"与"便民服务"的作用，意在帮助人们日常出行，并未真正关注用户的其他诉求，缺乏对粉丝的吸引力。

2. 单态意见领袖缺乏交通舆情应对意识

时刻关注交通信息的单态意见领袖理应在面对重大交通舆情时迅速做出反应，但以本文选取的六个交通舆情案例作为关键词对上述 10 个微博账号的微博内容进行搜索，结果发现只有@南昌地铁发布过关于"泰国普吉岛游船倾覆"以及"男子高铁霸座"的信息，@西铁资讯发布过"川航备降"的资讯。前两起舆情从起始期到扩散期的持续时间分别是在 2018 年 7 月 5～19 日以及 8 月 22～29 日，而@南昌地铁的发布时间分别是在 2018 年 7 月 13 日与 9 月 4 日，处于舆情扩散末期或滞后于舆情扩散期，@西铁资讯关于"川航备降"的微博内容同样出现上述情况。由此说明大部分行业内意见领袖并未对突发交通舆情做出任何反应，或者反应十分滞后，和擅长捕捉突发热点舆情的多型意见领袖相比，其明显缺乏突发交通舆情应对意识。

多态意见领袖更擅长捕捉突发热点舆情。根据数据结果，最有影响力的意见领袖对各类主题都有可能产生重大影响，比如@央视新闻、@人民日报以及@头条新闻均在两个或以上的突发交通舆情中发挥了意见领袖的作用，这说明行业外意见领袖时刻保持着对公共突发事件的关注与舆情发展阶段的监测，交通舆情作为突发事件舆情的一种自然也在其关注范围内。

多态意见领袖各司其职共同作用于突发舆情。自媒体作为社交平台的"原生"媒体形态，对把握社交平台传播特性与网民真实需求具有先天优势，能够对突发交通舆情迅速做出反应，且懂得如何与网民深度互动。传统媒体通过保持优质且活跃的话题参与，再加上强大的线下媒体资源，往往能够在第一时间将线下事件进程搬至线上，及时有效地满足网民信息需求。政府部门尽管反应相对缓慢，但基于其权威性可以通过辟谣等正面议程设置迅速在热点舆情中建立话语权，发布关键信息合理引导舆论、彰显政府责任。媒介从业者凭借其新闻敏感性以及网络素养往往能最先察觉到公共事件的发生，名人则依靠强大的粉丝基础迅速扩大舆情传播范围，但通常以转发传统媒体议题内容为主，缺乏原创性。和交通领域内意见领袖相比，跨交通领域的多态意见领袖在突发交通舆情中掌握舆论主导权，积极发挥了信息传递者、舆论引导者和监督者的作用。

根据与粉丝的互动情况，每条微博大致可以分为四个层次：单向信息发布层、双向互动交流层、线上线下转换层和彼此信任共振层。① 借鉴上述分类，目前交通类意见领袖发布的微博还处于单向信息发布层向双向互动交流层的过渡期，并未关注突发交通舆情中人们对于事实公开与谣言澄清的需求，失去与粉丝深度互动，也未能及时掌握突发舆情中的话语权。

四 交通行业的舆情状况创新治理路径

随着城市化进程和社会流动的加快，交通需求不断增加，交通在人们日常生活中发挥着越来越重要的作用。在城市空间规模迅速扩张的同时，交通业态也不断更新和完善，不仅要考虑居民出行的可达性和高效性，也要考虑居民对出行安全性和舒适性的评价和认可。交通舆情是在一定的时间和社会空间内，公众针对交通环境、出行或重大交通事件，表达自己的看法和态度，是关于各种交通现象、交通问题认知、态度、意见和情绪的总和，也是交通领域的民意。互联网成为大众获取交通资讯的重要渠道，社交网络平台成为交通舆情中各个利益相关者发声的主要阵地，这对把握交通公共安全网络舆情既带来了挑战也提供了机遇。尽管交通热点舆情的突发性和传播速度对舆情跟踪和监测技术提出了新要求，但互联网的海量数据也给交通舆情治理、监测和预警带来了新的数据源和机遇。另外，城市交通情况日渐复杂，对各类交通突发事件、事故产生重要影响，交通类重大舆情具有影响面大、关注度高，舆情治理风险高的特点，以"两微一端一抖"为代表的新媒体为交通舆情快速扩散提供了新的平台。基于交通舆情现状，本报告提出四点创新治理策略建议。

---

① 《交通出行大数据报告》，百度地图，http：//jiaotong.baidu.com/reports/，2019 年 7 月 9 日。

（一）打通舆情与交通治理联动工作机制

1. 通过交通舆情优化交通服务工作

交通与互联网、大数据的进一步融合和智慧交通的深入推进，无处不在的移动互联网及其各种交通应用软件留下了海量"电子足迹"，使得交通事件发展带有"互联网＋"的特点，这既为通过分析交通舆情优化交通服务提供了可能，也为营造良好的交通秩序、便利国民出行提供了条件，使得对交通舆情进行分析与监测成为建设交通强国的重要环节。目前在学术研究和实务工作中，有以下具体操作路径可供参考。

首先，交通部门可以借助社交媒体数据提前发现交通隐患、避免交通事故，比如有学者提出利用社交媒体（Twitter）对城市交通事故进行实时监测（Yiming Gu, Zhen Qian, Feng Chen, 2016）。其次，舆情的时效性和广泛性也使社交媒体在交通工程领域的事故报告、违法举报、问题发现等方面有广阔的应用空间，潘美瑜等以微博文本为研究对象提出了交通网络舆情的数据收集、分析、特征提取与情感分析等具体方法（潘美瑜、张萌、邢泽钰，2017）。最后，对网络论坛、微信等平台的交通舆情进行文本挖掘，从而了解市民多样诉求与目前交通信息服务的不足之处（何梦娇，2018）。同时除了上述学术研究可作为具体工作探索参考外，业界的实践案例也值得关注。例如，百度地图团队基于海量的交通出行数据以及媒体数据推出《中国城市交通研究报告》，其中专门提到政府主动利用互联网思维和技术、改革传统管理模式、通过互联网平台便利民众出行的举措收效良好。

2. 通过舆情发展规律研究优化宣传工作

随着网络大数据的普遍挖掘和广泛应用，通过网络数据切入舆情分析和优化宣传工作已经成为常态。通过大数据透视交通宣传工作存在的不足，提炼改进策略，具有较强的现实意义和可操作性。具体工作方向和实施路径主要有：第一，通过对大数据环境下的舆情信息，可以了解群体性事件本身的演化机理，为建立相应的预警机制和相关治理对策提供较强的参考（夏一雪，2016）；第二，通过大数据透视宣传程度和价值引导水平，了解传播机制，为优化传播效果和正面引导提供决策参考（叶中俊，2016）；第三，通过对使用模型分析法进行大数据舆情治理的研究，可以提炼出大数据环境下突发公共事件网络舆情的分析方法和模型（张爱军，2019），同时可以构建突发公共事件网络舆情的预警机制与模型（储节旺，2017），提升交通部门对社会热点舆情的研判准确度以及引导的效率，强化治理应对的科学性。除此之外，基于大数据对重大交通网络舆情进行的分析可以更深层次地挖掘交通类舆情发酵规律、积极追踪重要传播节点、发现关键意见领袖，为相关政府部门高效应对新交通舆情、制定全面交通问题解决方案、不断优化宣传格局、平台建设、内容建设等重要领域提供科学的系统化的参考依据。

（二）选择适合自身情况的治理模式

在交通领域，针对网络舆情的治理实施路径应当具有长期性、框架性规划。但就工作现状而言，绝大部分宣传部门及工作人员长期以来主要精力是用来处理碎片化舆情、对突发事件进行危机处理，建立长期有效可行的框架性治理思路势在必行。而网络舆情治理的核心问题是治理模式的选择，治理模式决定着网络舆情治理的道路方向与具体路径（冯建华，2019）。

1. 治理主体模式选择

从当前中国针对舆情治理工作的整体思路而言，既有对西方的借鉴，也有本土特殊情况的适应和改进创新（钱彩平，2019）。具体来说，针对公共风险类舆情的参与主体及回应模式占据了主导地位，并且辅助于潜在风险的技术规避模式。在交通领域，其舆情具有较强的行业性和某种系统封闭性，同时外部媒体平台对其又能产生较为明显的影响。在这种情况下，本报告建议相关部门在针对交通舆情进行综合治理建设过程中，积极吸纳以下几类治理主体模式：第一，多元主体协同治理模式。交通宣传部门、公众群体、外部媒体、自媒体平台等主体应当形成良好的网络互动协同机制，通过沟通、宣传资源共享、传播渠道协同发力，共同营造良好的交通舆情、宣传环境。从而最终实现网络空间治理的系统性和整体性，达到共同治理协同效应的治理模式（周毅、吉顺权，2016）。第二，在上述治理模式基础上，在交通部门、宣传机构的主导下，针对交通舆情治理的有效性、科学性，通过多方对话来实现多主体参与的回应治理模式，减少舆情处置的盲目性和主观性，形成多主体参与的回应治理模式（曹海军，2019）。该模式重点强调在政府引导下，媒体、社会公众、社会组织等多个主体通过沟通和对话方式来治理网络舆情（Morrell，2005）。第三，多元主体参与、回应治理模式应当辅助于法律法规框架治理模式。这是一种通过各种法律程序与法律手段，依法处理舆情中产生的矛盾、不法行为的一种治理模式，其具有明确性、指导性、公平性等突出优点（杨维东、王南妮，2018）。回应治理模式和法制治理模式一般适用于包括重大事故、民事纠纷、信息泄露、网络诈骗、网络谣言等具有显著风险性和涉及违法行为的舆情事件（徐汉明、张新平，2018）。

2. 治理流程及空间模式的选择

在确定舆情治理主体之后，交通舆情治理流程及空间模式的选择尤为重要。上述治理模式是针对网络舆情"发生中"或"发生后"的应对和处理，无法有效涵盖网络舆情从生成、演化到消亡整个生命周期，同时具有一定滞后性和被动性，所以以其应对日益复杂的网络舆情时会表现出"治理失灵"的状态（曹海军、李明，2019）。在当前，较为常见的舆情治理模式一般为建立舆情监测机制、形成常态化和制度化的舆论引导机制和舆情评价问责机制。这种机制的特点是十分具有可操作性。随着大数据应用的不断完善发展，相应的技术主导模式不断融入线性机制中，例如将舆情监测、研判、应对、协同治理纳入同一技术平台完成，具有反应速度快、决策迅速的特点。但是缺点是较为僵化，对于复杂舆论事件，缺乏相应的工作基础。交通舆情应对除了同一般性舆情治理具有相同的流程外，还具备系统内部门协同、线上线下协同的路径可能性。通过行业系统内媒体建立协同传播矩阵、舆情共享和处置协同机制，打通一线员工反馈通道，推动宣传部门扁平化建设，通过上述多重合力能够有效地提升舆情治理能力。

（三）自媒体建设与意见领袖协调工作相结合

自媒体在交通态势感知和交通危机应对中发挥着不可忽视的作用，其中意见领袖通过扮演交通舆情的解读者、传播者、先行者和影响者等角色，成为交通信息沟通的桥梁和不同文化背景的信息转换器。意见领袖通过不断积累粉丝数并积极参与话题讨论影响了整个网络的议程方向和信息流动。通过上述分析，本研究可得出下列结论。

1. 建立突发交通网络舆情中意见领袖的角色性质和影响机制

相较于个人意见领袖，机构意见领袖凭借其丰富的资源与媒体化经营意识不断增强传播力，更容易在突发舆情中脱颖而出；而和交通领域内单态意见领袖相比，跨领域的多态意见领袖信息敏锐度更高，能在最短时间内"嗅"到热点舆情。因此，同时具备上述两种优势的多态机构意见领袖成为突发舆情中最有影响力的主要角色。随着社会分工的细化，意见领袖的影响范围趋向于专业化，单态意见领袖本应在专业领域有更大的影响力，但互联网的普及导致"一网打尽"，多态意见领袖成为普遍现象，成为具有跨领域影响力的核心，聚集人气，引领舆情发展。

2. 不同类型意见领袖各司其职

自媒体作为社交平台的"原生"媒体形态，对把握社交平台传播特性与网民真实需求具有先天优势，能够对突发交通舆情迅速做出反应，且懂得如何与网民深度互动。传统媒体通过保持优质且活跃的话题参与，再加上强大的线下媒体资源，往往能够第一时间将线下事件进程搬至线上，及时有效地满足网民信息需求。官方自媒体基于权威性可以通过辟谣等正面议程设置迅速在热点舆情中建立话语权，发布关键信息并合理引导舆论、彰显政府责任。因此，领域外意见领袖基于各自优势抢夺舆论主导权，并分别发挥信息传递者、舆论引导者和监督者的作用。

3. 把握突发交通舆情主要包括三个发展阶段

这三个阶段包括起始期、议程设置期与扩散期，具体来看，传统媒体机构与自媒体是议程设置期最主要的意见领袖，其凭借对基本事实的还原能力引领舆论走向，在影响的深度和广度上均处于领先地位。自媒体在舆情扩散期后来者居上，进一步影响舆情走势，并且在交通突发舆情的生成、爆发与扩散过程中，自媒体作为意见领袖多次出现，在影响的深度和广度上均处于领先地位。如前文分析，自媒体的"本意"并不一定是满足用户信息需求，而是为了扩大影响力或者获得商业利益，购买水军以及借势营销的现象屡见不鲜，这也说明自媒体在快速发展的同时也暴露出短板。交通领域内单态意见领袖则需要提高应对突发舆情的意识与能力，目前落脚点和着力点都出现偏差，忽视互动效果，运营机制僵化和低效化，除了注重日常运营外，还应时刻关注舆论走向、第一时间掌握并发布舆情信息。

网络交通舆情发生在线上网络世界，但实质是线下真实世界矛盾的映射，反映了我国高速发展的交通运输系统中出现的种种问题，本报告的结论也对优化整个交通运输体系尤其是交通资讯信息系统提供了切实可行的重要参考。一方面在面对重大交通舆情时，舆情管理者可以借助传统媒体与网络媒体的时效性和影响力，与其展开合作，第一时间向公众揭示事件真相，同时要注意自媒体的相关动态，从源头上减少谣言产生的概率，减少公众负面情绪，政府自媒体也应该作为辟谣的主要平台充分发挥其公信力。另一方面交通行业内意见领袖如地铁或铁路等官方自媒体等首先应该在日常交通资讯提供方面切中用户需求，畅通用户反馈渠道并高效回应，缓解公众对城市交通的情绪压力，同时注重用户互动，提高交通资讯平台的权威性和影响力。另外还要增加对突发交通事件的敏锐度，抓住大众对于热点事件的"求知欲"，在突发交通舆情中争取到话语权，将相关信息快速传达给公众，起到有效的舆情疏导作用，促进实际交通问题尽快解决。

（四）积极探索并构建交通舆情预警模型

在交通舆情实务及日常工作中，面临的首要问题是要构建符合交通领域不同行业工作属性、舆情规律、主要媒体平台特性的预警模型。在交通领域，如航空、铁路、城市交通等，已经构建比较完善、系统结构严密的宣传系统，其舆情发生的规律和模式也基本有章可循，在这个基础上，应当加强组织专业力量进行深度舆情预警、研判和分析的指标和模型构建工作。具体应当包括如下几个方面。

1. 建立舆情热度预警模型

从全媒体、全行业范围来看，针对舆情热度并无统一标准和普适性的评价工具。在不同行业和工作范畴内，舆情热度是一个较为"主观"、特殊的分析维度。学术界对该模型的探索一般从事件爆发力、网民作用力、网媒影响力以及政府疏导力来描述网络舆情整体热度，同时通过计算权重明确各指标对舆情的影响力（张一文，2018）。同时也有研究者从舆情安全角度，构建热度预警体系，该方法从网民反应、突发事件信息特性、突发事件事态扩散范围切入（兰月新，2011），也具有较好的可操作性。在上述构建方法基础上，现实操作中必须考虑到两个关键因素：第一，根据本行业本领域工作的需求和现实情况，确定相应的热度预警指标和阈值范围；第二，要充分考虑不同媒体平台特别是移动社交媒体的热度，避免对单一平台考察形成盲区。

2. 构建舆情演化发展模型

有效地针对舆情演化发展的路径、可能结果做出精准研判，以便为接下来科学治理舆情提供可靠的参考。在该部分工作中，部分学者对于舆情演化的探索主要包括：通过模拟舆情仿真环境，探索舆情发展路径，这也是最通用的方法（赵丹，2017），也有学者引入舆情发展动力学模型，结合案例及仿真实验验证了其有效性（王高飞、李明，2016）。此外，也有学者拆分网络舆情的演化过程及影响因素，使用系统动力学的方法研究演化过程内在机理，提出移动环境下舆情管理监控策略（郭韧，2019）。在上述学术界有益的探索中，交通舆情的演化发展，通常和事件进展程度存在密切关系。不同于一般观念性、态度情感类舆情，交通舆情在很大程度上是单一事件诱发的，因此，事件的处置进度、信息公开情况和舆情进展密切相关，且在不同行业和部门内，其发展的逻辑也不尽相同。本报告建议交通宣传及舆情部门建立更加精细化、系统化的指标。

3. 探索针对谣言预警的模型

交通领域的舆情在谣言治理工作中面临着诸多困难。第一,谣言发生的规律目前尚不明确,大量偶发性事件、单一性事件能够很快演变成为全局性谣言;第二,谣言参与主体不明确,较为复杂,并没有可观察、可提炼的规律;第三,交通领域涉及的范围较广,谣言监测的关键词、测量指标目前处于空白状态,因此谣言治理往往为事后澄清、被动应对,缺乏对发生谣言潜在领域的有效研判。基于上述问题,本报告建议交通宣传部门着力做好舆情预先分析工作,做到事先公布公开,抢占信息发布制高点,杜绝谣言。在此基础上,不断针对已发生的谣言事件,通过模型提炼分析,构建相应的谣言监测、公开澄清、扭转误解等相关的工作体系。

参考文献

Cao, J. , Zeng, K. , Wang, H. , Cheng, J. , Qiao, F. , Wen, D. , & Gao, Y. (2014). Web-based Traffic Sentiment Analysis: Methods and Applications. IEEE Transactions on Intelligent Transportation Systems, 15 (2), 844 – 853.

Chaniotakis, E. , Antoniou, C. , & Pereira, F. (2016). Mapping Social Media for Transportation Studies. IEEE Intelligent Systems, 31 (6), 64 – 70.

Chen, P. – T. , Chen, F. , & Qian, Z. (2014). Road Traffic Congestion Monitoring in Social Media with Hinge-loss Markov Random Fields. Paper Presented at the Data Mining (ICDM), 2014 IEEE International Conference. Data Mining Mining. IEEE, 2015.

Elder, R. W. , Shults, R. A. , Sleet, D. A. , Nichols, J. L. , Thompson, R. S. , Rajab, W. , & Services, T. F. o. C. P. (2004). Effectiveness of Mass Media Campaigns for Reducing Drinking and Driving and Alcohol-involved Crashes: A Systematic Review. American Journal of Preventive Medicine, 27 (1), 57 – 65.

Fu, K. , Nune, R. , & Tao, J. X. (2015). Social Media Data Analysis for Traffic Incident Detection and Management. Paper presented at the Transportation Research Board 94th Annual Meeting.

Gu, Y. , Qian, Z. S. , & Chen, F. (2016). From Twitter to Detector: Real-time Traffic Incident Detection Using Social Media Data. Transportation Research, part C. 2016, 67, 321 – 342.

Mercer, G. W. (1985). The Relationships among Driving while Impaired Charges, Police Drinking—Driving Roadcheck Activity, Media Coverage and Alcohol-related Casualty Traffic Accidents. Accident Analysis & Prevention, 17 (6), 467 – 474.

Mo, H., Hao, X., Zheng, H., Liu, Z., & Wen, D. (2016). Linguistic Dynamic Analysis of Traffic Flow Based on Social Media—A Case Study. IEEE Transactions on Intelligent Transportation Systems, 17 (9), 2668 – 2676.

Murry, J. P., Stam, A., & Lastovicka, J. L. (1993). Evaluating An Anti-drinking and Driving Advertising Campaign with A Sample Survey and Time Series Intervention Analysis. Journal of the American Statistical Association, 88 (421), 50 – 56.

Yanovitzky, I., & Bennett, C. (1999). Media Attention, Institutional Response, and Health Behavior Change the Case of Drunk Driving, 1978 – 1996. Communication Research, 26 (4), 429 – 453.

Zeng, K., Liu, W., Wang, X., & Chen, S. (2013). Traffic Congestion and Social Media in China. IEEE Intelligent Systems, 28 (1), 72 – 77.

Zhang, Z., Ni, M., He, Q., Gao, J., Gou, J., & Li, X. (2016). An Exploratory Study on the Correlation between Twitter Concentration and Traffic Surge 2. To appear in Transportation Research Record, 35, 36.

Yiming Gu, Zhen Qian, Feng Chen. From Twitter to Detector: Real-time Traffic Incident Detection Using Social Media Data [J]. Transportation Research Part C, 2016 (67): 321 – 342.

Morrell M. E. Deliberation, Democratic Decision-making and Internal Political Efficacy [J]. Political Behavior, 2005, 27 (1): 49 – 69.

严利华、陈捷琪：《突发事件中的舆论失焦现象及其启示》，《决策与信息》2016 年第 8 期。

潘美瑜、张萌、邢泽钰：《基于网络舆情分析技术的城市交通问题及致因提取方法》，《第十二届中国智能交通年会大会论文集》，2017。

何梦娇等：《基于多元文本挖掘的城市交通舆情分析——以苏州为例》，《交通信息与安全》2018 年第 3 期。

夏一雪、兰月新：《大数据环境下群体性事件舆情信息风险管理研究》，《电子政务》2016 年第 11 期。

叶中俊、夏姗：《大数据背景下高校突发公共事件应对策略研究》，《现代商业》2016 年第 22 期。

张爱军：《社会突发事件网络舆情演化规律及其治理》，《社会科学研究》2019 年第 6 期。

储节旺、朱玲玲：《基于大数据分析的突发事件网络舆情预警研究》，《情报理论与实践》2017 年第 8 期。

冯建华：《网络信息治理的特质、挑战及模式创新》，《中州学刊》2019 年第 3 期。

钱彩平：《国外网络舆情治理：特色模式、典型经验与现实启示》，《天津行政学院学报》2019 年第 6 期。

高如、李明德：《社会化媒体舆情治理协同模式构建》，《编辑之友》2017 年第 10 期。

徐勇：《网络舆情事件演变的动力学建模及预警监测》，《现代情报》2016 年第 4 期。

周毅、吉顺权：《网络空间多元主体协同治理模式构建研究》，《电子政务》2016 年第 7 期。

杨维东、王南妮：《新时代政府网络舆论治理的路径拓展》，《重庆社会科学》2018 年第 1 期。

徐汉明、张新平：《关于对全面深化改革进程中几个法治问题的思考》，《社会治理法治前沿年刊》2018 年第 1 期。

曹海军、李明：《大数据时代中国网络舆情的治理反思与路径拓展——基于"技术治理路径"嵌入视角》，《行政论坛》2019 年第 5 期。

张一文、齐佳音、方滨兴、李欲晓：《非常规突发事件网络舆情热度评价指标体系构建》，《情报杂志》2018 年第 11 期。

兰月新：《突发事件网络舆情安全评估指标体系构建》，《情报杂志》2011 年第 7 期。

赵丹：《基于信息生态理论的移动环境下微博舆情传播研究》，吉林大学博士学位论文，2017。

王高飞、李明、李梅：《基于系统动力学的移动社交网络舆情应对策略研究》，《情报科学》2016 年第 10 期。

郭韧、陈福集、李江竹等：《移动网络对网络舆情演化的影响研究》，《情报杂志》2019 年第 7 期。

分 报 告

2020年新冠肺炎疫情期间重大交通舆情传播规律研究

苏林森　沈双莉[*]

摘　要：　本文对重大公共危机事件中舆情规律与应对进行了文献综述，并结合疫情期间2020年1月23日至3月23日热度较高的交通类舆情事件，分析了疫情期间与交通有关的重大突发舆情事件或人物，探寻了这些交通类舆情的扩散和传播特点。通过分析，笔者发现：公众对交通类议题最关注复工、乘车、退票等内容，对"复工"和"退票"的关注度此消彼长；政策举措类、政府回应类舆情事件以政府机构和意见领袖发布消息为主，人物事迹类、突发事件类信息中，意见领袖和网民爆料消息较多。最后，从网络舆情在交通运输中的作用、传统媒体和新兴媒体在交通舆情中的功能两个角度切入，提出了重大危机公共事件中交通舆情治理策略。

＊　苏林森，北京交通大学传播学系教授，硕士生导师；沈双莉，北京交通大学语言与传播学院硕士研究生。

关键词： 重大公共危机 舆情扩散 传播特点 舆情治理

2020 年初全国暴发了新冠肺炎疫情，短短一个月的时间内，全国各地相继迅速启动重大突发公共卫生事件一级响应，在此机制下，我国经济活动被迅速按下了"暂停键"，疫情对国民经济各行各业均产生了实质性影响。作为衣食住行的重要组成部分，交通受到疫情的影响尤为显著，城市公共交通成为防控疫情的关键点，全国多个省区市启动了Ⅰ级应急响应。2020 年 1 月 23 日武汉封城后，多个地区启动了交通封锁，对外交通中断，本来正处于春运期间，但众多铁路停运、公路封锁、公交服务暂停。据交通运输部消息，2020 年春运 40 天（1 月 10 日至 2 月 18 日），全国铁路、道路、水路、民航累计发送旅客 14.76 亿人次，比 2019 年同期下降 50.3%。其中，铁路发送旅客 2.10 亿人次，下降 47.3%；公路发送旅客 12.11 亿人次，下降 50.8%；水路发送旅客 1689.1 万人次，下降 58.6%；民航发送旅客 3839.0 万人次，下降 47.5%。[①] 鉴于交通运输在国民经济中的桥梁作用和居民出行的刚性需求，交通在此次疫情中的影响波及面大，几乎涉及各行各业。其主要的影响表现在如下几个方面。

第一，交通出行人数和交通收入下降。交通运输的特点是空间结构半封闭、空气流通不畅、人群高度密集、客流高速流动，而这些特点使新冠肺炎疫情传播风险大增，交通业抗疫任务艰巨。交通运输过程中无法控制乘客之间的距离，且交通运输能将携带传染病病毒的乘客快速输送至全国各地，加速疫情传播。为了避免人员流动导致传播范围进一步扩大，浙江、湖北等省市开启交通管制。

除此之外，此次疫情暴发恰逢春节，传统春运带来的交通需求被严重压制。截至 2020 年 2 月 7 日，春运旅客运输量达到 13.18 亿人次，同比下降

---

① 《春运结束发送旅客比去年同期下降 50.3%》，人民网，http://travel.people.com.cn/n1/2020/0220/c41570 - 31595834.html，最后检索时间：2020 年 4 月 29 日。

35%。其中公路运输 10.7 亿人次，同比下降 36%。正月初五以后，每天旅客运输量平均在 1300 万左右，下降了 80%[①]。

第二，交通服务从业人员在抗疫中的敬业精神带来了榜样力量，其以坚守和付出展现了交通人的风采。疫情防控中交通当先，涌现了一大批爱岗敬业的先进个人和群体，比如杭州客运段甬广车队党总支副书记陈美芳、宁波公交集团"娜帮人"志愿服务队、携手请战捐款的"95 后"列车员刘镜云等，他们在疫情期间坚守在一线岗位，把守着全国交通防疫"要塞"，维持着城市交通的运转，保障各类物资及时送达，为全国的疫情防控工作做出巨大贡献。

第三，智慧交通在此次疫情期间"大显身手"，得到充分利用。智慧交通为精准追踪确诊者提供了数据服务便利，"互联网＋"、5G、大数据、云计算、人工智能、无人技术（无人机、自动驾驶、智能船舶）、BIM 等现代科技手段在此次疫情防控中"大显身手"，如杭州移动在火车东站完成全省第一套带黑体的"5G 热成像智能测温"系统建设，同时在萧山国际机场也完成该系统建设，助力两大交通枢纽旅客体温筛查工作，这道入口"安全屏障"既提高了人员通行效率，又大大减少接触交叉感染风险。除此之外，为保障疫情间广大市民出行安全，腾讯公司"科技战疫"利用大数据技术在全国推进"乘车登记码"数字防疫方案，公众乘坐交通工具时，可使用微信扫描"乘车登记码"进行乘车登记，当出现疫情时，卫健部门可根据乘客的登记信息，第一时间通过短信或微信通知同乘乘客，实现乘客信息可查可追溯。疫情期间交通类舆情传播也表现出不同于平常的特点，本文将从以下四方面分别阐述。

一　关于重大公共危机事件中舆情发展
规律与应对的文献综述

进入新时期以来，我国舆论环境发生了重大变化，社会快速变革、技术

---

① 交通运输部：《预计春运后半程客流量下降 70%》，澎湃新闻，https：//baijiahao. baidu. com/s？ id＝1657773129817737448&wfr＝spider&for＝pc，最后检索时间：2020 年 4 月 29 日。

迅猛发展和全球化交织叠加，形成了具有中国本土特征的舆论环境，重大舆情尤其是突发事件、危机事件舆情时有发生，成为危害社会稳定的潜在因素。当下传播语境发生了重要的变化，新媒体不是简单地对传统媒体进行扼杀，更不是替代，而是不断在传统媒体的基础上，加入社交互动的功能。由此，重大危机舆情发展规律出现了新变化，网络舆情表达环境发生结构性变化，从单一环境变成融合环境；表达平台的功能有所侧重和不同，社交化趋势较为明显，表达场景的内涵有所变化，平台化成为主要趋势，舆论平台的社交化趋势明显，社交平台的转发式、感染式传播加速了网络舆情的扩散，网络舆情传播中表现出明显的情绪化、圈层化和关系赋权特点，舆论表达平台的场景化趋势明显，具体表现在如下方面。

（一）重大公共危机事件中舆情发展规律

1. 多方主体相互作用促进舆情再生成

在重大舆情事件传播中一般会产生次生舆情事件。这来源于多方面的因素，特别是政府、民众、媒体等，他们对舆情事件的传播、扩散、应对等会引发相关事件。热点事件微博舆论生成模式主要有四种：一是中心辐射模式，即围绕核心节点所建构起来的模式，依照核心节点—桥节点—长尾节点的次序展开。二是 V + 媒与 V + V 双膨胀扩散模式，但核心节点与桥节点之间能量的交换并非简单的"中心—边缘"的辐射过程，而是一个动态建构的过程。三是扁平去中心化模式。在扁平去中心化模式中，议题的缘起往往处于"自觉"的状态，即媒体或个人通过发布"#话题#"的形式来吸引粉丝对问题形成"围观"并发表讨论。四是社交场域模式。这是一种相对理想化的模式，官方微博、意见领袖微博与草根微博通过话语的博弈—协商—融合，最后达成某种一致的稳定状态（周洋，2014）。可以发现，政府、意见领袖、普通公众等多方都会促进事件的再发展。

值得注意的是，中国语境下，媒介组织在舆论引导中扮演着重要角色。笔者通过检索相关论文发现，"人民网""人民日报""新华网""解放日报"等传统新闻媒体与"博客""微博"等新兴社交媒体在关键词中占有很大分量。作为 Web2.0 时代的代表，微博在网络舆论研究中占有不可忽视的地位，成为重要的网络舆情发酵器与推动器。由于微博娱乐信息比重大幅增加等原因，也有学者质疑微博的舆论功能逐渐减弱。但是，其媒体议程设置的作用仍然没有削弱。有研究者发现中国的网络媒体间具有较高程度的议程相关性，议程设置效果在网络环境中并未消失。同时官方主流新闻网站对商业门户网站具有较强的议程设置能力。而紧抓社会热点、研究群体心理、在议程上与网民同构是增强网站舆论领导力的重要方法（蒋忠波、邓若伊，2011）。

2. 特殊群体在舆情传播中具有重要作用

在重大危机类舆情传播中，对如下四类群体的作用尤需重视。第一，网络意见领袖，当前民间舆论场的话语权往往被少数"意见领袖"掌控，网上"沉默的大多数"的声音易被忽略，管理部门要提升网民尤其是民间意见领袖的网络安全意识和技能，官方舆论要注重培养具有公信力的政府机关新型意见领袖，从而对广大网民起引领作用；第二，学生群体，据第 45 次《中国互联网络发展状况统计报告》，截至 2020 年 3 月，学生成为网民的最大群体（占 26.9%），数量众多，而且学生群体求知欲旺盛、好奇心强，他们在网上十分活跃，但由于这类群体思想还不够成熟，他们在网上的发言不免带有情绪性，包括对校园问题的意见、社会问题的看法等，如不对其加以引导，容易引起不良的网络舆情，近年来高校舆情事件的频发也与此有关；第三，社会弱势群体，当前互联网"三低"（低年龄、低收入、低学历）用户群体仍占主流，这些网民往往更加重视自身利益的表达，尤其是将现实中难以解决的诉求放到网上表达以求关注，互联网则可能成为其不满情绪的"泄吧"，加上他们文化水平不高，容易将其非理性想法带到网上，造成舆情事件，加上我国互联网发展逐渐告别爆发式增长，进入存量发展阶段，互联网开始向"三低"用户下沉，使得这几类网民在网上的活跃度不断提升，这些网民情绪化、极端化的言论让网络舆论更加复杂（黄楚新，2019）；第四，网络水军，包括各种网络黑公关、黑营销、网络恶意删帖者等，这是网络舆情中的灰色地带，需要加强治理和规范。

3. 重大危机舆情传播中伴随着次生群体和议题的交错互动

从舆论内部关系看，重大突发舆情内部面临着多重分化。重大舆情和突发事件舆论常伴随参与主体的分化、次生舆情的衍生和舆论"场域"的碰撞。在情绪重于事实的后真相时代，舆论发展过程中常伴随着争议和分化，基于关系的舆论群体观点经常出现圈层分化，社会公共议题的探讨中"报团取暖"趋势强化，越来越多的讨论与对话转向隐匿化、封闭化的小圈子，易形成意见一致的"局部意见气候"，不同群体之间出现分化甚至冲突；重大突发舆情在扩散和传播中又经常伴随着并行或交错的次生舆情，还时常发生舆论翻转现象。

（二）重大危机事件舆情舆论引导和应对

1. 建立线上与线下、官方与民间、内宣与外宣、中央与地方等舆论场的舆情联动机制

在重大危机类事件网络舆情发展中，伴随着线上与线下、官方与民间、内宣与外宣、中央与地方等多重舆论场的互动，尤其要高度重视线上与线下的良性互动。在前互联网时代，人们主要通过现实生活中的口口相传形成社会舆论，互联网为舆论的形成和传播提供了新的便捷渠道，社会民意由过去以网下表达为主转变为网下网上一体，"上诉不如上访、上访不如上网"表明线上逐渐成为民意表达的主渠道。网络舆论形成的典型路径是，社会公众在现实生活中注意到某一公共议题并将其反映到网上，受到迅速围观、热议，形成网络舆论，而网络舆论又进一步刺激线下舆论的发展，甚至促成线下行为。

习近平总书记高度重视新冠肺炎疫情防控中的舆论引导工作，多次强调要统筹网上网下、国内国际、大事小事，更好地强信心、暖人心、聚民心。2018年习近平在全国网络安全和信息化工作会议上强调，要"构建网上网下同心圆"。线下关注是网络舆论存在的基础，网络是线下关注的延伸。每年各种社会矛盾引发的群体性事件达到数万起，这些群体性事件多呈现线上线下联动的"互联网＋"特点，如近年来成都、昆明、茂名、上海等地民众因对PX项目不满而聚集闹事，均有社交媒体的作用。2011年中东的"茉

莉花革命"，近年来极端组织 ISIS 通过社交媒体招募恐怖分子、宣传和实施恐怖袭击，都是通过网络舆论引发群体性事件的反面典型。

2. 重大危机舆情舆论引导中的区域性差异

在舆情事件的类型、成因、应急能力等方面，中国呈现明显的区域性特征。例如，有研究发现，中国东部地区舆情热点事件大多与企业竞争、外交、公共政策、大型活动等有关；而西部地区较为关注自然灾害、社会保障、社会安全等议题；中部地区较为关注滥用公权、动拆迁、人为事故灾难、违纪违规等（季丹、谢耘耕，2014）；不同地区的环境舆情事件数量也存在显著差异（谢耘耕，2013）。同时，不同地区的经济基础、行政资源、文明程度也有所不同。从舆情应对能力方面看，应对能力最强的省（区、市）是北京、西藏和新疆，其次是上海、天津、内蒙古、青海、宁夏，应对水平较低的则是安徽、河南、广西等省区（刘泉等，2015）。有关数据显示，东部地区已解决的舆情事件占比为 63%、中部为 62.75%，均低于西部的 66.6%（季丹、谢耘耕，2014）。有研究者认为，在整个事件中经济较发达地区的舆论变化更趋于一致，暗示这些地区对于舆论引导的响应更快，因此加强发达地区的舆论引导有利于控制舆论的整体传播（龚凯等，2012）。从舆情干预主体来看，如中央政府、地方政府、司法、企业、个人等，也存在显著的区域差异。总体来看，东部地区的舆情干预主体更加多元化，国家部委为干预主体的占 14.9%，而中西部分别为 11.0% 和 13.7%。而地方政府为干预主体的，东部地区为 32.4%、中西部分别为 41.1% 和 41.2%。在东部地区企业干预和个人干预占比均高于中西部地区（季丹、谢耘耕，2014）。

舆情事件的区域差异以及应对舆情事件的区域差异，要求基于不同区域制定适宜的舆情干预政策和舆论引导体系。西方探讨较多的舆情是核战争、转基因食品、容忍、种族融合、堕胎、宗教情感、同性恋、女性主义、死刑、战争、环境、同性恋等，这些舆情信息一定程度上起到推动政策制定的积极作用。有研究分析了美国各州对于 8 个地区 39 项政策的支持程度，包括堕胎、法律实施、卫生保健、教育等，研究发现政策高度回应了舆情（Jeffrey et al.，2012）。值得注意的是，美国的气候问题中，不同区域对其关注度有所差异。相应地，缓解和调整气候变化的决策，在不同城市、州、国家有所不同（Harriet et al.，2013）。西方国家的政策对于舆情的回应较为积极，特别是基于地方区域政策进行治理，这对国内舆情治理及区域政策制定具有重要参考意义。虽然国内舆情对于政策的推动效果仍相对有限，但并不能因此而忽略舆情对于推动地方治理的实际意义。

3. 建立重大危机处理的共识性路径和机制

由于重大突发舆论出现前文所阐释的各种分化，而舆论引导的关键和核心就是协调不同当事方的诉求利害关系，良性的舆论引导要求在舆论的不同主体、客体、渠道间产生共振。这既需要在不同参与方之间达成共识，如政府和公众之间要有充分的信任和理解，公众不同群体间充分交流、沟通甚至融合，也需要各次生舆情间形成互补和融合，还需要不同舆论场之间形成对话和沟通。重大突发舆情的良性发展需要有共同的信任、话语体系和思想价值观作为黏合剂，强调舆论引导中的共识性机制尤为关键，从而避免舆论引导中可能出现的"塔西陀陷阱"，充分意识到次生舆情及其在重大舆情中的作用，舆情是社会意见的综合，相关的人群中有很多次级群体，形成次生舆情，并在舆论发展中不断起伏，共同推动舆论进展，重大舆情和突发事件舆论研究也从单一媒体扩展到媒介融合环境，线上和线下、虚拟和现实之间的交互作用机制逐渐受到关注。

疫情对交通运输业的影响也反映到公众的舆论中，民意汇聚于网络。疫情期间，互联网上出现了与交通有关的一些重大舆情事件，如列车上自制隔离装备、暂停网约车服务、封路封道，等等。交通舆情事件往往具有流动性，涉及不同人群，波及居民生活的方方面面，如果处置不当，容易导致事件危害的扩大和公众恐慌情绪的蔓延，扰乱社会秩序，从而加剧突发疫情期间交通类舆情事件的控制难度，因而研究疫情期间的交通舆情能发掘公众关注点，进一步缓解公众焦虑，减少负面舆情带来的影响。本文接下来结合网络数据，分析疫情期间与交通有关的重大突发舆情事件或人物，试图探寻这些交通类舆情的扩散和传播特点，更好地了解公众的需求，以期为未来处置相关交通类舆情事件提供意见和建议。

二 研究方法

本研究报告通过微博、微信、百度等网络平台，同时借助北京清博大数据，抓取 2020 年 1 月 23 日至 3 月 23 日疫情期间热度较高的交通类舆情事件，并对事件关键词进行整理。根据关键词，通过清博数据进行分析，共获取 63 件疫情期间交通舆情类事件的类型、信息量、发布主体、主流媒体报道量、信息平台分布、媒体报道情感态度、政府和权威媒体发声情况、次生舆情发生情况等数据，并通过分析总结，提取事件关键词，之后再将搜集到的数据进行描述和分析。

三 研究结果

（一）公众对交通类议题最关注复工、防控、乘车、退票、乘务员等相关内容，交通类舆情事件以政策举措类为主

本研究共获取 63 件舆情事件，通过对事件关键词的整理（包括提炼核心关键词或者完整事件、新闻标题等表述），剔除部分指代不明或重复关键词后，其主要关键词分布如图 1 所示，可以看到公众关注范围较广，最为关注复工、防控、乘车、退票、乘务员等相关内容。

另外，本研究将涉及交通的舆情事件划分为五类，分别为：政策举措类、人物事迹类、突发事件类、现状影响类以及谣言与政府回应类，事件类型分布情况如图 2 所示。在疫情期间，公众较为关注政策举措相关的交通舆情事件。

（二）公众对交通类舆情事件关注平均持续约20天，对"复工"和"退票"的关注度此消彼长，对"乘车"的关注持续上升

根据清博数据提供的舆情事件时间信息，以"天"为单位计数，由此

图 1　交通类舆情事件关键词分布

资料来源：利用"微词云"软件，将收集的关键词以文本的形式导入网页中，制作词云。

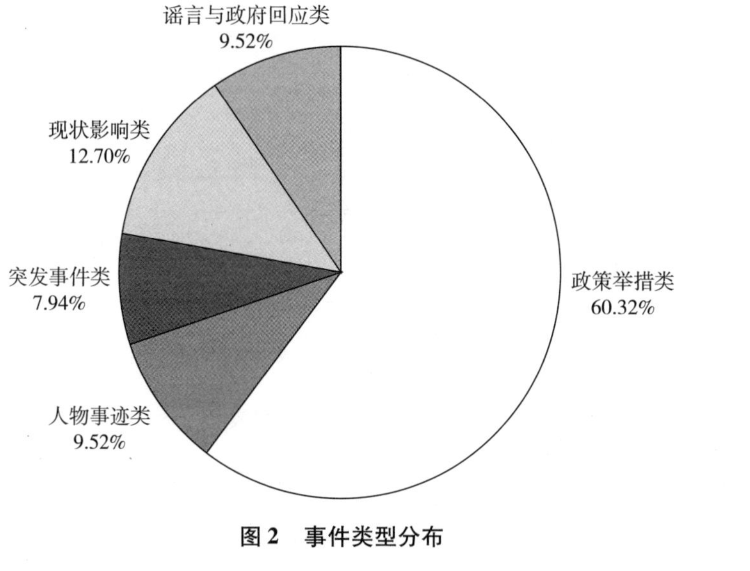

图 2　事件类型分布

获得每个舆情事件热度持续时间，如图 3 所示。

63 件舆情事件平均持续时间为 20.70 天。持续时间最长的事件为"列车上自制隔离装备，如塑料袋套头，水桶套头等"，持续时间为 90 天。持续

（天）

100 90 80 70 60 50 40 30 20 10 0

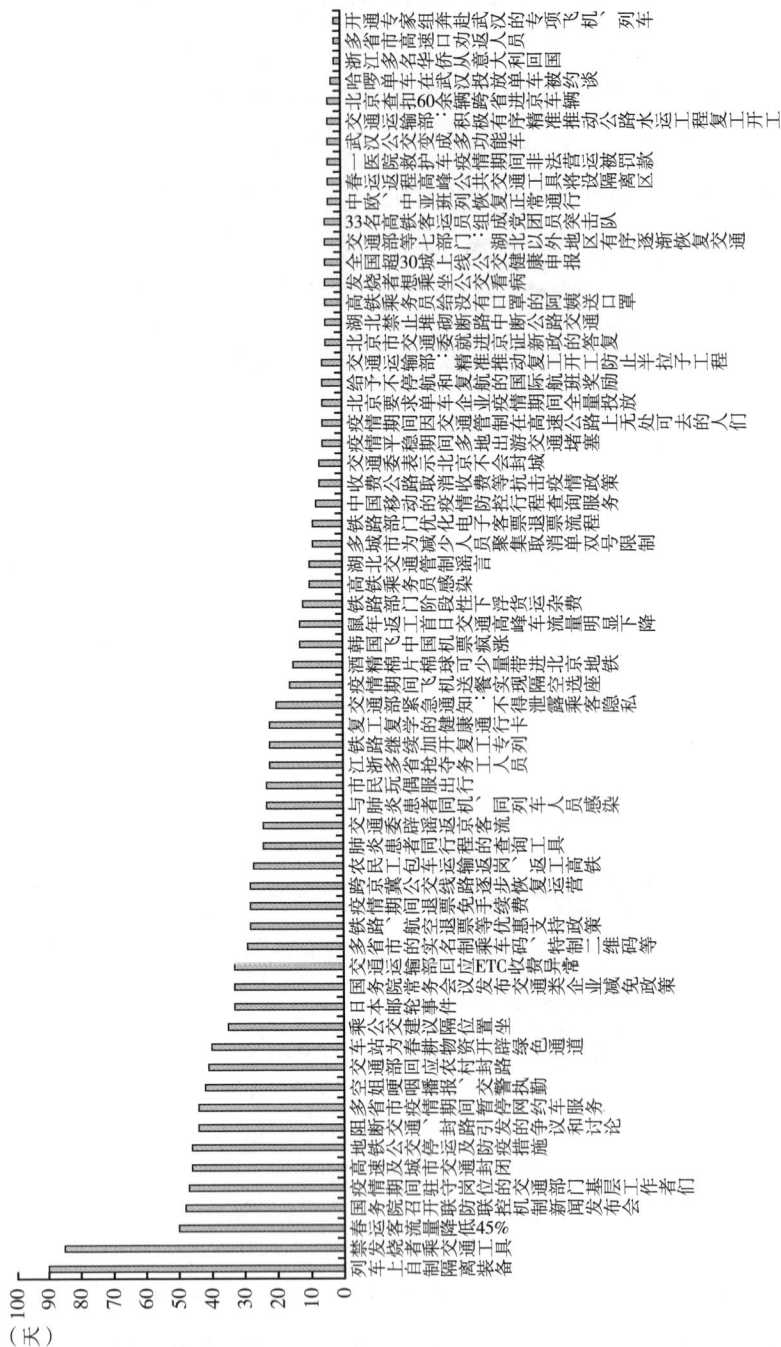

图 3　舆情事件热度持续时间

时间最短的事件为"浙江多名华侨从意大利回国""多省市高速口劝返人员""开通专家组奔赴武汉的专项飞机、列车",三者持续时间均为 2 天。

百度指数（Baidu Index）是以百度海量网民行为数据为基础的数据分享平台，是互联网重要的统计分析平台之一。百度指数可直观呈现某个关键词在百度的搜索规模、一段时间内的涨跌态势以及相关的新闻舆论变化，体现了网民特征等，反映了网民对于某一议题关注度的变化。

根据上文提及的交通舆情关键词，查找百度指数获取公众在疫情期间对交通舆情的关注度变化情况，如图 4 至图 6 所示。随着时间的推移，公众关注议题发生变化，进一步分析上述词云的主要关键词，2020 年 1 月底网上关于"退票"的讨论热度突然上升，2 月初开始，公众对"复工"的关注度骤升，2 月初以来，网上关于"乘车"的热度持续缓慢上升，表明在疫情期间，网上交通类舆情关注点随疫情发展出现明显变化。

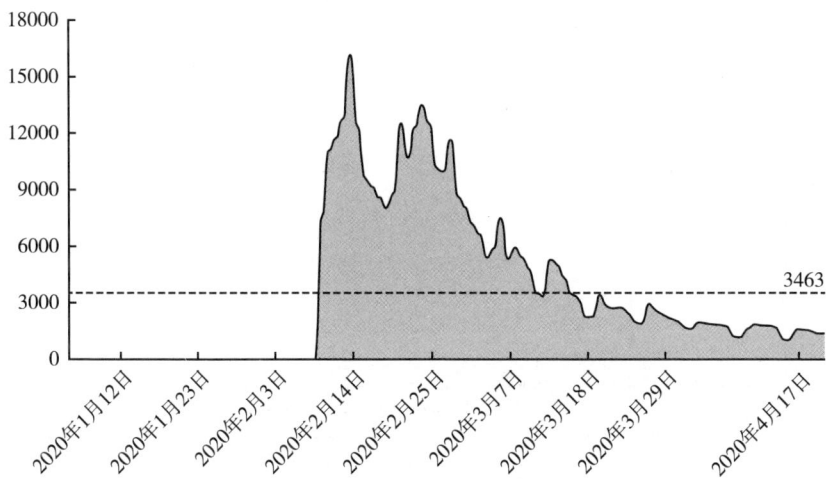

图 4　2020 年 1 月 12 日至 4 月 17 日百度指数走势
（关键词："复工"，搜索范围：全国）

网络舆情发展中时常伴随次生舆情发生，根据统计，在 63 件交通类舆情事件中，近三成（占 29%）在发展过程中曾发生次生舆情事件，大部分（占 71%）未发生次生舆情事件（见图 7）。

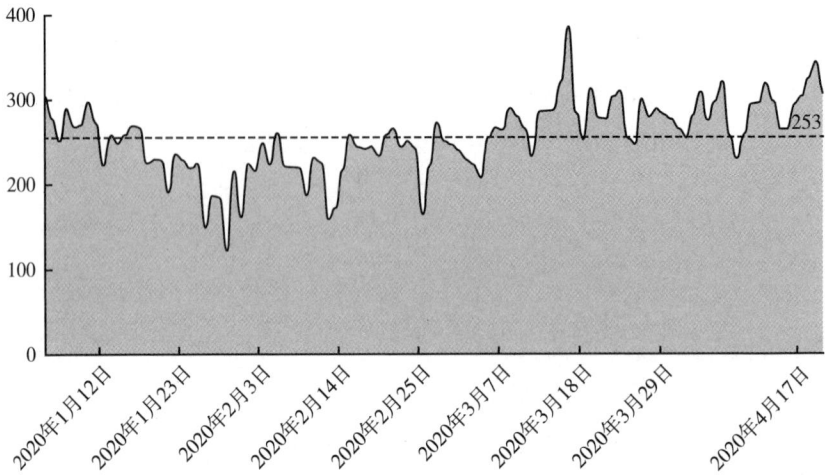

图5　2020 年 1 月 12 日至 4 月 17 日百度指数走势
（关键词："乘车"，搜索范围：全国）

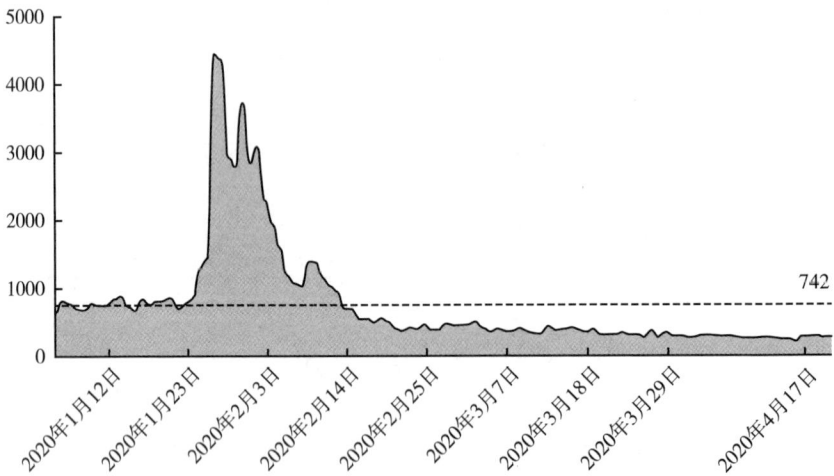

图6　2020 年 1 月 12 日至 4 月 17 日百度指数走势
（关键词："退票"，搜索范围：全国）

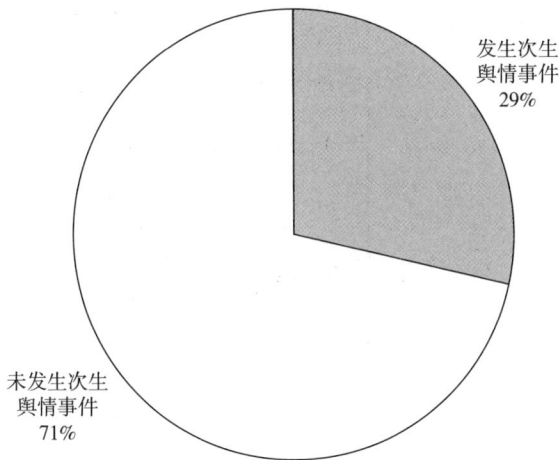

图7　发生次生舆情事件情况分析

（三）平均每件舆情事件的信息量为5万多条，发布主体依次为媒体、政府和意见领袖，微信成为网民获取信息的第一大平台

根据清博数据统计，63件舆情事件的信息总量为3620449条，平均值为57467.44条。其中信息量最少的事件为"开通专家组奔赴武汉的专项飞机、列车"，信息量为22条；信息量最多的事件为"高速及城市交通封闭"，信息量为1490845条（见图8）。

本研究将发布主体分为四类，分别为：政府机构、网民、媒体和意见领袖。根据清博数据统计，44%的舆情事件发布主体为媒体，29%的报道来自政府机构，20%来自意见领袖，仅有7%来自网民（见图9）。由此可见，疫情期间交通类舆情事件信息大多由权威主体发布。

权威信息发布主体主要为媒体和政府机构。在获取的疫情期间交通类舆情事件中，85.71%的事件均有政府和权威媒体的发声（见图10）。可见主流媒体发挥主导作用。在大部分舆情事件中，主流媒体均有发布相关报道，报道平均数量为2822.84条，最大值为65634，最小值为0。在所获取的样本中，主流媒体报道总量占信息总量的4.91%。大部分事件中，媒体报道情感倾向大多为中立，较少报道涉及负面舆情（见图11）。

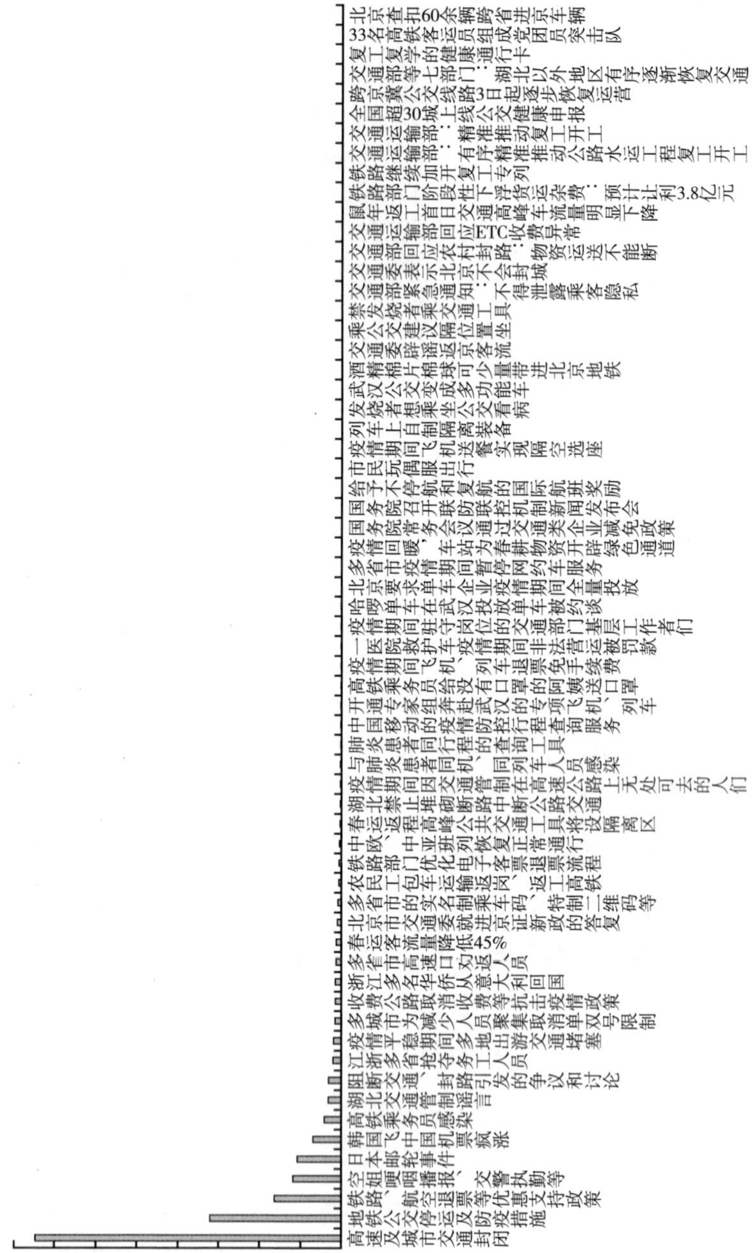

图 8　信息量统计

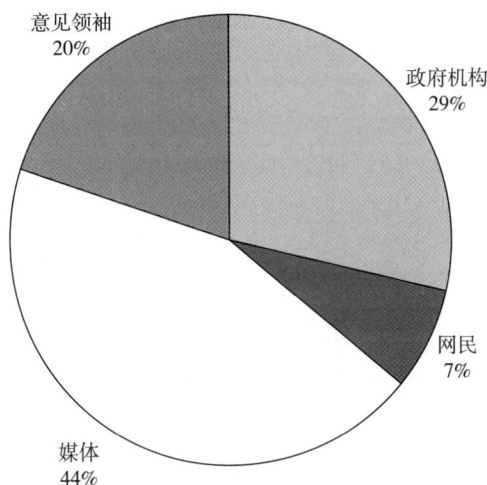

图9 发布主体分布

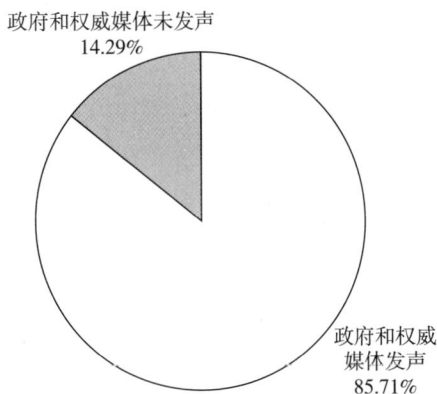

图10 政府和权威媒体发声情况

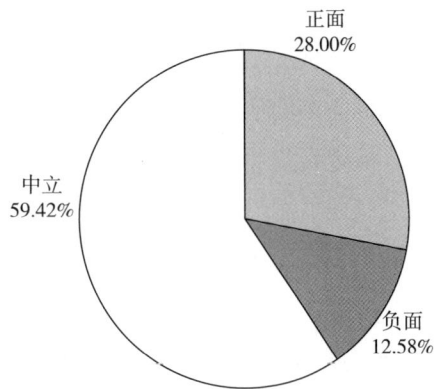

图11 媒体报道情感分布总体统计

用户获取信息的平台主要有微博、微信、App、报刊、网页、视频、头条号、搜狐号、问答类平台和其他平台。根据清博数据统计，用户获得信息量最多的平台为微信平台，共获取信息量1013339.97条；用户获得信息量最少的平台为问答类平台，获取信息量为23876.96条（见图12）。

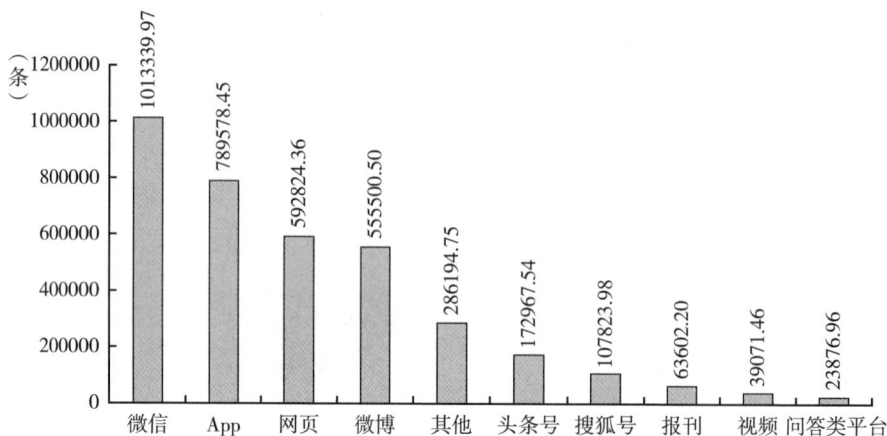

图12　平台信息量分布

（四）政策举措类、谣言与政府回应类舆情信息中以政府机构和意见领袖发布消息为主，人物事迹类、突发事件类和现状影响类舆情信息中，意见领袖和网民爆料消息较多

不同类型舆情事件的发布主体不同。在五类舆情事件中，网民爆料占比较少。政策举措类、谣言与政府回应类舆情信息除媒体报道外，以政府机构和意见领袖发布消息为主；人物事迹类、突发事件类和现状影响类舆情消息中，政府机构发布消息较少，而意见领袖和网民爆料较多，但仍以媒体报道为主（见图13）。

为了进一步检验不同舆情事件类型与信息发布主体之间的关系，本报告进行了卡方检验。自变量为舆情事件类型（1 = 政策举措类、2 = 人物事迹类、3 = 突发事件类、4 = 现状影响类、5 = 谣言与政府回应类），因变量为信息发布主体情况（是该类发布主体 = 1，不是该类发布主体 = 0）。结果如表1所示。

卡方检验表明，舆情事件类型对不同发布主体的影响有差异，即事件类型对是否政府机构发布有显著影响、事件类型对是否网民爆料有显著影响，但事件类型对是否媒体报道、是否意见领袖发布均无显著影响。

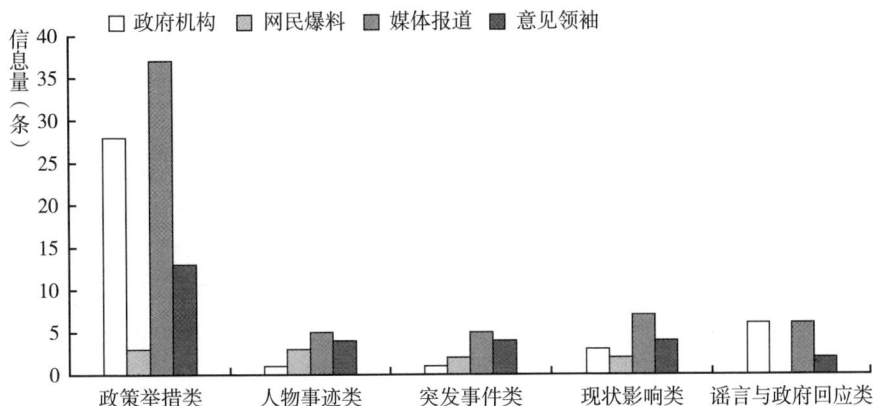

图13　不同类型舆情事件发布主体分布

表1　舆情事件类型与信息发布主体方差分析

信息发布主体	皮尔逊卡方值	自由度
政府机构	16.88 **	4
网民爆料	10.86 **	4
媒体报道	3.86	4
意见领袖	5.76	4

说明：** $P < 0.05$。

（五）疫情期间交通类舆情信息以政策举措类为最多，而谣言与政府回应类最少，均以中性为主

总体来看，疫情期间交通类舆情信息量最多的为政策举措类，占比75.17%；而谣言与政府回应类占比最少，仅为0.54%（见图14）。就发布平台而言，疫情期间无论什么类型的交通舆情事件大部分发布平台为微信与微博两大社交媒体平台（见图15）。

无论什么类型的舆情信息，媒体报道情感均以中立为主（见图16）。大部分事件正面情感比例大于负面情感比例。但需要注意的是，谣言与政府回应类信息的负面情感比例大于正面情感比例。

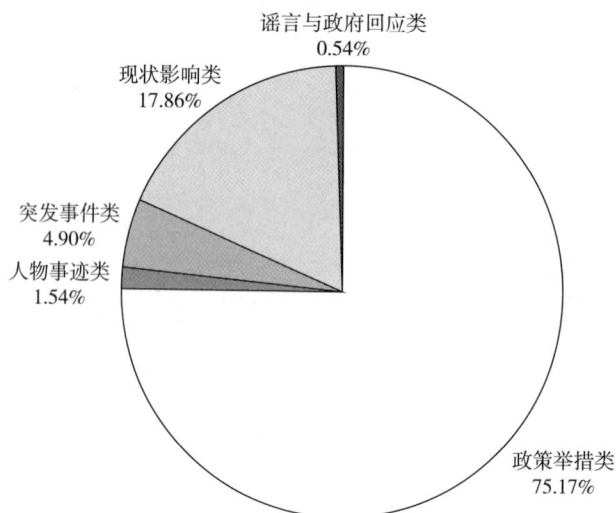

图 14 不同类型舆情事件信息量分布

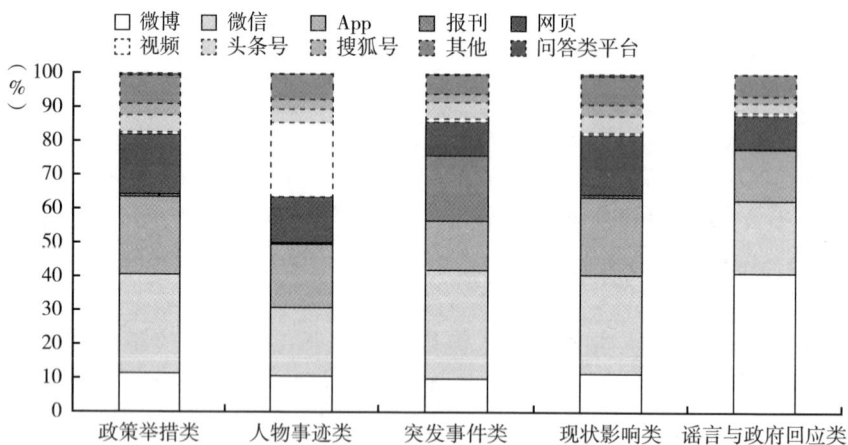

图 15 不同类型舆情事件发布平台分布

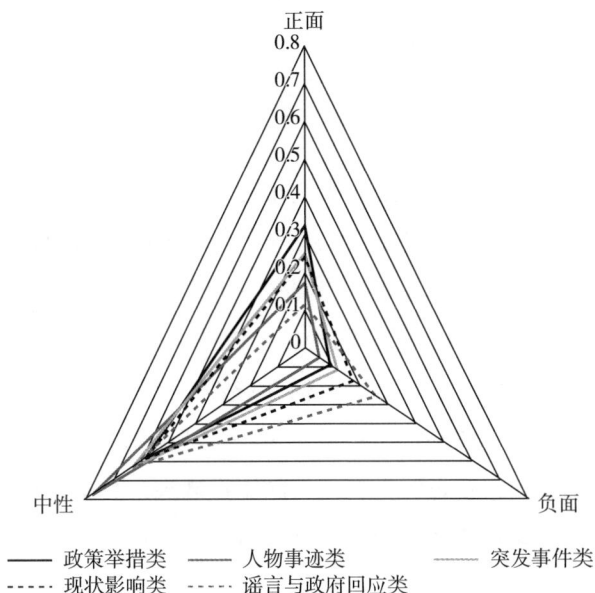

图 16　不同舆情事件情感态度分布

四　对策和建议

基于上述关于疫情期间交通类网络舆情的分析，本研究提出如下对策建议。

（一）充分发挥网络舆情在交通运输中的预警和先导作用

笔者发现，对于重要的交通类舆情事件，如网络关注度高、持续时间长、社会影响大的舆情事件，如果处理不当，就会对交通运输乃至社会经济运转造成混乱。新冠肺炎疫情是对交通运输业的一次大考，在此期间，交通运输业一手抓疫情防控、一手抓服务保障，交通舆情信息则提供了良好的数据支撑，网络舆论已经成为政府观察民意焦点、确定政府工作重点的一个重要参考，因此相关部门应加强交通类网络舆情监测，从这些信息中提取与突发事件相关的舆情信息，分析突发事件舆情信息的时间与空间分布情况，再通过多种手段和渠道做正确的舆论引导。

（二）加强传统主流媒体和新兴社交媒体在交通舆情中的功能联合

政府机关和主流媒体在交通类舆情中起信息发布和释疑解惑的作用，疫情期间交通网络舆情相关事件议题的定义者仍是权威政府机构与媒体。一方面，官方在交通舆情这类专业议题上掌握着信息发布的控制权；另一方面，官方信息源的权威性确保公众获取信息来源的可信度，有效引导舆论场发展。突发性公共卫生事件中，政府机构更需要充分发挥舆论引导作用，提高舆情处置的专业水平。此外，微信成为网民关于交通舆情信息的首要来源，微博及微信等各类社会化媒体拥有庞大的用户规模，具有开放性、即时性与互动性等特点，成为疫情期间交通网络舆情事件的重要信息传播渠道。与其他类型的舆情相比，疫情期间的交通类舆情具有持续性、多变性、涉及范围广、涉及议题敏感的基本特征，这些特征将导致事件危害扩大和公众恐慌情绪蔓延，甚至引发一系列衍生事件，从而加剧突发疫情期间交通类舆情事件的控制难度。因而有关政府部门应该采用与社会化媒体适配性较强的手段尽早干预，第一时间发布事件的最新进展，积极参与网民讨论，及时满足网民的求知需求，有效回应民众的心理诉求，从而主动引导舆情向积极的方向发展。网络平台应该对这些用户加强监管，不仅要杜绝其发布不实信息，还要与监管部门共同维护网络秩序，确保网络的健康发展。

（三）加强交通类舆情的联防联控机制建设

网络舆情内容涉及广泛，公众关注点集中在政策举措类舆情事件，主要关注出行乘车、复工复产等与公众生活息息相关的事件，疫情期间交通舆情关注点除交通本身外，还有复工复产，可见交通运输业在经济运行中的重要作用，交通运输涉及面大，交通领域的舆情往往涉及多部门，舆情管理上也要相应地建立联动机制，进一步加强智慧交通建设及其数据与其他相关部门的共享，如旅客旅行数据、诚信数据，整合多个部门，明确职责，分工协作，形成防控疫情的有效合力，创造有利于事件妥善处置、有利于宣传组织群众、有利于尽快恢复正常的生活生产秩序的舆论氛围。

需要指出的是，网民意见并非"民间舆论"的全部。首先，截至 2020 年 3 月，我国网民规模达 9.04 亿，互联网普及率达 64.5%，近四成的社会公众是非网民，尤其是网民和非网民的人口存在结构性差异，如网民中城镇居民、年轻人较多（如截至 2020 年 3 月城镇网民占 71.8%，10～39 岁网民占 61.6%）；其次，在互联网发言的活跃网民只是少数，约占 8%（Benevenuto 等，2009），大部分网民是"沉默的大多数"，基于这些活跃网民的"电子足迹"分析"民间舆论"难免有偏颇；最后，由于技术和人为原因，互联网上的信息有时被删或丢失，造成信息遗漏。不可否认，网民意见仍是了解民间舆论的重要窗口，但要全面了解还需做到大数据（网络数据）和小数据（线下调查）、定量分析与定性分析相结合。

参考文献

《春运结束发送旅客比去年同期下降 50.3%》，人民网，http://travel. people. com. cn/n1/2020/0220/c41570 - 31595834. html，最后检索时间：2020 年 4 月 29 日。

交通运输部：《预计春运后半程客流量下降 70%》，澎湃新闻，https://baijiahao. baidu. com/s? id = 1657773129817737448&wfr = spider&for = pc，最后检索时间：2020 年 4 月 29 日。

欧阳斌、褚春超：《推进交通运输治理现代化：论应对新冠肺炎疫情的中国交通之治》，《交通运输研究》2020 年第 1 期。

付逸飞：《重大疫情类公共卫生突发事件下城市轨道交通公安机关应对策略研究》，《上海公安学院学报》2020 年第 1 期。

张改平、李红昌、萧赓、王超：《对我国应急交通运输体系的思考及建议》，《交通运输研究》2020 年第 1 期。

丁学君、樊荣、苗蕊、王莹：《社会化媒体中突发公共卫生事件舆情传播规律研究》，《信息系统学报》2018 年第 2 期。

滕靖、刘韶杰、龚越、王文：《交通事件网络舆情分析方法》，《交通信息与安全》2019 年第 6 期。

黄楚新：《当前我国网上舆论表达特点及引导》，《人民论坛》2019 年第 30 期。

Benevenuto, F., Rodrigues, T., Cha, M., & Almeida, V. (2009, November). Characterizing User Behavior in Online Social Networks. In Proceedings of the 9th ACM SIGCOMM Conference on Internet Measurement (pp. 49 – 62). ACM.

周洋：《热点事件微博舆论生成的四种模式及引导》，《中国记者》2014 年第 1 期。

蒋忠波、邓若伊：《网络议程设置的实证研究——以提升网络舆论引导力为视阈》，《新闻与传播研究》2011 年第 3 期。

季丹、谢耘耕：《社会舆情传播特征的区域差异研究》，《情报杂志》2014 年第 1 期。

谢耘耕：《中国社会舆情与危机管理报告（2013）》，社会科学文献出版社，2013。

刘泉、荣莉莉、李若飞：《面向网络舆情的区域社会脆弱性评价模型及应用》，《情报杂志》2015 年第 9 期。

龚凯、唐明、尚明生、周涛：《在线热点事件的时空演变规律》，《物理学报》2012 年第 9 期。

Jeffrey, R., Lax, and Justin H. Phillips. "The Democratic Deficit in the States." *American Journal of Political Science*, No. 1, 2012, pp. 148 – 166.

Harriet, Bulkeley, and Betsill, Michele, M., "Revisiting the Urban Politics of Climate Change." *Environmental Politics*, No. 1, 2013, pp. 136 – 154.

附录　舆情事件列表

序号	事件
1	高速及城市交通封闭
2	地铁公交停运及防疫措施
3	铁路、航空退票等优惠支持政策
4	人物事迹类：空姐哽咽播报、交警执勤等
5	日本邮轮事件
6	韩国飞中国机票疯涨
7	高铁乘务员感染
8	湖北交通管制系谣言，后被湖北防疫指挥部宣布通知无效
9	阻断交通、封路引发的争议和讨论
10	江浙多省抢夺务工人员：包机、专列运送务工人员
11	疫情平稳期间多地集体出游，交通堵塞：如北京香山
12	多城市为减少人员聚集取消单双号限制
13	收费公路取消收费等抗击疫情政策
14	浙江多名华侨从意大利回国
15	多省市高速口劝返人员
16	春运客流量降低 45%

序号	事件
17	北京市交通委就进京证新政的答复
18	多省市的实名制乘车码、特制二维码等
19	农民工包车运输返岗、返工高铁
20	铁路部门优化电子客票退票流程
21	中欧、中亚班列恢复正常通行
22	春运返程高峰公共交通工具将设隔离区
23	湖北禁止堆砌断路中断公路交通
24	人物事迹类:疫情期间因交通管制在高速公路上无处可去的人们(湖北车牌私家车、货车车主)
25	与肺炎患者同机、同列车人员感染
26	肺炎患者同行程的查询工具
27	中国移动的疫情防控行程查询服务
28	开通专家组奔赴武汉的专项飞机、列车
29	人物事迹类:高铁乘务员给没有口罩的阿姨送口罩
30	疫情期间飞机、列车退票免手续费
31	一医院救护车疫情期间非法营运被罚款
32	人物事迹类:疫情期间驻守岗位的交通部门基层工作者们(快递、外卖)
33	哈啰单车在武汉投放单车被约谈
34	北京要求单车企业疫情期间全量投放,不允许随意涨价
35	多省市疫情期间暂停网约车服务
36	疫情回暖,车站为春耕物资开辟绿色通道
37	2020年3月3日国务院常务会议通过了一系列为交通运输、快递物流等企业疏解困难的减免政策
38	国务院召开联防联控机制新闻发布会,介绍乘坐交通工具的疫情防控情况
39	给予不停航和复航的国际航班奖励
40	市民穿玩偶服出行,如穿玩偶服去医院、穿玩偶服上飞机
41	疫情期间飞机送餐实现隔空选座
42	列车上自制隔离装备,如塑料袋套头、水桶套头等
43	发烧者想乘坐公交看病
44	武汉公交变成多功能车
45	酒精棉片棉球可少量带进北京地铁
46	交通委辟谣返京客流
47	乘公交建议隔位置坐
48	禁发烧者乘交通工具
49	交通部紧急通知:不得泄露乘客隐私

序号	事件
50	交通委表示北京不会封城
51	交通部回应农村封路：物资运送不能断
52	交通运输部回应 ETC 收费异常
53	鼠年返工首日交通高峰车流量明显下降
54	铁路部门阶段性下浮货运杂费：预计让利 3.8 亿元
55	铁路继续加开复工专列，为企业复产复工提供便利
56	交通运输部：积极有序精准推动公路水运工程复工开工
57	交通运输部：精准推动复工开工 防止"半拉子"工程
58	全国超 30 城上线公交健康申报
59	跨京冀公交线路 3 日起逐步恢复运营
60	交通部等七部门：湖北以外地区有序逐渐恢复交通
61	复工复学的健康通行卡
62	33 名高铁客运员组成党团员突击队
63	北京查扣 60 余辆跨省进京车辆

2015~2020年铁路行业舆情分析报告

支 辛*

摘 要： 铁路事业在我国的经济与社会发展中占据着极为重要的地位。通过开展铁路行业舆情研究，对舆情进行全面的把握，能为政府和企业科学应对铁路舆情提供决策，最终使事件得到完满的解决，维护乘客合法权益，提升铁路行业形象。本报告采用内容分析法与案例分析法，对相关内容进行大数据采集与清洗，并在此基础上进行数据可视化分析，归纳出铁路行业舆情发展的一般规律。同时抓取典型舆情事件进行案例研究，通过对"高铁霸座""乘客拒查票"等重大舆情案例进行专题研究和深度挖掘，总结舆情的传播特点，并提出切合实际的建议。

关键词： 铁路舆情 传播特点 舆情事件 舆情治理

一 引言

铁路事业在我国经济与社会的发展中占据着极为重要的地位，2008 年 8 月 1 日，我国自主建设的第一条最高时速 350 公里高速铁路——京津城际铁路开通运营，标志着中国正式跨入高铁时代。十年来，从渤海之滨到西部戈壁，从中部平原到西南群山，从东北雪原到江南水乡，中国高铁从零起步，

---

* 支辛，北京交通大学语言与传播学院硕士研究生。

串珠成线、连线成网，运营里程超过 2.5 万公里，占全球高铁运营总里程的 2/3，累计运送旅客超过 70 亿人次。根据中国铁路建设规划，到 2020 年，全国铁路运营里程将达到 15 万公里，其中高铁 3 万公里；到 2025 年，中国铁路网规模将达到 17.5 万公里，其中高铁 3.8 万公里；到 2035 年，率先建成发达完善的现代化铁路网。

随着互联网技术的迅猛发展，信息网络化正在对我国政治、经济、社会、文化等领域产生广泛而深刻的影响。认真做好网络舆情工作，加强对互联网上有关铁路舆情的收集、研判和正确引导，既是铁路宣传思想工作适应新形势、开创新局面的一项战略举措，也是营造和谐铁路、建设外部舆论氛围、为经济建设保驾护航的重要内容。2012 年起，铁路行业舆情研究逐渐引起学界和业界关注。以"铁路""舆情"为关键词检索全网各类文献，笔者发现 2015 年之前的相关研究和报告主要来自学界，关注铁路突发事件舆情研究，例如"7·23 温州动车事故"；2015 年之后主要来自业界，关注铁路乘客纠纷舆情研究。近年来，随着高铁行业飞速发展，高铁乘客迅速增加，从乘客检票无理插队、硬闯车站，到乘客霸座、拒查票，与之打交道的铁路部门也屡次因此被推上舆论风口。

通过开展铁路行业舆情研究，对舆情进行全面的把握，为政府和企业科学应对铁路舆情提供决策建议，促使事件得到合理解决，维护乘客合法权益、提升铁路行业形象。因此，开展铁路行业舆情研究，对铁路行业健康发展、促进社会经济稳定发展有重大意义。

本文采用内容分析法与案例分析法，对相关内容进行大数据采集与清洗，并在此基础上进行数据可视化分析，归纳出铁路行业舆情发展的一般规律；同时抓取典型舆情事件进行案例研究，通过具体事件的研究报告做出深度挖掘，以期对该行业舆情进行合理总结，并提出切合实际的建议。

二 舆情焦点研判

本报告根据信息发布平台的不同，对资料来源进行分层，主要使用微博、微信、抖音三大平台所开放的所有数据。为提高数据抓取效率，本文需提取合适的关键词，以聚焦核心舆情。

首先，将"铁路"及其相关词汇"铁道""轨道""高铁""火车"列为备用关键词，根据百度指数、微指数、微信文章、微博话题、抖音话题进行初步搜索。

（一）百度指数

以"铁路""高铁""火车""轨道""铁道"为关键词，以百度现有的全部数据为基础，在百度指数（http：//index.baidu.com）进行搜索和对比分析。

1. 百度搜索指数

设置检索时间为"全部"（2011年1月1日至2020年8月5日），客户端为"PC＋移动"，地理范围为"全国"，得出百度搜索指数结果如图1所示。

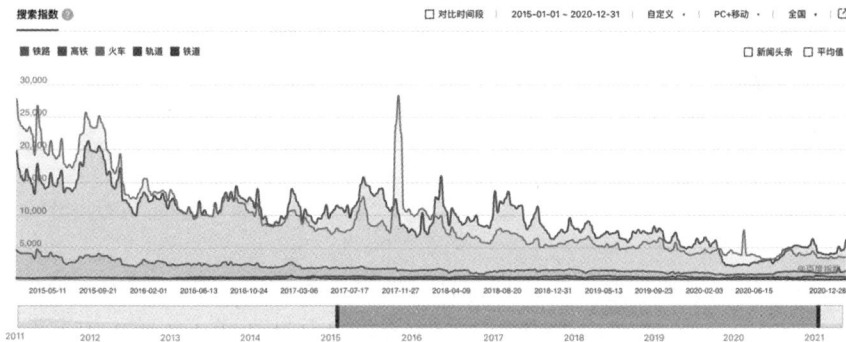

图1　2011年1月1日至2020年8月5日百度搜索指数

2. 百度资讯指数

设置检索时间为"全部"（2011年1月1日至2020年8月5日），地理范围为"全国"，得出百度资讯指数结果如图2所示。

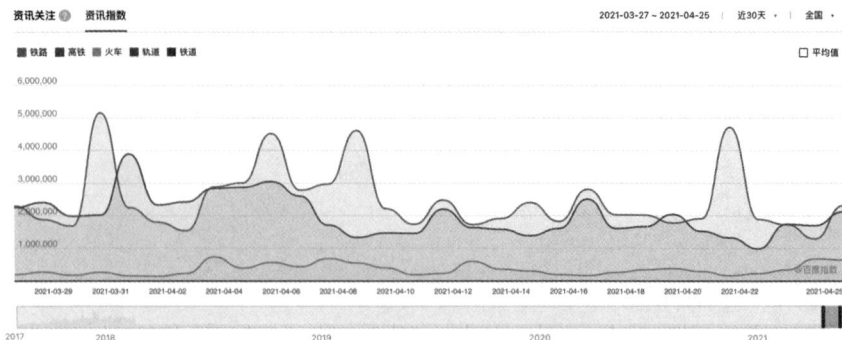

图2 2011年1月1日至2020年8月5日百度资讯指数

3. 百度媒体指数

设置检索时间为"全部"（2011年1月1日至2020年8月5日），得出百度媒体指数结果如图3所示。

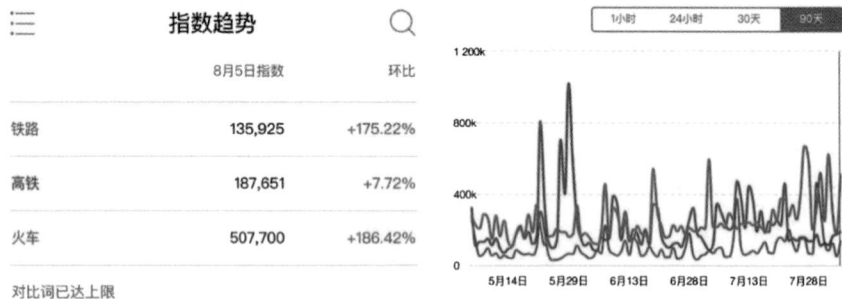

图3 以2020年8月4日为基准90天内"铁路""高铁""火车"微指数

百度媒体指数数据显示，"铁路""高铁""火车"三个关键词的搜索热度和资讯关注度较高，"轨道""铁道"的指数偏低，与前三者有热度上的正相关性。总体来说，近两年5个分词的热度排序由高到低为"高铁"≥"火车"≥"铁路"≥"铁道"≥"轨道"。

（二）社交平台数据抓取

1. 微指数

将"铁路""高铁""火车""轨道""铁道"为对比词，以2020年8

月 4 日为基准，在微博大数据平台——"微指数"上搜索 90 天内的数据（微指数限制 3 个对比词、90 天内的数据），得出结果如图 4 所示。

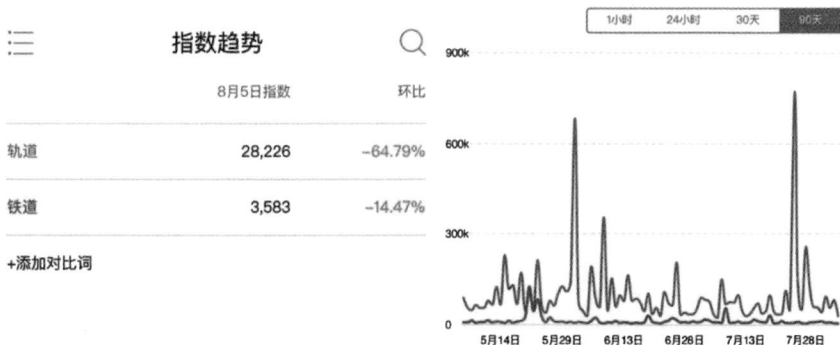

图 4　以 2020 年 8 月 4 日为基准 90 天内"轨道""铁道"微指数

根据"微指数"数据，除"铁道"外其余四词的微博热度较高，"高铁"提及量最高而"铁路"次之。90 天内，5 个分词的热度排序由高到低大致为"高铁"≥"铁路"≥"火车"≥"轨道"≥"铁道"。

2. 数据抓取

在"两微一抖"的搜索中，根据 5 个分词，选择全部时间，分别筛选并抓取：阅读量 10 万以上的微信文章；播放量 100 万以上的抖音话题；所有微博、微博话题。该 5 个分词均有一定的内容量（见表 1、图 5、图 6）。

表 1　微信、微博、抖音平台数据

	微博	微博话题	微信文章 （阅读量 10 万＋）	抖音话题 （播放量 100 万＋）
铁路	66502671	31453	4	32
高铁	61301228	42439	31	53
火车	130001024	64339	19	54
铁道	8793489	920	4	3
轨道	755	33428249	3	8

微博数量统计

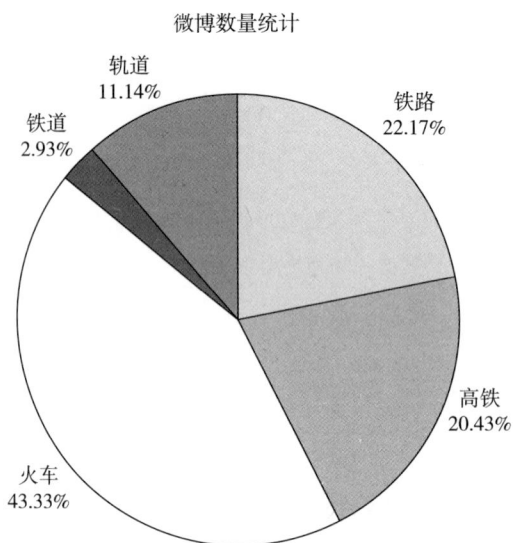

图5　相关微博数据

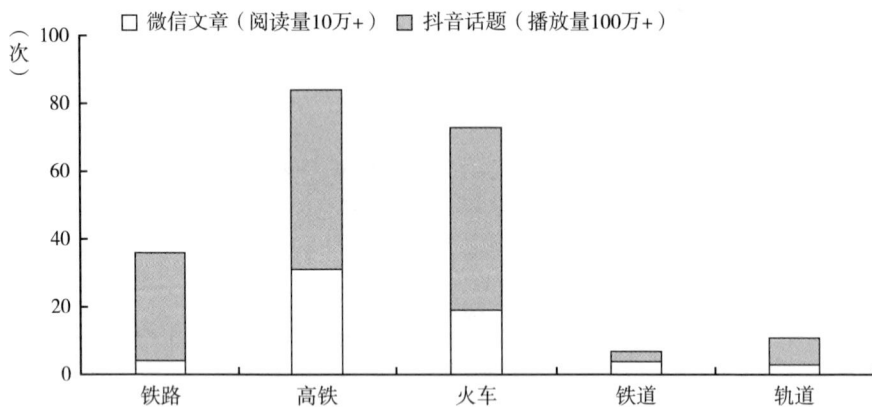

图6　微信、抖音相关数据

其中，近期铁路行业相关微博话题阅读量超 1000 万的为：

"铁路"：

#铁路#	1.7亿
#铁路摄影#	2190.1万
#铁路百科#	2518.6万
#铁路头条#	2863.2万
#铁路常识#	1646.4万
#铁路播报#	3.7亿
#铁路大调图#	2794.2万
#铁路霸座乘客首次被拘留#	2亿
#铁路与共和国同成长#	1076.8万
#铁路人员还原霸座经过#	1.2亿
#铁路部门下发买短补长临时办法#	6550.5万
#铁路新闻#	1.4亿
#铁路史话#	1017.8万
#铁路一日一站#	1155.7万
#铁路一线#	2761.4万
#铁路实施新列车运行图#	3225.7万
#铁路新成就 喜迎十九大#	1340.8万

"高铁"：

#高铁#	1.4亿
#高铁遇见你#	2.5亿
#高铁一姐旗下会所拍卖#	7477万
#高铁霸座女#	5.5亿
#高铁座霸笑坐轮椅#	7875万
#高铁座霸男子回应#	6113.8万
#高铁座霸真实身份#	9816.8万
#高铁救人被索要医师证#	1.5亿
#高铁霸座男被列入黑名单#	3295.2万
#高铁晚点#	2.3亿
#高铁霸座 中科院躺枪#	1538.5万
#高铁霸座男 轮椅#	1216.6万
#高铁香港段通车#	1163.5万
#高铁晚点乘客训哭车长#	1118.3万
#高铁霸座事件#	1.1亿

续表

#高铁霸座女被罚200元#	1.7亿
#高铁检票员打死送站老人#	1909.6万
#高铁女列车长被乘客问哭#	1022.9万
#高铁三霸出道#	2866.4万
#高铁升级 再见了车票#	2103.3万
#高铁检票员殴打老人致死#	4181.9万
#高铁霸座#	1108.4万

"火车"：

#火车#	2883.3万
#火车司机救下全车800人#	2.8亿
#火车票#	1580.2万
#火车一响全来我厂#	2070.1万
#火车能设儿童车厢吗#	1.2亿
#火车霸座女骂哭女孩#	4561.7万
#火车上遇到座霸怎么办#	1047.7万

"铁道"：

#铁道警察学院#	1424.3万
#铁道视界#	2369.2万
#老爷爷的铁道模型被砸烂#	1.7亿

"轨道"：

#轨道交通失物招领#	3320万
#京张高铁轨道贯通#	7199.5万

本研究共采集到57个话题，阅读量总计约42.54亿，其中提到"霸座""座霸"的有14条，占29.2%，阅读量达到15.15亿，占35.61%。

基于以上分析，结合该5个备用分词被提及的场景与本文研究的铁路行业舆情相关性，可以看出围绕"高铁""火车"两个行业舆情的公众关注度、参与度较高，"霸座"类事件是其中的热点事件、高发事件，且具有长期的、阶段性的舆情发展过程。因此，本文将重点研究"高铁霸座""火车霸座"类舆情焦点事件。

（三）近两年事件盘点

1. 高铁"霸座男"孙某

事件详情：2018年8月21日，一段"女乘客在G334次列车上遇座霸"的视频在网上热传。一名男子在女乘客上车前，霸占了属于女乘客的座位，态度极其轻慢，拒绝与后续到来的乘务人员沟通，谎称其有病起不来。

处理结果：给予孙某治安罚款200元的处罚，并在铁路征信体系中记录该旅客信息，在一定期限内限制其购票乘坐火车。但该起"霸座"事件后来产生社会公众焦点偏移，如对孙某身份、教育信息的"人肉"搜索，"霸座男"成为短时间内网络空间的热议话题。

传播路径：网友通过微博平台爆料，经多位网络大V博主转载传播，随后官方媒体进行报道，助推舆情升温，促使该事件带来广泛的社会传播影响。

2. 高铁"霸座"女

事件详情：2018年9月19日中午12:27，在G6078次列车上，一女子霸占着靠车窗的位置，不肯按座位号入座。

处理结果：高铁"霸座"女被处罚200元，同时被列入铁路黑名单，180天内不能购买火车票。

传播路径：经由微博知名媒体人@传媒老王爆料，网络舆情发酵后@衡阳铁路公安处发布警情通报，@广州铁路公布处理结果。

3. 火车"霸座"婶

事件详情：9月17日，一位大妈持无座票却霸占小伙座位，一名制服上有"列车长广铁"字样的工作人员来劝解，"霸座"婶说自己腰疼腿疼不

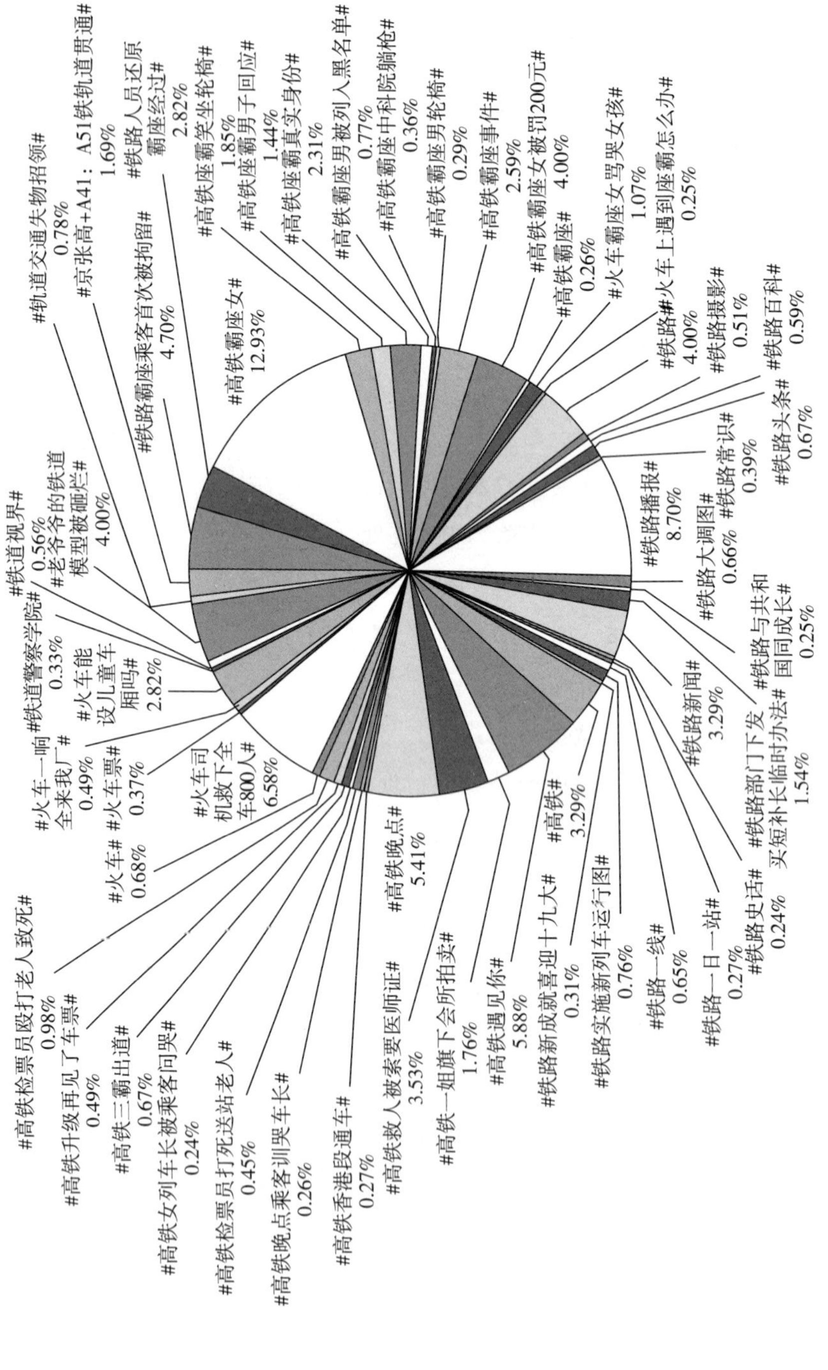

图7 铁路微博话题占比分析

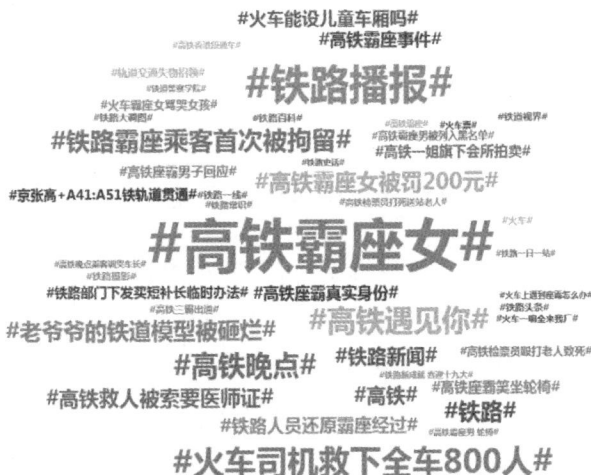

图8 铁路微博话题高频词云

想动，"年轻人站一会怎么了？"

4. "霸座"大爷

事件详情：9月20日晚，K158次列车上，一名大爷购买的是无座票却占了一个位置不起身，列车员、列车长轮番上阵劝说一个多小时无效。

处理结果：乘客看不下去，直接把大爷拉起来让出座位。无规矩不成方圆，该事件在社交媒体上也引发热烈讨论。

5. 外籍"霸座"者

事件详情：9月23日，上海至阜阳列车上，一名外籍女性占了他人座位，随后双方起争执，外籍"霸座"者情绪激动向视频拍摄乘客泼矿泉水。

处理结果：外籍旅客让出了座位，并向泼水乘客道歉。

6. "霸座"女子被拘留

事件详情：12月14日，吉林至沈阳的K7426次列车上，一位持4车98号座席车票的女子跑到3号车厢，躺在85、86、87号座位上睡觉。乘警到达后，女子态度十分蛮横。

处理结果：多次警告无效后，民警将其强制传唤，并对其处以行政拘留5日的处罚。

三　初现："高铁霸座男"事件（2018年8月21日）

（一）事件概述：高铁霸座引发四波舆论

2018年8月21日，一段"女乘客在G334次列车上遇座霸"视频在网上热传。据媒体报道，在从济南站开往北京南站的G334次列车上，一男子霸占了一名女乘客的座位，乘务人员与男子沟通，但男子拒绝起身，并称"站不起来，到站帮我找个轮椅"。22日，当事男子孙某回应称，当时态度不太好，现在对自己的行为很后悔，并向女乘客表示道歉。

一波：批判指责之声蔓延网络，两次道歉诚意不足遭质疑

孙某霸座视频发到网上后，舆论迅速发酵，纷纷指责其霸座行为。网上已有其个人百度百科，并附上其霸座事件、轮椅视频，详细注明了其出生地、出生日期以及骗取房租、论文剽窃等信息。同时，以其名字命名的百度贴吧也已经开通，至9月11日已有4395篇帖子。随着孙某个人信息被公知于众，被披露的相关单位躺枪，包括临沂奥的斯电梯公司、中国科学院和中国社科院等纷纷撇清与孙某关系。

2018年8月22日晚，霸座男孙某委托朋友发消息并录制视频称，深表悔恨和自责，向当事人和全国人民表示诚挚道歉。同时，他深刻反思，痛定思痛，保证今后不再犯此类错误，恳求全国人民给其一次改过自新的机会。部分网友认为，其个人信息遭人肉，不敢出门，网友应适可而止。但更多网友认为，其道歉态度不够诚恳，不接受道歉。

二波：济南铁路局前后回应相互矛盾，惨遭"打脸"

济南铁路局等部门通过媒体采访和官微回应，但前后自相矛盾、逻辑存疑，使得舆论调转矛头，从声讨霸座男转移到质疑铁路部门不作为、运营管理制度不完善。自此，济南铁路局成为舆论靶子，被推上舆论风口。

8月23日，济南铁路局初次回应：列车工作人员在处理该事件过程中的言行和应对方式得当，尽到应尽职责。针对"座霸"行为，只是道德行

为，不涉及违法。尚没有具体规定可以参照处理。目前济南铁路公安局已介入调查。

靶点一：自我表扬式回应

济南铁路局回应称"列车工作人员在处理该事件过程中的言行和应对方式得当，尽到应尽职责"，但是铁路人员的惯性柔软方式却引发不满，搜狐网认为"座霸"与列车运营、管理部门相对的"软、散、懒"有很大关系。法制日报表示事发现场铁路方面过于"温良恭俭让"的处理，在一定程度上推动了此次舆情进一步发酵。红网更是直截了当地指出乘务人员不作为，处理方式太软弱，还涉嫌失职渎职。铁路网也发表评论称，"座霸"事件给铁路相关部门敲响了警钟，有关部门应认真总结实践中遇到的问题。

靶点二：不用自己官方微博，贸然接受媒体采访

济南铁路局接受中新网的采访，随即成为网络传播热点，"只是道德行为，不涉及违法"的定性说法被广泛聚焦。明明有自己的官方微博，济南铁路局却弃之不用，在没有调查清楚、准备充分的情况下，贸然接受媒体采访并做出回应。事后，相关言论被不断放大渲染，终使负面舆论不受控制，成为舆论回应靶点之二。

靶点三：前后回应自相矛盾

2018 年 8 月 24 日，济南铁路局第二次回应座霸事件，转而正式通过官微发布通报，公布了调查处理情况，给予孙某 200 元罚款，在一定期限内限制其购买车票。消息一出，舆论普遍认为处罚太轻。

在最初接受媒体采访时，济南铁路局将事件定性为道德事件，不违法，而在之后的官方微博回应中，却是根据《治安管理处罚法》等做出罚款 200 元等处罚，可见，济南铁路局前后相互矛盾，惨遭舆论无情"打脸"；同时，《治安管理处罚条例》是铁路部门处罚相关违法行为的常规依据，事发时，相关工作人员并没有以此为据做出处理，只是一味劝导，怎可说是应对得当、尽其职责？

三波："轮椅"视频引来人民日报五次痛批

8 月 27 日，微博流出孙某笑坐"轮椅"调侃公共事件的视频，配文

"龙哥，帮我推一下，感谢滴滴，感谢老铁"，网民认为其有调侃昆山砍人案死者刘海龙和滴滴顺风车凶案的嫌疑。《人民日报》更是在12天之内5次发文痛批霸座男言行，形成舆论的长尾效应。孙某本人成功重回舆论焦点，引发第三波舆论讨伐。

9月3日，国家公共信用信息中心公布8月份新增失信联合惩戒对象名单，高铁"霸座男"孙某出现在"黑名单"中，180天内被限制乘坐所有火车席别。同日，孙某微博回应称："本人支持济南铁路局给出的结果，在以后的乘车过程中会严格按照国家的法律法规做事，上次事件，给大家带来的不便影响，现在内心仍然感到愧疚，再次向大家表示歉意，向大家鞠躬。"

四波：认证加V，今日头条、微博面临底线拷问

9月3日，高铁霸座男孙某分别在新浪微博和今日头条以"高铁霸占座位事件当事人""高铁'座霸'事件当事人"的名头开账号，并被新浪微博"加V"。成为"大V"后，孙某迅速发声，不仅"点评"自己被列入限制乘火车"黑名单"，还"声援"涉嫌性侵的某企业家，引发网友不满。9月4日，新浪微博将其销号；9月5日，今日头条封禁其账号。两家平台为此发布声明，双双陷入新一轮舆情旋涡。

时评人曹林表示，不是说要限制谁的发言权，而是希望"霸座男"多一些真诚反省、谨言慎行，不要成为"打不死的小强"。有关网络平台能多一些审慎监管，多为主流声音张目，少为网络审丑搭台。人民网在同一天内连发2次评论，痛斥相关平台罔顾责任，反问可知"底线"二字怎么写？"政务微博观察"也发帖称"新时代应理性确立新'V'影响力认知和思想价值评估体系"，表示要倍加警觉。

（二）传播分析

1. 官媒牵动KOL快速发酵

根据知微数据，在事件持续发酵期间，大量媒体对事件最新进展进行跟踪报道。

微博意见领袖纷纷参与转载、跟进扩散，对该事件的二次传播起到重大

作用,拥有 2941 万粉丝的大 V "趣闻搞笑" 甚至参与传播 9 次。

2. 传播趋势

知微数据显示,高铁霸座事件持续期间平均传播速度为 54 条/小时,峰值传播速度为 513 条/小时,事件持续时间为 8 天 10 小时。和同时期事件比较来看,"孙杨夺亚运会 200 米自由泳金牌" 平均传播速度为 58 条/小时,峰值传播速度为 329 条/小时,事件持续时间为 4 天。相较之下,该事件的传播速度更快,关注度更高。

(三)舆情内容分析

1. 济南铁路局:前后回应不一

8 月 23 日,中新网致电济南铁路局,后者在回应男子高铁 "霸座" 事件时称,涉事男乘客的行为属于道德问题,不构成违法行为。该回应引发舆论多方批评。

央视新闻叩问:"'高铁座霸'事件中谁还没有'对号入座'?本来简单的一件事,却回应得如此粗暴。如果背负着重重顾虑而漠视规则和责任,才是真正坐错了座位,损害的就不仅仅是个人的利益了。"南风窗评论:"这已经告诉我们,并非道德问题就不用接受制裁。"

8 月 24 日,济南铁路局在官微上发表处置声明,表示给予孙某治安罚款 200 元的处罚。并依据相关规定,在铁路征信体系中记录该旅客信息,在 180 天内限制其购票乘坐火车。作为首次回应之后的再次正式说明,该回应并没有赢得舆论好感。光明网指出此后的终结版处罚,也打脸了当初这个 "不构成违法" 的说法。这属于制度诘责绵柔。网友@y_ 杨双琼认为这种处罚算轻的了,应该更严重一点儿,让他长长记性,同时也给那些同类看看。网友@id271 跟帖回应既然只是道德问题,没有触犯法律,为什么要处罚?济南铁路局欠全国人民一个道歉!还有网友认为处罚力度不够,会导致违法成本太低。

在舆情回应原则中,应速报事实,慎报原因。济南铁路局的第一次回应在这两方面都没有做到位。同时,在快发声与准发声之间,济南铁路局尽管做到快发声，却不够准确，在一开始就将该事件定性为道德事件，违背了谨慎定性的标准，导致后续回应与首次回应互相矛盾。

关于该事件的舆情回应方法，首先，在具体部门上，应该由铁路部门的宣传部门来应对；其次，在媒介上，应该通过官方网站或官微做出回应；再次，在具体的说明中应该旗帜鲜明地表明态度，要求旅客按号就座、谴责霸座乘客，并以《治安管理处罚法》《铁路法》为依据，对质疑的焦点问题做出相应解答，变被动应对为主动普法；最后，应重点回应铁路部门此后应采取的整改措施，如完善管理制度规则、维护好列车上的秩序等。

2.网络意见聚合：负面情绪爆发

以关键词"高铁霸座"进行百度搜索，根据前60条的信息标题，绘制标签词云，霸座、真实身份、回应、高铁、轮椅等词凸显，再次印证网民对孙某真实身份的关注。同时，零容忍、民愤、无赖等情绪词显著（见图9），

图9 "高铁霸座男"事件百度标签词云

足见舆论场对该事件负面情绪之强烈。

截至 9 月 10 日，关于该事件的微博话题共 144 条，筛选该事件下阅读量 TOP10 话题，阅读量已达 40604 万条，讨论数已达 13.79 万条。网民对霸座男的个人信息关注较多，阅读量近 1 亿，讨论数 3 万余条。其他相关话题包括轮椅视频、道歉及回应、铁路部门处置及回应等。尤为值得关注的是，济南铁路局回应和罚款 200 元相关话题也在前 10 之列，阅读量约 500 万，可见霸座男和济南铁路局已经成为网友关注的两大焦点（见表 2）。

表 2 "高铁霸座男"事件微博话题分析

序号	微博话题	阅读量	讨论数
1	#高铁霸座事件#	1.1 亿	3 万
2	#高铁座霸真实身份#	9811 万	3 万
3	#高铁座霸笑坐轮椅#	7819 万	4 万
4	#高铁座霸男子回应#	6108 万	2 万
5	#高铁霸座男被列入黑名单#	3249 万	9672
6	#高铁霸座男 轮椅#	1015 万	3093
7	#高铁霸座男#	669 万	1232
8	#高铁霸座男子道歉#	428 万	2647
9	#济南铁路局回应高铁霸座#	311 万	765
10	#高铁霸座 治安罚款 200 元#	194 万	469

根据知微数据中以网媒、微信平台数据中的标题以及微博平台数据中的正文为内容分词得到的高频词云，舆论对该事件主人公的身份信息、后续表现以及相关部门处理结果十分关注，并强烈地表现出对孙赫个人的负面情绪、对济南铁路局回应的对抗式解读，普遍地认为应当对孙赫进行强硬的道德谴责和有效的法律惩戒。

3. 主流媒体：线上舆论补偿

8 月 21 日，在抢座风波之后，孙某在微信里向朋友描述当天的经历："今天上午我又把一车厢的人要得团团转，包括列车长、警察、一车厢的乘客、不知天高地厚的小姑娘。"该聊天记录引起了网友的愤怒，有网友说："仿佛看到此人耍赖后得意扬扬的表情。"@本命貂蝉小姐姐："这样子就是个赖皮！"搜狐网言辞激烈，认为"'对号入座'的规则绝不能被破坏！这种'葛优躺'的无赖行为，必须拉黑！"《人民日报》评论："强占座位理亏在先，满口扯谎耍赖在后，如此作态怎能不惹人嫌恶？"

孙某的"轮椅"视频在网上大量流传，本已降温的舆论重燃怒火。光明网评论道："这是无耻的新高度，这是失德的最高峰。永远不要指望三两天的道德教化能唤醒一个装睡的成年人。"人民日报质疑："'霸座男'，丑态演到何时？法律也许无力约束，但跳梁丑态必遭公众唾弃。"京晨晚报表示，他毫不避讳地再次招摇过市，脸上那种从容淡定就像是在对那些曾经"扒皮"自己的网友们示威，台前道歉、反手挑衅，吃准了大家拿他没办法。@江苏网警都忍不住发表微博："人执剑则无敌。"

"舆论有一种能够自启动的道德装置，当感觉法律失灵时，舆论就会自然启动，以围观的方式形成一种汹涌的压力。"《钱江晚报》称，"人肉"不过是最后的私力救济。新京报表示，在被唾弃、被挖坟、被揭老底的压力下，很多当事人很难再选择"拒绝三连"——拒绝承认、拒绝道歉、拒绝改正。而时下的道德谴责方式，早已不是街头坊间零散分布的道德口水，而是舆论场上批判箭头对准一物的同声共气景象，通常还会呈现回音壁效应。遭"链式曝光"，无疑是"高铁霸座男"应当付出的舆论代价。法国思想家福柯在"监狱式社会"理念中，有一个基本的逻辑判断：一个社会中越轨的成本越高，其成员违反规则的行为就越少。舆论通过"链式曝光"，主张给予霸座男严厉的处罚，正是线上的舆论补偿，以强势舆论围观惩治霸座行为。

（四）独特性分析："霸座"系列首受关注

无独有偶，在孙某高铁占座的第二天，再次发生乘客抢占座位事件。8月22日，在T398次列车上，一位大妈以无座票抢占他人座位，并表示"长途的车子就是这样子的，没有对号入座的"。列车长、乘警与其交涉无果，从凌晨4点到6点，被占座的乘客不得不站完全程。为什么高铁霸座事件能如此吸引公众的关注呢？

一是事件人物本身的特殊性。特殊在事件人物的"老赖"丑态、其高学历和低素质并存的矛盾、并无真诚悔改的网红心态。

二是舆论参与主体的多重性。该事件经历了官方媒体的集体声讨、商业媒体的认证炒作、自媒体的情绪引爆以及相关政府部门的卷入。涉事主体多、讨论主题广、产生流量大、事件转折多，群情激奋难以遏制。使一件时常发生的占座事件成为一起一波四折的长尾舆情事件。

三是事件性质的变化。最初该事件被定性成道德事件，但是经过多方回应和质疑，将该事件界定为处于道德与法制中间模糊地带的事件，在私力救济有限的情况下，人们期待公权介入，期待道德上的正义伸张，法律上的无私处罚，使该事件上升为一起公共法律事件。

四是事件传播途径的新媒体属性。被霸座的女乘客，将孙某丑态全程拍摄并传到微博上，网友转载、微信转发、短视频转发等，也使得该事件迅速引发"爆燃式"传播。

五是类似事件并发的破窗效应叠加。随着孙某的各种信息及言行被"人肉"，近年来发生的"占座、逃票、高铁扒门"等类似事件被相并提及，破窗效应不断叠加，形成了批判霸座事件的舆论强力波。

四　高潮："高铁霸座女"事件（2018年9月19日）

（一）事件概述

2018年9月19日下午，一段"高铁霸座女"视频在网上热传。爆料网友称，事发车次为永州到深圳北的G6078次高铁，一名持有靠过道座位车票的女子在永州上车后，却强行坐在靠窗座位，列车安全员与其反复沟通，女乘客拒绝让座且态度蛮横，由于其情绪激动，蛮不讲理，被网民称为"霸座女"。相关舆情量在9月20日到达顶峰。

9月20日，衡阳铁路公安处发布通报称，根据治安管理处罚法对高铁"霸座"事件女乘客周某某处以罚款200元的行政处罚。同一天，中国铁路广州局集团公司发布通报称，在铁路征信体系中记录9月19日G6078次列车旅客周某某信息，并在一定期限（180天）内限制其购票乘坐火车。

（二）传播分析

1. 传播趋势

截至研究之日本次事件整体舆情处于快速上升趋势，从9月19日开始相关媒体报道数量不断升高，截至9月21日相关媒体报道信息数量超过1000篇，此后舆情仍呈不断上升的趋势（见图10）。

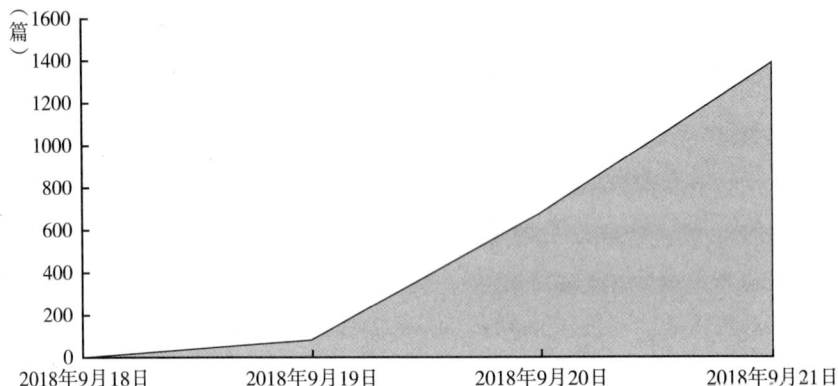

图10　"高铁霸座女"事件传播趋势

根据知微数据，该事件持续7天21小时，其间平均传播速度为每小时41条，峰值为每小时594条，最高热度甚至超越了"高铁霸座男"事件（见图11）。

2. 新闻媒体TOP10

参与报道的新闻媒体TOP10包括搜狐网、百家号、今日头条、腾讯网、新浪网、人民网、凤凰网等多家有影响力的网站。其中，排在前三的是搜狐网、百家号和今日头条，相关信息分别为866条、237条和175条（见图12）。

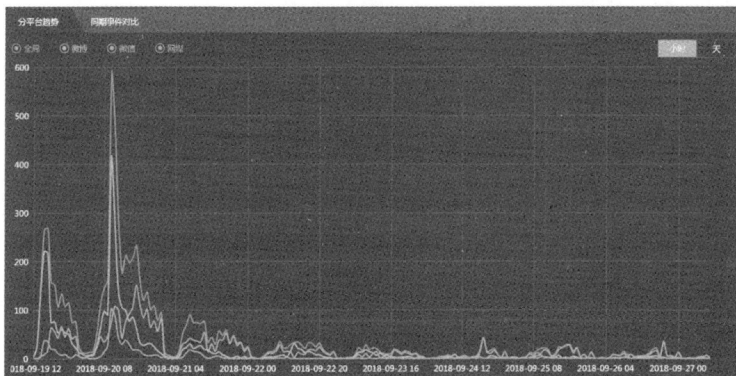

图11 "高铁霸座女"事件分平台趋势

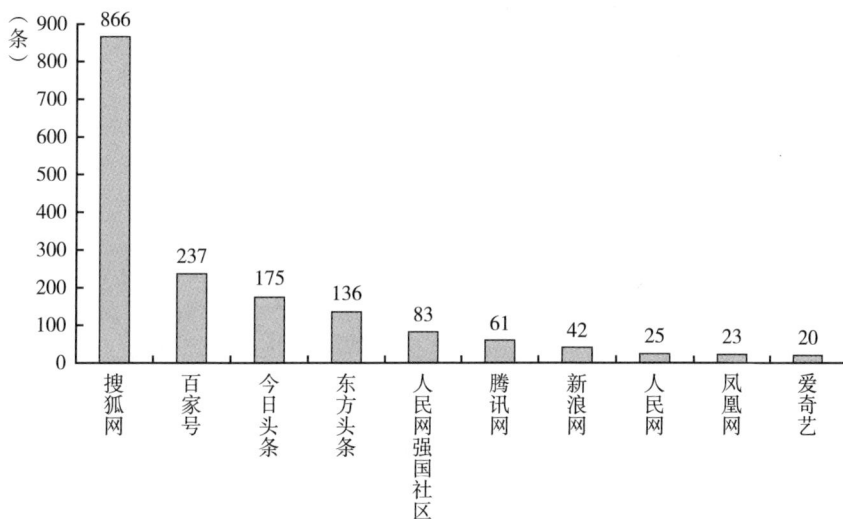

图12 "高铁霸座女"事件参与新闻媒体 TOP10

3. 总体传播媒介分布

乐思软件舆情监测数据显示，此次舆情监测媒体构成类型中，排在采集来源榜前三位的是新闻、微信和微博。新闻是重要的信息传播平台，数据占比为48.81%，微信和微博分别占15.73%和10.72%（见图13）。

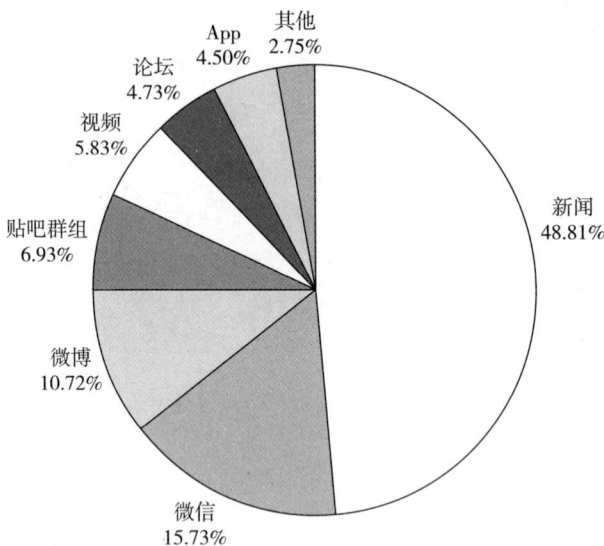

图13 "高铁霸座女"事件总体传播媒介分布

（三）舆情分析：意见加速下沉 行业公关面临危机

1. 网民热议

针对"霸座女"理直气壮地与列车安全员争执不休，拒不配合检查的不道德行为，公众意见情绪以负面为主，较之前不久发生的"霸座男"事件更为热烈、激进。网友群情激愤，有的调侃讽刺，"霸座男""女版孙赫""瑞典警察""无赖""黑名单"等词汇被屡屡提起，下面是网友代表性评论。

①对霸座行为的厌恶：

@头条新闻：又来一个#高铁霸座女#?

@胡永平－：这大概是想火……助力一波。

@焚吐：这种司马玩意，真的烦。

②提及"霸座男"事件的：

@观察者网：女版孙某?

@蓝鲸财经记者工作平台：上次孙赫博士霸座事件的处理结果说明霸座成本非常低。所以有座为什么不霸呢？

@首都在线：再给微博认证？

③**建议强制执行及严惩的：**

@其惟春秋：这时候需要瑞典警察。

@山与屿来：和她讲道理，警察同志直接强制执行就好了。

@飞行行天下：应该列入失信黑名单。

④**指责"霸座女"不讲道理的：**

@天津交警：胡搅蛮缠之典范。

@草图君：太无赖了吧！！

@庆丰：诡辩得够可以。

2. 铁路系统：被指惩罚力度不足

高铁"霸座男"余波未了，"霸座女"再次登台。网民普遍认为，乘坐高铁霸占他人座位拒不让座的"霸座"行为，侵犯了其他乘客的正当权益，若劝解无果，铁路公安应当果断采取强制措施。"霸座男"事件中，铁路公安一开始称"不违法"到认定违法，处罚姗姗来迟，而此次"霸座女"事件中，事发后第二天便做出处罚，可以看出，公安部门对霸座现象的违法认识越来越清晰，处罚更规范。同时，列车安全员将被霸座乘客安置到隔壁车厢，也避免了冲突的升级。

然而，公安部门200元的治安罚款、铁路部门180天限乘火车的信用惩戒，并未让舆论满意。有网民认为这种处罚不痛不痒，反倒是变相鼓励有"网红"梦的人或爱贪小便宜的人效仿此法。其实，就高铁霸座行为而言，公安部门与铁路部门对霸座男女的处罚，会起到法治公开课的作用，广泛传递了"这种行为是违法的""法律不会坐视违法"的警示信号，从而有助于抑制更多霸座系人士的产生。

针对霸座事件，公安部门目前只能依靠治安管理处罚法处理，铁路相关法规中还没有明确规定。目前，铁路部门发现问题，但没有执法权。而惩戒"霸座"等不文明行为需要现场与事后处罚相结合，一方面现场要采取强制措施，另一方面可以事后将违规者拉入铁路行业黑名单，甚至可以将铁路黑名单与社会信用制度挂钩，将铁路旅客信用信息共享到其他行业。此外，铁路部门可跟有执法权的公安部门采取联合行动，或达成某种协议，提前形成预案，对某些违规行为、现象进行惩治。

其实，无论是列车上乘务员，还是关心事件后续的网友，维护乘车秩序的目标是相同的，保障旅客权益的诉求是一致的，但当面对劝说无果、撒泼耍赖等违规行为时，公众期待铁路部门的处置更"硬气"一点。霸座等违法问题犹如一面镜子，照出了社会管理的种种缺陷和不足。改变管理执法的粗放和软弱，完善相关法律法规，做好规则的捍卫者，相关部门才能对霸座等违法现象釜底抽薪。

五　转向：女子高铁拒查票气哭乘务员（2019年5月3日）

（一）事件概述

2019年5月3日，网友爆料称，在北京西开往汉口的G521次高铁动车组上一名女乘客拒绝查票，与乘务员发生冲突，视频中女乘客情绪激动，甚至气哭了乘务员。

拒查票女子与乘务员起争执

据称，该乘务员进行查票时，女子拒绝配合，甚至非常生气地把乘务员推倒在地，女子反过来却指责乘务员碰瓷，称其态度不好，要投诉该乘务员。

女子试图用手机拍下该乘务员工号时，乘务员用手遮挡，女子不停质问乘务员："你想干嘛？有本事让我拍啊！"随后一把抓住乘务员的衣服不放，拉着乘务员说道："我非要投诉不可，既然你是对的，你何必怕？你怕什么？"

乘务员小声说道："你不能打我吧？"女子立马反问："我打你怎么了？！"

旁边女乘客看到她们在争执，上前询问怎么回事。乘务员开口解释：

"我只是问了一下票……"还没等乘务员说完,女子又插话喊道:"她一个乘务人员,(我今天)还碰到碰瓷的了,碰都没碰她往地上睡!"

乘务员委屈地问道:"你没拽我吗?"女子毫不示弱:"我拽你,我推你到地上了吗?"

仗义童言引共鸣　车厢乘客纷纷出声制止

就在这时,与该女子同行的一名小男孩大声地喊道:"阿姨!阿姨!本身就是那样的呀!每个人都要检票啊!每个火车也都要检票啊!"听到孩子这样说,女子大声呵斥:"坐着,大人说话,小孩别插嘴!"

列车长赶到时,女子还是继续一口咬定乘务员态度相当不好,一定要投诉。越来越多的乘客看不下去开始替乘务员说话,女子听到后则是怒目相对。而在旁一直忍着的乘务员,再也抑制不住自己内心的委屈,掩面痛哭起来。

武汉铁路段总值班室工作人员称,已经了解情况,详情有待有关部门"查看视频后"通报。后续有媒体报道称,两位当事人已和解。

(二)传播分析

1. 阶段演化

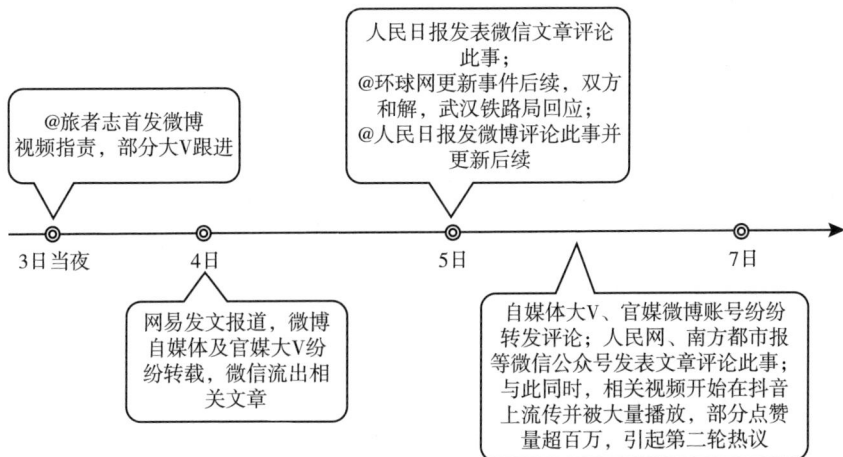

图14　"女子高铁拒查票气哭乘务员"事件的舆情发展时间线

2. 传播速率

知微数据显示，"女子高铁拒查票气哭乘务员"事件持续期间平均传播速度为 13 条/小时，峰值传播速度为 93 条/小时，事件持续时间为 4 天 10 小时，微博信息引领全局舆论。和同时期事件比较来看，该事件与"李彦宏入中国工程院院士候选名单"及"香港诊所给内地客人打水货疫苗"事件有着几乎同样高的关注度和传播速度。

（三）舆情分析：意见情感转向行业形象自救

近一年内，高铁"霸座"事件频出，铁路相关部门一度陷入形象危机，舆论风口从对霸座者的道德谴责、对在场其他乘客冷眼旁观的不满，转向对铁路列车乘务组现场处理不强硬、铁路公安后期处罚不严厉的指责，以及对相关法律法规的不完善进行反思。之前的霸座事件所引发的网络意见在舆论场中加速下沉，普遍地表现为对低素质乘客的谴责、对铁路系统"不作为"的负面言论。但在这次事件中，围观公众面对又一次乘务员被乘客为难现象，选择了打破沉默，在现场及社交平台上声援弱势方列车员，并通过现场视频在网络上的广泛流传和播放，为这名委屈流泪的年轻女乘务员澄清真相、保护形象。

这次"女子拒查票气哭乘务员"事件中，列车乘务人员表现出与以往不同的强硬态度。面对女乘客的野蛮指责、推搡，女乘务员保持温和态度进行询问、回应，也未曾还手；其他乘务员闻讯而来，耐心向乘客解释查票的必要性，也温和地安抚乘客；女乘客不依不饶，列车长也到达现场处理争执，其间明确提出要保护"我的乘务员"，乘客和观众们看到，列车长不再是一味地为了息事宁人而偏袒乘客，而是认真问清事由、态度温和而坚定，表现出了公众所期待的铁路系统工作人员应有的"硬气"。公众认为，只有及时的、强硬的、惩罚力度足够的"现场执法"行为才能有效地处理这类纠纷、保证在场乘客的出行质量、震慑野蛮乘客。

而视频中小男孩的仗义执言则是唤起公众情感共鸣的突破口，如同《皇帝的新装》中男孩大声说出的真话，仿佛说出了每一个人的心声，最终引起了在场乘客的群情激奋，纷纷开口指责这位女乘客"不讲理"，在列车长及时到达现场询问该事时，乘客们也纷纷主动为乘务员辩解、提供视频资料，在一定程度上有效地削弱了女乘客的气焰、增加了乘务人员不委曲求全的底气。这次事件是高铁负面舆情的一次意外转向，经过前几次大型"霸座"事件后，公众逐渐认识到相关治安管理规则的不完善，并对铁路乘务组产生类似于对"服务行业"的同情。女乘务员这一"哭"，彻底激发起观众的同情心，将关注点转到对"铁路人"的关怀上来；同时打破沉默螺旋，从对野蛮乘客"敢怒不敢言"的私下谴责，转到明面上的指责和愤慨，甚至提出保护乘务员人身安全、不要给予职业上的批评和惩罚等要求。后续，相关部门的处理被模糊化，没有表现出更及时、更严厉的惩罚手段，不过也并没有受到同等的关注，舆论焦点已集中在对乘务员的情感关怀上。自此，公众在铁路负面事件系列中所积累的负面情绪得以宣泄，尽管铁路部门的处理没有明显的改善，在此方面没有获得更多的好感，但乘务员形象作为铁路行业形象中的一面，得到公众的良性关注，其温和、耐心的处理态度受到公众赞赏，委屈、弱势的争执地位得到公众的同情和理解，使得公众对整个铁路行业"作为不到位"有了新的理解，也有了更多的耐心等待铁路行业做出改变。"女子拒查票气哭乘务员"成为铁路行业形象自救的转折点。

六　总结与建议

（一）网络意见领袖参与度高

案例分析显示，社会上多起"霸座"事件均来源于普通网友的爆料，随后经由网络意见领袖进行转载，该议题的传播范围迅速扩大，进行舆论扩散，延长了舆情发展周期。部分网友鞭挞不良行为的同时，也无形中激化了事件矛盾。

（二）群体极化现象明显

对于违反公共道德的行为，网络舆论通常会呈现一边倒的趋势，舆论高压导致群体极化现象明显。在近3个月的"霸座"言论中，网友负面情绪明显。网民遇到这类事件时，往往先产生抵触心理，随后根据自己的道德观做出判断。而在大众自由发表观点时，部分网友也存在跟风现象，借此表达自己的负面情绪和不满。

近年来发生的高铁公共舆情事件，自媒体在其中都扮演着重要角色。微博中的相关言论占比71%，成为网民表达"霸座"看法的主要阵地。新闻客户端、微信公众号也成为传播的重要途径。

（三）建议

"霸座"行为反复出现在公众面前，在引发愤怒情绪的同时，也引起人们对如何制止这种行为的思考。人们痛恨"霸座"这种无赖行为，其不仅侵害了他人利益，也扰乱了社会公共秩序。从舆论场角度来看，网民进行道德审判的同时，也容易发展为一种网络暴力，"人肉"行为不值得提倡。本文建议一方面要增强国家文化建设、提高公民铁路文明修养，另一方面铁路部门也要尽快完善相关法律法规，可从以下三个方面着手。

一是加强媒体舆论引导。媒体要坚定正确的立场，弘扬社会主义核心价值观，以科学的舆论引导社会群众，不能为了流量、自身利益丧失底线，而过度报道群众"关心"的热点话题。例如对一些"霸座"新闻的报道，媒体要结合当时的舆论环境和相关的法律法规来及时调整，保障宣传效果的积极和正面。

二是提高公众出行修养。无规矩不成方圆，每个人都希望在出差、返乡或长途旅行过程中，能够坐得更舒适一点，但这不能作为侵犯别人权益、破坏公共规则的理由，如果大家都无所顾忌地只顾满足自己，那就无法保证社会秩序良好，也无法保证我们任何一个人的顺利、安全出行。每个社会公民都应不断提升自身素质，自觉遵守社会秩序、社会公德，特别是高学历人员或党员干部，必须提升个人修养，不要侥幸认为自己在工作场合以外的言行就是完全"自由"的。

三是完善相关制度建设。职能部门应该不断完善相关法律、法规，适当加重处罚力度，比如让霸座者限制购票的期限适当加长或延伸至限制乘坐其他交通工具，或将霸座行为纳入个人征信系统，让其在日常生活中感受到"寸步难行"，从而由"无所顾忌"转变为"心怀敬畏"。让每一位公民都能依法享受权益，正常履行义务，达到社会文明进步。

参考文献

朱庚芳：《舆情处置需把握"快、慎、准"三原则——以高铁霸座事件看济南铁路局的回应》，《大众舆情参考》，大众网，2018 年 9 月 18 日。

《高铁（火车）"霸座女"、"霸座婶"事件网络舆情分析》，乐思网络舆情监测系统，2018 年 9 月 21 日。

《高铁"霸座女"事件》，蚁坊软件舆情报告，2018 年 9 月 28 日。

《G334 高铁一男子装病耍赖霸座事件》，知微传播 – 事见。

《G6078 高铁霸座女事件》，知微传播 – 事见。

《女子高铁拒查票气哭乘务员》，知微传播 – 事见。

《由"霸座"问题谈规则的重要性》，搜狐 – 时评在线。

《2018 铁路霸座事件网络舆论特点分析》，蚁坊软件 – 舆情研究。

2015~2020年城市交通舆情传播规律研究

沈双莉*

摘　要： 本文界定了城市交通领域的研究范畴和当前应用舆情优化城市交通的三种路径。通过数据挖掘，汇总了近五年该领域内的热点舆情事件、媒体报道、自媒体报道、意见领袖分布、公众意见等方面的信息，并对其进行总结分析。在此基础上，本文得出结论：虽然近年来城市交通领域舆情事件发生频次呈现逐年上升趋势，但媒体对于城市交通领域关注度呈现逐年下降的趋势；大部分交通领域专家、媒体从业者等发言较为主观和温和，知乎等平台表述偏理性冷静，天涯回复更富情感色彩，负面情绪也更多。最后，本文从舆情爆发前、中、后期三个阶段，提出了城市交通舆情治理策略。

关键词： 城市交通舆情　焦点议题　意见领袖　舆情治理

一　城市交通领域舆情范畴及特征

城市交通舆情是指发生在确定城市空间内的、与人们出行相联系的公众态度及舆论事件。研究对象包括交通管理部门、交通道路、交通工具、交通

---

* 沈双莉，北京交通大学语言与传播学院硕士研究生。

法规法则及其所覆盖的相关舆论主体。城市交通舆情具有较强的地域属性，这与航空、铁路等条状管理模式不同，因此城市交通领域的舆情具有高度碎片化、地域色彩明显的特征。一线城市的交通舆情可能引领全国，当前主要的研究也是从对特大城市的交通舆情研究入手。

城市交通由于涉及人群广泛，涵盖了人们日常生活中最常接触的社会服务设施，因此，其诱发衍生的舆论事件具有多层次、多角度、多视点的特征。不同人群对城市交通的关注点和舆论敏感度存在较大的差异，形成了城市交通领域复杂的、立体化的舆论场，且不同舆论场之间常常存在冲突，缺乏有效的整合和群体对话。在公众关注焦点方面，城市轨道交通、网约车服务、共享单车、公交、出租车（包括黑车）、电动汽车等关键词是公众关注的焦点。对于传统的城市交通出行工具而言，其舆情焦点主要集中于服务升级、新政策等领域；而对近年来出现的新兴出行服务和交通工具，公众对其法律法规问题、安全问题等较为敏感。

当前业界和学术界有关通过城市的交通舆情来优化、改进出行服务的研究已经较为成熟。主要实施路径有：第一，通过媒体和社交平台的舆情大数据，整理公众对城市交通关注的焦点和参与主体特征，从而为决策者提供相关数据支持[①]；第二，通过挖掘交通出行工具及平台、系统内媒体的数据，如垂直类地方网络论坛、热线电话及交通广播听众路况播报的文本数据，分析关键词隐含的交通现象和存在的问题等[②]；第三，基于社交媒体的文本挖掘，预测或完成城市交通拥堵、道路安全等相关问题的发生模型。[③]

二 研究方法

本文主要通过舆情热点议题、媒体特征、意见领袖、公众关注焦点、相

---

① 朱燕：《从舆情大数据观察城市交通出行》，《网络传播》2017年第4期。
② 何梦娇、吴戈、梁华等：《基于多源文本挖掘的城市交通舆情分析——以苏州为例》，《交通信息与安全》2018年第3期。
③ 陈宏飞、张心萍、赵艳慧等：《基于微博的西安市交通拥堵状况时空分布研究》，《陕西师范大学学报》（自然科学版）2015年第6期。

关建议等五个方面来对近五年（2015 年到 2020 年 5 月 31 日）的城市交通领域舆情进行分析。研究团队通过前期数据探索，确定了数据挖掘的关键词组，同时将筛选的时间范围设定为 2015 年 1 月 1 日到 2020 年 6 月 1 日前。本报告甄选具有全媒体影响力的 132 个重大事件入库。在此基础上，针对重大事件的传播渠道、传播规律和具体分布情况进行了分类分析。

同时，本报告通过数据挖掘的方法，对城市交通领域的主流媒体报道和自媒体发布内容进行了初步分析，并且对自媒体账号的分布情况进行了研究。在此基础上，本报告从重大城市交通舆情数据库中甄选了 10 个典型案例，通过生存分析、时间序列和内容分析方法对公众的态度和其发展衍生规律进行了剖析。

三　近五年来城市交通领域舆情焦点议题

本文根据事件特性，将近五年来 132 个城市交通舆情事件议题类型划分为：交通事故类舆情、城市交通建设及政策类舆情、地方交通社会类舆情、共享交通类舆情。城市交通领域舆情事件近年来发生频次呈现逐年上升趋势。其中各类地方交通社会类舆情事件备受关注。

从具体舆情事件中梳理，可以发现关于城市交通领域的公众焦点主要集中于以下几方面：第一，日常交通出行中公民不文明行为，特别是地铁、公交等公共交通空间内的行为规范问题，始终是舆论高发区；第二，涉及人身安全的交通事件，如网约车司机的刑事案件、共享单车的事故等事件通常会演变成为全社会关注焦点；第三，与公众生活息息相关的出行举措和法律法规的出台，比如车辆的摇号政策、道路限号政策、新能源汽车的购买政策等，长期以来是舆论关注的焦点。

（一）城市交通舆情焦点议题分布

截至 2020 年 5 月 31 日，近五年城市交通领域舆情焦点议题类型分布如图 1 所示。近年来地方交通社会类舆情事件发生频次较多，公众关注度高。

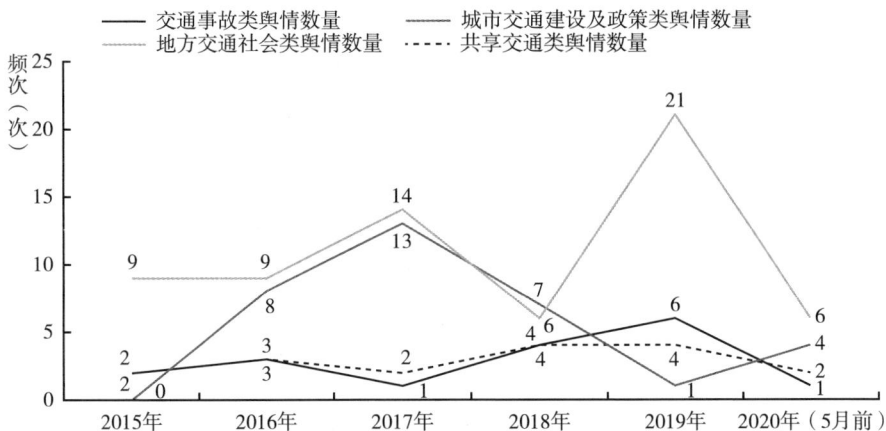

图1　近五年城市交通领域舆情焦点议题类型统计

由于地方交通社会类舆情事件近年来发生次数多，因而对其进行进一步细致分类，将其分为：刑事案件、违规行政事件、涉及社会伦理道德事件、质量安全事件、社会基础设施建设事件、涉外事件。根据统计，近五年来地方交通社会类舆情事件中，涉及社会伦理道德的事件占比最多（42%），主要包括霸座、扒门等乘客不文明行为，媒体报道情感大多为负面。质量安全事件包括安全帽、桥梁坍塌等，媒体报道情感大多为负面。社会基础设施建设事件包括隧道建设、地铁开通、高速公路开通等，媒体报道情感以正面和中性为主。而其余的违规行政事件、刑事案件、涉外事件的媒体报道情感以负面和中性为主（见图2）。

随着城市治理水平不断提高，可以预见的是，在未来将会陆续出现新型城市交通出行方式和相应的法律法规，这些均将成为舆论热点。

（二）城市交通舆情焦点转移现象明显

通过对焦点舆情事件的内容分析发现，城市交通舆情的发展常常伴随着明显的焦点转移现象。舆情焦点转移是指舆情的发展过程难以被一方主导，使得呈现多极化发展，以至逐渐偏离事件的中心议题①。需要注意的是，所

----

①　严利华、陈捷琪：《突发事件中的舆论失焦现象及其启示》，《决策与信息》2016 年第 8 期。

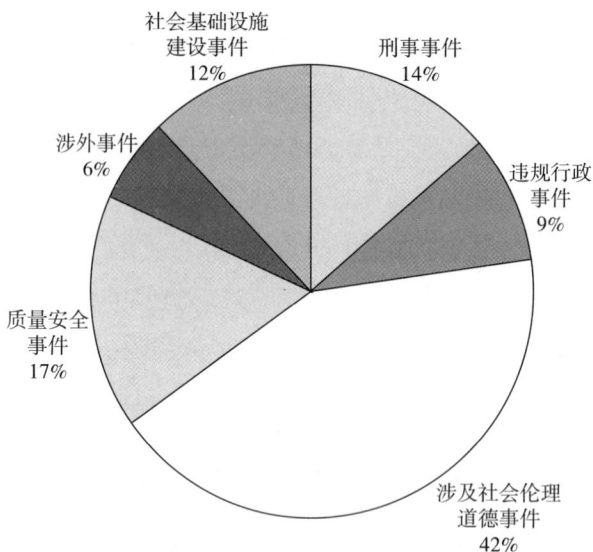

图2　近五年来地方交通社会类舆情事件类型分布

谓中心议题，是指主流媒体议程设置聚焦的要点，而所谓的"焦点转移"是指网络舆情偏离主流媒体设置的焦点。

从宏观角度来看，舆情或许从来没有一个稳固的中心，而是在求新、从众、寻乐等复杂心态的驱使下不断游离。① 从具体事件来看，舆情的关注点也从来不满足于一两个，甚至有时候会明显偏离事件的核心，出现"失焦"现象，即受众或媒体对事件的根本性问题的关注产生偏移，他们往往更热衷于讨论事件衍生出的边缘性话题。随着技术赋权时代的到来，事件在公众的审视、"扒皮"之下不断被放大，边缘话题越来越多，舆情转移的幅度也就越来越大。本文以滴滴顺风车空姐遇害案为例，总结城市交通舆情的焦点转移有三个特征。

1. 对安全事故类舆情娱乐化的解读

情绪启动效应的研究表明，情绪刺激影响着人们的认知、情感和行为。

---

① 韩运荣：《舆论反转的成因及治理——通过新闻反转的对比分析》，《人民论坛》2019年第30期。

在网络舆论中,话语呈现方式多样,除了一般的文字外,各种网络表情、图片、视频等也被纳入,成为重要的话语修辞符。有研究者发现,情绪图片比文字有着更好的情绪启动效果[1]。很多网络事件带有戏谑的特点,其格调是调侃和幽默,往往会创造出新的网络符号,运用戏谑化的标签文本来表达网民的嘲讽和宣泄[2]。

比如空姐搭乘滴滴顺风车遇害案件,除了对犯罪嫌疑人的戏谑外,众多女性用户将网约车平台的头像改成了中年男性的形象,这种戏谑化的解读不仅是对事件重点的模糊,而且体现了女性对该事件中"弱者"形象的默认和妥协。

这些戏谑的表述一方面反映的是草根文化与霸权文化的价值冲突,通过戏谑的词语和娱乐化的解读网民表达了自身的价值取向和对精英文化的批判,但另一方面在一定程度上"污染"了整个舆论氛围,可能引发公众的广泛讨论,事件原本最核心的焦点问题被稀释,从而加剧舆论对原有中心议题的偏离[3]。

2. 次生议题的扩散,公众关注点的偏移

目前,我国社会结构存在某种不平衡。社会矛盾日益尖锐,贫富差距加剧、官民矛盾冲突越来越多,信任结构有待完善、阶层利益固化,引发了公众心理不平衡,仇富、仇官等社会情感强烈,这也反映在网络舆论空间[4]。在当下热点事件中,但凡出现诸如"女大学生""富二代"等关键词的时候,总会掀起舆论浪潮,偏离中心议题,而集中于发泄该类人群的情绪、意见。比如在埃航客机遇难事故中,舆论焦点从对失事飞机设计缺陷的拷问转移到浙江遇害女生个人背景的讨论上,更有甚者对遇难者恶言相向,严重偏离了焦点议程的轨道。

"贴标签"的操作模式,已经成为公众宣泄负能量的方法。比如"滴滴

---

[1] 杨国斌:《情之殇:网络情感动员的文明进程》,《传播与社会学刊》2017年第40期。
[2] 杨国斌:《悲伤与戏谑:网络事件中的情感动员》,《传播与社会学刊》2009年第9期。
[3] 杨国斌:《悲伤与戏谑:网络事件中的情感动员》,《传播与社会学刊》2009年第9期。
[4] 张志安、晏齐宏:《个体情绪社会情感集体意志——网络舆论的非理性及其因素研究》,《新闻记者》2016年第11期。

空姐遇害案"中杀人司机的籍贯问题，牵扯出了"地域黑"歧视议题。不可否认，次生议题的扩散使得事件解读更加多样化，反映社交媒体时代的受众拥有更多的自主性和反建构的力量，展示了社会多元发展的面貌。只是在重大突发事件或争议性事件中，次生议题的扩散意味着议题焦点偏离事件本身，忽视事件核心，浪费传播资源，损害公共利益。

3. 新事件的发生导致舆情焦点的转移

随着事件的产生和发展，事件舆情大致呈现"萌芽—上升—高潮—回落—沉寂"这5个阶段。当事件舆情进入回落期时，若有新的事件发生，其带来的信息刺激在一定程度上分散了公众对前一个事件的注意力，导致公众关注焦点的转移。以滴滴顺风车案为例，如果说用户的娱乐化解读转移了对这一事件的关注重点，那么二更事件则是彻底地将公众注意引向了另一话题：滴滴顺风车事件发生后，二更食堂公号推出了头条文章《托你们的福，那个杀害空姐的司机，正躺在家里数钱》。文章以煽情的手法脑补臆想了受害者遇害场面。作为一个次生事件，二更食堂转移了公众的注意力，反而让原生事件置于"聚光灯"外。

除此之外，在其他的交通严肃话题讨论和发展的过程中，网民聚焦的话题开始逐渐淡化核心问题，偏离核心事实，瞄准八卦，并且某些媒体机构擅长利用受众的猎奇、窥私心理，用娱乐明星的八卦事件来吸引受众的注意力，受众不会再关心公共舆论事件本身的公共话题，而是会抓住娱乐议题进行消遣。

城市交通管理部门在处置舆情过程中，需要认真面对上述问题，通过积极引导、正面宣传、保持问题讨论核心性和严肃化，杜绝消遣型舆情情绪滋生。

四 城市交通领域媒体报道和自媒体情况分析汇总

城市交通媒体报道主题聚焦于城市交通所包含的堵车、公共交通秩序、网约车、共享单车和城市道路建设五个方面。个别突发交通事件可能导致城市交通媒体报道指数突然增长；但总体而言，主流媒体对于城市交通领域关注度呈现逐年下降的趋势。另外，城市交通领域自媒体的数量在快速上升。

（一）媒体报道概况

媒体报道主题聚焦于城市交通所包含的堵车、公共交通秩序、网约车、共享单车和城市道路建设五个方面。本文通过百度指数、知微事件库等，获取关于这五个方面近五年的媒体指数的变化趋势和相关头条新闻，以此对城市交通领域的媒体报道概况进行总结分析（见表1）。

表1　近五年媒体报道主题百度媒体指数（日均值）统计

媒体报道主题	堵车	公共交通秩序		网约车		共享单车	城市道路建设
年份	堵车	地铁＋纠纷	公交车	网约车	滴滴	共享单车	
2015	22	1248	270	—	222	—	无百度指数,通过知微筛选出事件进行分析
2016	14	995	180	235	237	18	
2017	4	486	87	121	96	472	
2018	3	283	96	122	211	112	
2019	3	235	68	47	79	32	
2020（截至5月31日）	0	253	67	0	47	13	

根据分析，关于堵车的媒体报道数量在近五年来呈下降趋势。通过对2015～2020年处于媒体指数峰值的媒体报道内容的查询，发现堵车的报道内容主要集中于对早晚高峰的堵车情况、春运堵车情况、国庆堵车情况和其他节假日堵车情况的报道。

以"地铁＋纠纷"和"公交车"为关键词探求关于公共交通秩序的媒体报道情况发现，2015～2020年媒体关于地铁纠纷的报道数量呈下降趋势。其中处于媒体指数峰值的报道内容主要是地铁抢座、地铁逃票和乘客的其他不文明行为。

而关于公交车的媒体报道数量在2015～2020年总体呈下降趋势。其中，2018年的媒体指数有所增长，主要受2018年6月18日四川乐山公交车爆炸事件和 10 月 28 日重庆万州公交车坠江事故所引发的媒体对公交车安全的关注的影响。通过对媒体报道内容的查询，笔者发现媒体对公交车的报道内容主要集中在乘客与公交车司机的矛盾、乘客与乘客之间的矛盾和公交车事故三个方面。

以"网约车"为关键词获取其媒体指数变化趋势，同时，为了更加准确地掌握媒体报道变化趋势，以网约车行业的领军者"滴滴"为关键词，得到媒体关于"滴滴"的报道的情况。通过对比，笔者发现"网约车"和"滴滴"的媒体指数的变化趋势相似，但是也有所区别。首先，直至 2016 年 3 月才出现关于网约车的媒体报道，然而早于 2015 年就有大量关于"滴滴"的报道，这是由于 2016 年 5 月 31 日，教育部、国家语委在京发布《中国语言生活状况报告（2016）》，将"网约车"选入十大新词，"网约车"一词才大量出现在媒体报道中，而关于"滴滴打车"的报道于 2015 年已大量存在。其次，关于"滴滴"的报道分别于 2016 年和 2018 年出现两个极高峰值，其分别是受 2016 年 8 月"滴滴"收购中国优步和 2018 年 8 月乐清女孩乘顺风车被杀事件的影响。通过对媒体报道内容的查询，发现 2015 年媒体主要报道政府对"滴滴"打车实施的规范措施，媒体对"滴滴"这一新事物的态度尚不明晰，2016~2017 年媒体主要报道政府对整个网约车行业的规范和管理，总体上对网约车的发展呈正面态度，2018~2020 年主要报道政府和网约车行业自身对其服务考核和安全问题的规整与改善。

笔者以"共享单车"为关键词进行搜索，发现直至 2016 年 10 月才开始有对共享单车的报道，2017 年对共享单车的报道大量涌现，2018~2020 年媒体报道数量逐渐减少，报道热情消退。在共享单车出现初期，即 2016~2017 年，媒体的报道内容聚焦于政府对共享单车的治理方案、共享单车管理和停放问题以及如何鼓励共享单车更好地发展。随着报道热潮的消退，2018~2020 年媒体对共享单车的报道内容主要是废弃共享单车的管理问题和共享单车产业面临的发展困境。

由于百度指数没有收录"城市道路"的关键词，于是笔者从知微的事件库筛选出 2015~2019 年有关城市道路建设的热点事件，归纳媒体报道规律。通过分析发现：媒体对城市道路建设的报道在总体上所占的比重不大，一般报道的持续时间为 3~5 天，报道传播的速度为 30~70 条/小时。

（二）自媒体数量和分布

城市交通的自媒体平台账号主要划分为：共享单车、网约车、地铁、公交、城市交通。本研究主要搜集了微博、微信两个平台的自媒体账户数量（见表 2）。整体上来看，地铁、公交的自媒体账户数量远超其他交通行业。

表 2　城市交通领域自媒体平台分布情况

平台		共享单车	网约车	地铁	公交	城市交通
微博	机构认证账号	100	96	3522	2123	684
	个人认证账号	3	6	1477	577	110
	有效普通账号	31	55	4077	2324	1806
	搜索得到微博账号总数	776	1298	262936	67109	2599
微信		400	300	180	194	148

说明:之所以要在搜索普通用户时设置标签，是因为普通用户的数量相对较大，其中有账户昵称包含了关键词但其传播内容与关键词无关的情况，这会影响最终对用户数量的计算，设置标签加以限制，可以减少此类情况的发生。

五　热点事件中意见领袖分布及特征

通过收集近五年讨论度较高的十个焦点议题事件，分析热点事件中意见领袖分布及类型特征（见图 3）。焦点议题事件分别为：西安奔驰女车主维权事件、共享单车集体涨价事件、7·3 永城车辆追尾事故、无锡高架桥侧翻事故、滴滴顺风车事件、高铁"霸座"事件、重庆万州公交车坠江事故、ofo 小黄车退押金风波、京昆高速"8·10"特别重大交通事故、交通运输部发布"网约车新政"事件。

城市交通领域舆情事件涉及意见领袖类型包括公共知识分子、媒体从业人员、学者/专家、明星/娱乐博主、机构相关账号、警政界相关账号、个人账号等。热点事件中意见领袖主要分布在微博、微信、知乎和天涯论坛上。根据分析，大部分专业人士（各领域专家、媒体从业者等）倾向于在微博发声，发言较为主观和温和；而知乎、天涯热度较高的帖子均为不同领域的个人账号发送，表达风格极具平台特色。

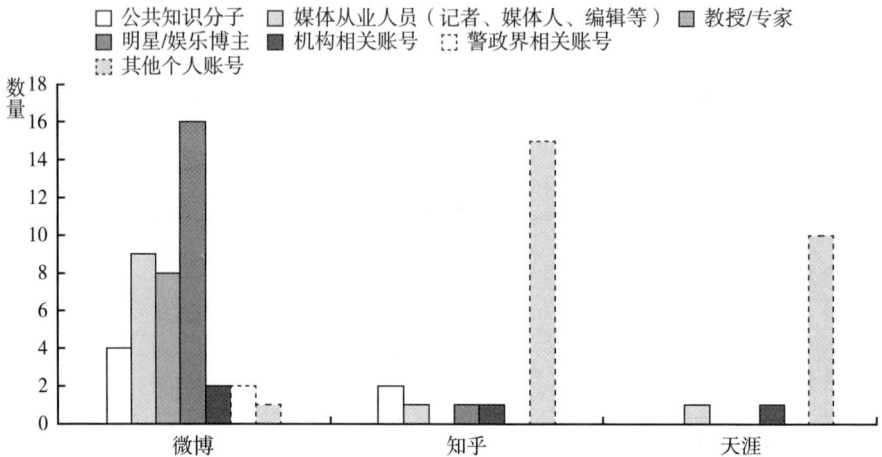

图3　热点事件中意见领袖平台分布统计

热点事件中意见领袖主要通过微博、微信、知乎和天涯论坛发声，每个平台上的意见领袖特征不同。在微博上，公众反馈的结果倾向于从自己出发，谈自己的感受，发言较为主观和温和。知乎平台表述偏理性冷静，但普遍表达的情感并非正面，而是偏向中立态度，分析视角较为宏观。天涯回复更富情感色彩，负面情绪也更多，发言较为主观化和情绪化，视点较小，多从自身出发。

六　城市交通领域公众意见特征分析

根据对132个重大舆论事件的定性分析发现，关于城市交通领域的公众意见有以下几个特征：第一，公众对公交霸座、袭击公交司机、地铁抢座、地铁逃票等日常交通出行中不文明行为已经形成相对稳定的舆论观点，且舆论高压态势对于形成社会统一规范、提高公民素质起到良好的示范和教育效果；第二，对交通事故、刑事案件、行政案件等涉及人身安全的交通事件，尤其是触及社会矛盾（如性别、贫富等）或死伤比例较高的事件，舆论观点比较复杂，甚至对于事实、结果十分明确的舆论事件，也会产生争议性讨论；第三，堵车、修建地铁、出行价格波动、城市交通建设等与公众生活息息相关的出行事件中，公众的舆论态度和观点呈现正面、积极或一边倒的批评声音，舆论极化现象十分普遍。从深层次分析来看，公众对交通领域舆情的态度和观点有以下两方面需要关注。

（一）重大城市交通舆情中公众刻板印象亟待扭转

刻板印象，即人们对某类事物形成的一种固定的印象，并把这种观点推而广之，盲目地认为此类事物或者整体都具有该特性，从而忽视客体差异的现象。刻板印象可能会导致公众先入为主，从而造成互联网舆情焦点容易被忽视，而造成议题转移。[①]

公众在交通舆情事件中，往往会将同情心理投射到客体，转而将舆论对准强势群体，造成了错误的舆论态度。这种现象的起因是社会的阶层差异导致公众的刻板印象，"宝马车撞人""夏利车撞人"等舆情事件的爆发是群众内部阶层矛盾心理长期存在导致的。大众习惯将自己视作弱势一方，常常会对有相同经历的报道中的人物秉持同情心理，从而在大多数情况下偏袒弱势一方[②]。又如"女司机被打"事件之所以能从草根性新闻事件上升为大规模的网络舆论事件，在于该事件背后较为深层的社会问题[③]。该事件涉及"女司机"这一日常生活中饱受诟病的群体，事关驾驶安全、驾驶文明这样的公共问题，容易引爆网民尤其是男性网民的某种社会情绪，在情绪的引导

① 王海燕：《女性调查报道记者的性别迷思——社会刻板印象建构的视角》，《新闻大学》2016年第4期。
② 江嘉琪：《从受众角度分析反转新闻中的舆论失焦现象》，《传播力研究》2018年第26期。
③ 王国华、闵晨、钟声扬、王雅蕾、王戈：《议程设置理论视域下热点事件网民舆论"反转"现象研究——基于"成都女司机变道遭殴打"事件的内容分析》，《情报杂志》2015年第9期。

下，该议题的焦点容易发生多次转移。

刻板印象可能会导致争议性舆情的产生。表面上看，某一特定的新闻事件或社会现象是争议性事件的表征，但是具体的表征背后触及的是公共利益、传统道德、伦理规范、社会价值、法律法规等隐性本质，从表征到隐性本质之间存在解读和认知多元化的"争议场"，在一定程度上，并没有"标准答案"或者缺乏社会共识①，因而会导致公众对于焦点的扩散和转移。

（二）态度固化和失焦亟待正面引导

城市交通舆情在一般情况下，从普通事件演化成为全媒体的爆发需要经历四个阶段：潜伏期、成长期、成熟期和衰退期。而在新媒体时代，信息迭代的速度不断加快，四个阶段的持续时间被压缩，一个新闻事件的舆论热度尚未消退便被另一个取代，形成了"前者未尽，后者接续"的现象，网民的注意力被消耗，舆论热点中的诉求与问题也未能解决②。在这种情况下，公众的态度并不能够随着事件的进展而理性发展。例如，重庆公交坠江事件舆情初期，由于信息不明确，很多公众误以为是女司机驾驶私家车逆行撞击公交车，公众的态度一边倒地批评"女司机"的种种不当行为，甚至上升到群体性攻击，然而随着事件的不断明朗，这种舆论态势和相关非理性声音并没有得到有效的遏制和扭转。

又如在东方之星号游轮沉没事件中，政府及时发布消息，但是官方媒体一方面以理性和文明话语消解网络的情感动员，另一方面却也诉诸情感动员，通过政务微博和官方媒体微博，制造出大量带有正面情绪的话语，结果反而受到网民的批评③，从而加剧舆论对原有议题的偏离。

---

① 杨洸、郭中实：《新闻内容、理解与记忆：解读争议性事件报道的心智模型》，《新闻与传播研究》2016年第11期。
② 余沐芩：《后真相时代下舆论特点及引导策略——以"江歌案"为例》，《信阳师范学院学报》（哲学社会科学版）2018年第5期。
③ 杨国斌：《情之殇：网络情感动员的文明进程》，《传播与社会学刊》2017年第40期。

七 应对城市领域舆情的政策性建议

首先，应加强长效机制建设，加强城市交通类网络舆情监测机制。这要求完善预警监测和紧急应对工作系统的法制化、科学化、制度化建设；逐步建立健全涉及交通行业的群体性事件应急处置机制，厘清各级城市交通指挥部与同级应急办之间的职责，理顺关系，加强应急处置工作，逐步实现我国交通运输业体制、运营模式、职能职责等的整合，提高应急处置能力，最大限度地化解矛盾，减轻事件造成的危害和影响，切实维护交通系统及社会的安定。

其次，在舆情爆发时，需要充分发挥权威政府机构与主流媒体的优势，有效引导舆情。政府必须通过权威渠道迅速、及时地发布信息，坚持信息的公开、透明，必须对各种流言、谣言及时做出权威反应，及时引导社会言论，解答城市公众的疑惑，不给谣言任何传播、发酵的机会。而媒体应充当上传下达的工具，运用公共传播媒介把政府的声音转化为公共话语，满足城市公众对信息的需求，从而阻止因信息缺失而爆发的矛盾和危机。

最后，平息的舆情事件还有可能再爆发，因而政府重视后续监管、评估和预案库的建立。突发事件舆情平息后，各治理主体及时归纳总结其处置过程、结果、公众反应、舆情发展规律、特点以及经验教训，对其中的成功经验进行推广，对危机处理过程中产生的问题进行改进，完善城市交通群体性事件的应急预案框架体系，逐步建立健全城市交通群体性事件处置的全国预案并及时更新，适时、适度地将舆情事件的治理过程以及相关法律法规公布于民、教育大众，为今后的突发事件网络舆情研判与应对做准备。

参考文献

严利华、陈捷琪：《突发事件中的舆论失焦现象及其启示》，《决策与信息》2016 年第 8 期。

韩运荣：《舆论反转的成因及治理——通过新闻反转的对比分析》，《人民论坛》2019 年第 30 期。

杨国斌：《情之殇：网络情感动员的文明进程》，《传播与社会学刊》2017 年第 40 期。

杨国斌：《悲情与戏谑：网络事件中的情感动员》，《传播与社会学刊》2009 年第 9 期。

张志安、晏齐宏：《个体情绪 社会情感 集体意志——网络舆论的非理性及其因素研究》，《新闻记者》2016 年第 11 期。

王海燕：《女性调查报道记者的性别迷思——社会刻板印象建构的视角》，《新闻大学》2016 年第 4 期。

江嘉琪：《从受众角度分析反转新闻中的舆论失焦现象》，《传播力研究》2018 年第 26 期。

王国华、闵晨、钟声扬、王雅蕾、王戈：《议程设置理论视域下热点事件网民舆论"反转"现象研究——基于"成都女司机变道遭殴打"事件的内容分析》，《情报杂志》2015 年第 9 期。

杨洸、郭中实：《新闻内容、理解与记忆：解读争议性事件报道的心智模型》，《新闻与传播研究》2016 年第 11 期。

余沐芩：《后真相时代下舆论特点及引导策略——以"江歌案"为例》，《信阳师范学院学报》（哲学社会科学版）2018 年第 5 期。

彭爱萍：《舆论反转事件对大学生社会信任影响的调查分析》，《新闻研究导刊》2019 年第 23 期。

李巽：《基于突发事件的网络舆情实证研究——以"女医生高铁救人反被索要医师证"事件为例》，《传播与版权》2019 年第 8 期。

赵娅君：《新媒体环境下社会心理在舆论反转中的作用——法兰克福学派社会心理理论视角下的舆论研究》，《新媒体研究》2019 年第 16 期。

张春颜、刘煊：《后真相视角下网络舆论反转的主体行为、情境类型与规避策略分析》，《学习论坛》2019 年第 7 期。

张楠：《后真相时代：网络舆论缘何"失焦"——以王凤雅事件为例》，《视听》2019 年第 4 期。

魏鸿灵：《浅析"后真相"时代下的网络舆论失焦》，《新闻传播》2019 年第 4 期。

周文昊：《浅析反转新闻中的舆论失焦现象》，《传播力研究》2018 年第 33 期。

张佳怡：《后真相时代对舆论场的反思——众声喧哗下的真相失焦》，《视听》2018 年第 9 期。

王晰巍、邢云菲、王楠阿雪、李师萌：《新媒体环境下突发事件网络舆情信息传播及实证研究——以新浪微博"南海仲裁案"话题为例》，《情报理论与实践》2017 年第

9 期。

孙瑞英、王旭：《突发事件网络舆情传播的实证研究》，《现代情报》2016 年第12 期。

丁利、雷宇晶：《突发公共事件的网络舆情演变及行政问责制实证研究——基于 128个相关样本数据的分析》，《现代情报》2016 年第 2 期。

王静婷：《后真相时代下舆论失焦现象及其治理对策》，《经济研究导刊》2019 年第26 期。

李茜茜：《后真相时代：新话语空间下的舆论新生态》，《新闻论坛》2018 年第4 期。

朱燕：《从舆情大数据观察城市交通出行》，《网络传播》2017 年第 4 期。

何梦娇、吴戈、梁华等：《基于多源文本挖掘的城市交通舆情分析——以苏州为例》，《交通信息与安全》2018 年第 3 期。

陈宏飞、张心萍、赵艳慧等：《基于微博的西安市交通拥堵状况时空分布研究》，《陕西师范大学学报》（自然科学版）2015 年第 6 期。

2015～2020年航空舆情的传播特征与规律专题研究

李佳颐*

摘　要：　本文对近五年来航空领域的热点舆情事件进行划分，并对相关舆情的媒体报道热点议题、意见领袖分布特征以及公众意见焦点做出归纳总结。在此基础上，笔者发现：在媒体报道方面，重大安全话题类和公共秩序管理类事件是航空领域舆情的两大热点议题；在意见领袖分布方面，航空领域相关网络意见领袖以官方机构的自媒体账号为主，其及时和粉丝保持沟通联系增加账号的影响力；微博由于基数庞大，成为意见领袖最为活跃的平台。最后，本文从舆情监控体系的建立到舆情爆发之后的风险评估与应对，提出了航空领域舆情治理策略。

关键词：　航空舆情　热点议题　意见领袖　公众意见

一　航空领域舆情范畴与特征

一直以来，航空出行都被看作是"高端出行"，其工作人员如飞行员、空姐、空少等天然具备较高的舆论关注度，航空舆情事件也因此成为媒体关

---

　*　李佳颐，北京交通大学语言与传播学院硕士研究生。
　①　国家统计局：《中国统计年鉴2020》，http://www.stats.gov.cn/tjsj/ndsj/2020/indexch.thm。

注的焦点。近年来，随着国民经济的快速发展和国民可支配收入的稳步提升，航空领域的业务快速增长，航空领域舆情事件也越来越多地出现在媒体和公众视野中，且呈现逐年增长态势。从相关舆情事件的整体特征来看，"航空舆情无小事"，它不仅与航空公司及其工作人员密切相关，还与公共服务建设和民众出行安全密切相关。笔者通过检索发现，航空舆情涵盖了与航空业务、地理空间、组织架构、所涉人员等相关的公共舆论事件，因此，媒体和公众对航空领域相关舆情极为敏感。总的来说，航空舆情有以下几个特点。

（一）个案舆情极易诱发全局影响

就中国航空公司发展现状和舆论环境而言，各大航空公司的品牌辨识度正在提升且有待进一步提高，品牌培育处于未成熟阶段。普通民众接触航空领域，往往是通过个别服务端口的体验来获得整体认知。消费者对航空公司本身的关注度不高，对不同航空公司的差异化认知不足，往往采用"个别类推整体"的认知结构。因此，航空领域的个别人物、行为所引发的个案舆情，极易产生对航空领域社会评价的全局性影响。

（二）逾矩行为容易成为社会焦点话题

随着国民素质的普遍提高，民众对于服务行业的规范化操作和社会公共秩序的维护等方面的关注度也相应提升。再加上航空领域具有高端出行、高品质服务等典型特征，因此，倘若空乘人员、乘客或相关机构出现逾矩行为，极易被网络放大成为全社会关注的焦点话题。举例来说，2019年乘客向飞机投掷硬币导致航班延误、2017年空乘人员打架及多吃乘客飞机餐等事件，均在当时引发热烈讨论。

（三）重大事件中的关联舆情现象普遍

航空出行联通内外，航空领域相关舆情也与各类舆情高度关联，极易成为舆情场域的一部分。例如，国际外交领域的纠纷中，作为外交出行服务机构的航空公司一马当先，其行为举措备受关注。再如，天气、活动、安全等特殊状况引发航班延误，娱乐相关舆情中的明星机场摆拍、粉丝接机等，均使得航空交通作为事件组成部分，卷入社会讨论的中心。

为了具体分析以上问题，了解航空舆情在事件类型、媒体报道、公众关注等方面的特征及规律并对相关机构的管理和舆情引导提出合理建议，本文进行了舆情事件抓取和数据分析，并从以下四个方面得出相关结论：在热点议题上，重大安全话题类和公共秩序管理类舆情事件是公众关注的焦点，政策制度类次之，在不同年份均有相关热点议题出现。在媒体分布上，航空领域的机构账号数量远大于相关自媒体账号数量，且不同机构的官方账号的活跃度、粉丝互动情况等均有较大差异，就其关系而言，账号活跃度对粉丝数量与忠诚度呈正向增益效果；在相关热点事件中，不仅存在跨事件类型和专业领域的意见领袖可以通过广泛参与点燃事件热度，也存在一些专业领域意见领袖通过发表专业建议引导舆论走向。其中，微博平台相较于知乎和天涯论坛，意见领袖类型和数量更多，所引起的讨论度和关注度更高；在公众关注焦点上，民众最为关注的是航空安全问题，对于一些服务和设施建设、中国制造类话题亦保持极高兴趣。

最后，本文结合分析结果，针对其所反映的现象及问题对航空领域的政策建设提出了针对性建议，具体报告、分析结果及建议如下。

二　研究方法

本文将主要通过舆情热点议题、媒体分布特征、关键意见领袖参与特征、公众关注焦点、相关建议五个方面来对近五年来（2015 年 1 月 1 日到2020 年 5 月 31 日）的航空领域舆情进行分析。研究团队通过用"航空""飞机""空难""空姐""飞机餐""航班"等多个航空领域相关关键词在知微事见舆情数据库[①]中进行检索，将筛选的时间范围设定为 2015 年 1 月 1

---

① 知微事见：http://ef.zhiweidata.com。

日 0 时到 2020 年 5 月 31 日 24 时，并以事件影响力指数作为事件筛选标准，选取影响力指数大于等于 80 的 35 个重大事件入库，并在此基础上，针对样本库的事件的类型分布和传播渠道、传播规律进行分析。随后本报告选择了事件影响力指数排名前 10 的重大事件，识别并界定了航空领域意见领袖的作用空间及其媒体平台分布特征。

同时，本文通过数据挖掘方法，对航空领域的主流媒体报道情况和自媒体的内容特征与账号分布情况进行了分析。

三 近五年来航空领域舆情焦点议题

（一）安全与公共秩序类事件是两大舆情焦点

通过对样本库中航空领域 35 个重大舆情事件进行分类汇总后发现，重大安全和公共秩序管理类事件是航空领域舆情的两大热点议题，占比最高，且几乎每年有相关热点事件出现。其中，重大安全类舆情中，马航 MH370 失事事件及其后续报道获得持续广泛关注，此外还有一些突发性安全事件，整体而言以负面舆情为主，且多数有人员伤亡。而公共秩序管理类事件往往也和航空安全高度相关，亦多为负面舆情，但少有人员伤亡。这两类事件的占比高说明航空及相关活动的安全问题是民众关注的核心。

除了以上两类焦点议题外，政策制度类事件多为针对航空安全、服务或秩序问题提出的改进措施，亦包括全新政策的出台。此类舆情事件多以正面或中性舆情为主。

公共设施与服务类、科学技术革新类、人物事迹类、谣言类和纪念性活动类事件出现频次较低，往往在科技取得重大突破、具有重大现实意义、事件冲突性强或主人公具有极高话题度时引发大面积关注。其中，科学技术革新和纪念性活动类事件为正面舆情的典型，公共设施与服务类、人物事迹类正负面舆情均有涉及，谣言类事件则为负面舆情的典型。

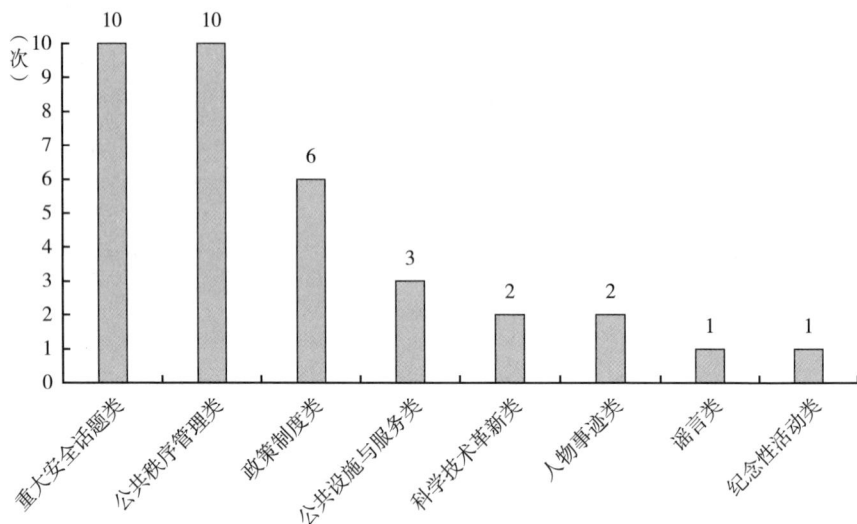

图 1　2015 年 1 月 1 日至 2020 年 5 月 31 日航空舆情焦点议题出现频次分布

（二）舆情事件偶发性特征显著

为探究航空舆情的历时性分布规律，本文将不同类型的航空舆情事件以发生时间进一步细分，得到近五年来航空舆情热点议题的历时性变化趋势（见图 2）。

航空领域舆情事件偶发性特征明显，各年度的舆情事件数量差异较大，不具有规律性。其中，2019 年的舆情数量和事件种类最多，其中公共秩序管理类和公共设施与服务类舆情事件高发，进一步证明了人民对于服务行业的规范化操作和社会公共秩序维护等方面的关注度提升。而 2015 年、2016 年、2018 年重大安全话题类舆情事件的高发均与马航 MH370 后续搜救情况的曝光及报道相关。

需要注意的是，因为 2020 年上半年受到新冠肺炎疫情影响，航空服务一度停滞或受限，航空公司参与抗击疫情等新闻报道成为关注焦点。截至 2020 年 5 月 31 日，国内尚未有较高影响力的航空领域舆情热点事件出现，因此出现了 2020 年航空领域舆情数据空缺的情况。但是自 2020 年 5 月起，

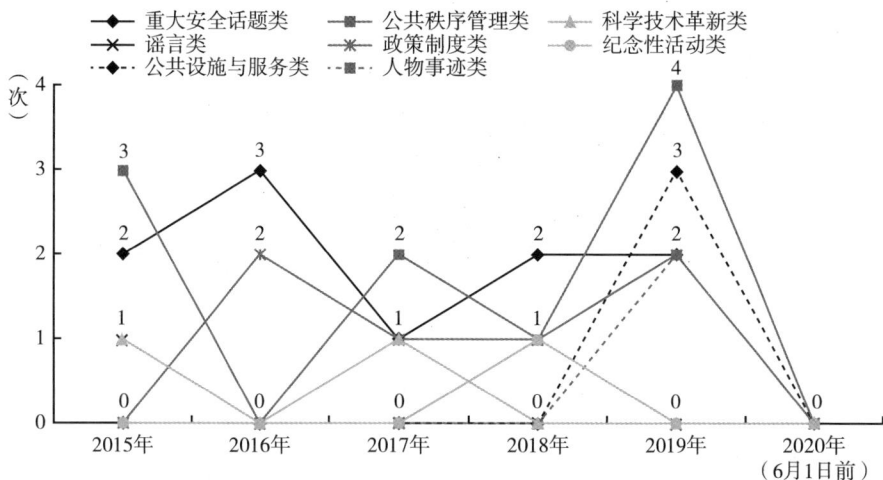

图2　近五年来航空领域焦点议题历时性频次分布

国际航班的停飞限飞、航班数量削减等措施类舆情成为国际抗击疫情的重要风向标，且保持较高的舆论关注度。

四　航空领域媒体报道变化趋势和自媒体分布情况分析

（一）媒体报道变化趋势分析

通过上文对航空领域热点事件的整理，可发现相关舆情主要集中在安全、服务、科技、秩序和政策五大方面。因此，本文将对航空领域五大主题相关报道的媒体指数变化趋势和相关热点新闻进行梳理，以此对航空领域的媒体报道情况进行概括。

借助百度指数的媒体指数查询工具，本文将检索时间范围设置为2015年1月1日到2020年5月31日，将媒体指数的日均值作为参考标准，并针对舆情事件主题差异选取不同的关键词进行检索，所得分析如表1所示。

表1 2015年1月1日至2020年5月31日五大主题航空舆情媒体报道频次分布

年份	安全		服务		科技	秩序		政策
	空难	飞机失事	空姐	航空+投诉	无人机	航空+秩序	航空+纠纷	航空+政策
2015年	48	7	133	964	334	732	868	2283
2016年	16	3	54	631	321	530	622	1953
2017年	0	0	10	452	223	420	582	1100
2018年	0	0	16	334	136	305	283	542
2019年	9	0	4	264	97	264	264	818
2020年（6月1日前）	0	0	2	3	92	105	0	1300

航空安全领域媒体报道在2015年上半年和2016年第三季度达到高峰，其余时间报道数量骤降且日报道数量较为均衡。笔者认为，航空安全领域的媒体报道和时间的关联性较小，和偶发性及突发性事件的关联性较大，主要为事件导向。而2015年和2016年的航空安全事件报道达到高峰，和同期的一系列飞机失事事件，如马航MH370确认失事及搜救工作的开展、台湾复兴航空客机坠河事件等有较大关系。

航空服务领域媒体报道数量在2020年前呈逐年稳定下降趋势，报道高峰期集中在2015年到2016年上半年。与前文近五年来航空领域焦点议题年度分布图显示的走向一致，相关事件曝光的减少使得媒体报道数量也趋于稳定。而随着2020年新冠肺炎疫情暴发，航空服务受限，相关报道数量骤减。

航空科技领域媒体报道数量逐年减少，五年间日均值为222。但2015～2016年为报道高峰期，从2017年起逐年下降。笔者认为，这是因为国内无人机的研发从2015年起步，重要时间节点为2015年2月10日，贵飞某两型无人机的试验任务成功完成。自此往后的两年内，中国无人机研发事业稳步发展，不断取得科研突破，也导致媒体报道的聚集性高峰；随着科研成果的逐步落实，媒体的报道数量变化趋势也相应地趋于平缓。值得注意的是，航空科技领域的媒体报道数量变化趋势并未受到疫情影响。

航空秩序领域报道亦呈稳定下降趋势。这和近五年来航空领域焦点议题年度分布图有所出入。因此，热点事件爆发虽然会导致媒体报道相应增加，但由于媒体报道指数需要通过同类事件的报道整体情况进行判断，并不意味着两者走向完全一致。

航空政策领域的媒体报道自2019年起出现回升，并且在2020年仍保持上升趋势，在航空领域舆情报道中仅此一例。结合热点事件，笔者认为这是因为在2015~2016年中国航空的大发展期过后，并无相关新政策出台，媒体报道数量相应减少；但2019年部分航空公司相继宣布取消免费行李托运以及出现餐食缩水现象获得公众关注。随着2020年新冠肺炎疫情暴发，航空业务受限或停滞，一系列临时政策和制度出台并成为新冠肺炎疫情与春运相碰撞的特殊情境下大家的关注焦点，因此会出现相关报道的回升。

（二）自媒体概况分析

微博和微信作为社交媒体超级平台，用户基数大、传播范围广、互动性强、及时性显著，是各类自媒体的重要活动场所。因此，笔者以微博和微信公众平台为主要研究对象，选取"航空"、"机票"和"机场"作为主要关键词进行检索并将检索结果进行分析，获得航空领域自媒体的分布情况。其中，微博相关自媒体的检索平台为微博，① 微信相关自媒体的检索平台为西瓜数据（见表2）。②

表2 重大事件中自媒体数量统计

检索关键词		航空	机票	机场
微博	机构认证账号	1477	2664	3478
	个人认证账号	133	479	1770
	有效普通账号	35726	31468	222897
微信		6730	9056	3447

---

① 微博：http://weibo.com。
② 西瓜数据：http://wb.xiguaji.com。

三个关键词微博的检索结果中，机构认证账号数量均大于个人认证账号数量，说明航空领域相关自媒体以官方机构账号为主。值得注意的是，检索可得的普通账号数量巨大，但考虑到微博平台的娱乐性和匿名性特征，账号主体可隐藏真实身份选择个性化名称，随意性强，存在账号名和传播内容无关的情况，因此数据仅做参考。

2020年初，新浪举办了名为《不止飞行——中国航空峰会》的2020航空交通V影响力峰会，并在峰会上评选出了航空领域最具影响力的微博账号榜单。本文将结合前文统计结果和榜单数据对微博平台的航空领域自媒体分布情况进行进一步分析。

1. 航空机构微博账号分布特征

在2020航空交通V影响力峰会上，新浪对2019年度影响力较大的国内外航空机构认证账号进行了评比，表3显示了其中影响力排行的前十名。

表3　航空公司官方微博账号影响力排行前十名

航空机构	粉丝数（万）	微博数（条）
春秋航空公司	535	11840
深圳航空	242	11298
山东航空	151	6482
首都航空	139	13300
奥凯航空	116	9985
吉祥航空	77.3	6498
中国南方航空公司	69	15808
四川航空	48.9	10570
中国国际航空	44.3	3692
东方航空	41.9	12332

通过榜单可以直观地看出，不同航空公司的粉丝数量有着较大差异。在发博数量相差不大的情况下，影响力位居第10的@东方航空的粉丝数量不及影响力排行榜首的@春秋航空公司的1/10，航空机构的官方微博账号也存在影响力向头部机构聚集的特征。通过对十个账号的发博风格进行分析发现，@山东航空发布微博时会以"小山"自称，塑造出具有情绪变化的人

物形象，拟人化的表达方式具有亲和力，消解了航空公司和微博用户之间的距离感，因此其在发博数量倒数第二的情况下却坐拥仅次于@春秋航空公司和@深圳航空的粉丝数量。在微博内容上，@东方航空和@中国南方航空公司会在微博中进行专业飞行知识的科普，还会设置聊天话题来加强与粉丝互动，并设置了"早安""晚安"等固定主题来发布暖心的故事和话语。

2. 航空交通媒体微博账号分布特征

此外，2020航空交通V影响力峰会上还评选出了微博中最具有影响力的5个航空交通媒体类账号（见表4）。

表4 航空领域交通媒体账号影响力前五名

名称	粉丝数（万）	微博数（条）
中国民航网	74.3	41122
交通发布	116	11037
看航空	70	22936
中国航空报	146	24423
航空知识365	25.1	2386

5个航空领域交通媒体中，大多是航空垂直领域的传统媒体，如报纸、杂志等官方账号。其中有4家是民航垂直领域信息平台，账号中发布机场信息、航班信息、天气信息等。另外一个账号@交通发布是交通领域的全面信息发布平台，其内容不仅涉及航空，还有道路交通、航运等方面的交通信息。总体而言，这五大交通媒体均为综合性信息发布主体，以为民众提供及时、准确、全面的出行信息为主旨，因其自身的服务性和便捷性等受到用户关注。

因为其信息发布的功能性特征，此类账号的粉丝数量与其信息发布的全面程度和及时性有极大关系，这也可以直观地反映在发博数量和粉丝量上。在这些账号当中，粉丝数排名前四的账号所发布的微博数都在1万条以上，相比之下粉丝数相对较少的@航空知识365的发博数只有其他微博账号的不到1/10。由此可见，作为功能性信息平台，及时更新航运信息、加大信息覆盖范围、提高信息发布数量和准确性可以增加账号的影响力。

3. 航空类个人博主微博账号分布特征

新浪微博通过用户的个人认证信息，以账号影响力为判别标准生成了微博热门航空类个人博主推荐榜单，本文通过手动排查删除了其中的非航空领域的账号，最终得到如下榜单（见表5）。

表5 航空领域知名个人微博账号排行

微博 ID	微博认证	粉丝数	微博数	单日阅读量	微博互动数
@燃烧的陀螺仪	中国民航飞行员、微博 Vlog 博主	123 万	4861	100 万 +	3.3 万
@飞天小妞 marica	知名航空博主	91.7 万	9479	100 万 +	2364
@航空物语	知名航空博主	597 万	33049	100 万 +	1 万
@交通事儿	交通安全超话主持人	13.2 万	11566	100 万 +	8814
@FATII	知名航空博主、微博航空时评团成员	309 万	27506	100 万 +	4115
@超翊不会飞 –	航空博主、新鲜事作者、中国民航超话主持人	12 万	221	100 万 +	0
@民航吐槽君	航空博主、微博航空时评团成员	113 万	2943	100 万 +	372
@航空战队	微博军事视频账号	15.2 万	8232	未显示	未显示

通过榜单可以发现，影响力向头部博主聚集的情况同样存在于个人账号。@航空物语在粉丝数和互动量上均具有绝对优势，@FATII 次之，两者的粉丝数与微博数远超其他上榜个人博主。通过对一系列账号的发布内容进行分析发现，这些经新浪微博认证为航空领域个人博主的微博账号，主要以个人视角而非官方视角进行表达，展示自己与航空领域相关的生活经历或是科普航空知识，发表自己对于航空领域发生的新闻、先进的飞行器械的评论。其个人化的表达更能引发粉丝的互动转发和广泛讨论。

五 热点事件中意见领袖分布及特征

（一）意见领袖的识别方法

本文选取微博作为主要分析平台，通过分析社会网络的各种特征值来衡量各节点（意见领袖）在微博传播网络中的重要程度，从而识别意见领袖，所采用的指标有度中心性、中介中心性、接近中心性及网络密度等（吴江、赵颖慧、高嘉慧，2019）。社会网络分析方法用于研究舆情网络的拓扑结构，更加关注参与者之间的联系，以及不同网络关系结构引发的网民行为发展变化情况，能够分析在网络中处于重要位置和扮演重要角色的节点（朱卫未、王海琴，2015）。

采用社会网络分析法进行意见领袖的判定分析是一大主流，相关应用案例众多：比如Jonnalagadda等通过社会网络分析中的中介、亲密度、度以及特征向量等中心度量来识别医学主题中的意见领袖（Jonnalagadda S.，Peeler R.，Topham P.，2012）；Zhao等在识别在线医疗社区意见领袖时考虑了用户发帖回复网络中的子社区结构（Zhao K.，Gaylon E. Greer，Yen J.，et al.，2015）；陈远等通过识别社会网络的中心度位置、结构洞位置以及边缘位置来挖掘论坛中的意见领袖（陈远、刘欣宇，2015）；谭雪晗、涂艳、马哲坤（2017）通过构建舆情信息的传播网络，对网络结构中的节点地位和传播能力进行分析，从而找寻网络舆情的关键型参与者。此类研究成果众多，不再一一列举。

虽然运用社会网络分析方法能识别出出入度较大的节点作为舆论领袖，但只能静态地分析用户—用户间的关联，忽略了人和其发表的微博主题关键词的关系（王丹、张海涛、刘雅姝、任亮，2019）。此外，基于社会网络分析的关键节点（意见领袖）分析，多是基于信息回复和转发关系进行中心性、路径分析，忽略了其他内容要素的重要影响，具有一定的片面性（彭丽徽、李贺、张艳丰，2017）。

（二）事件甄选及分析

为了缩减数据量并将研究重点聚焦在最具影响力的事件上，本文从前文设立的航空舆情重大事件库中抽取知微数据平台影响力指数前十名的热点舆情事件作为样本，十个热点事件分别为国产C919首飞、郑州空姐滴滴遇害、国产大飞机C919总装下线、川航航班备降成都、大兴国际机场正式通航、深航旅客降落时纵火、第十二届中国国际航空航天博览会、民航新规航班因天气等延误食宿费用旅客自理、旅客乘国航航班遭监督员投诉以及马航MH370确认失事。随后，本文在微博、知乎和天涯论坛这三大平台上对这十个事件中的热门微博进行数据抓取，通过转发数、评论数、多级转发数等来判断意见领袖的影响力，并将十个热点事件中的意见领袖进行综合，识别出影响力、事件参与广泛度、互动率均较高的账号主体。为了方便分析，本文依据意见领袖的社会身份对其进行了划分，将其分为公共知识分子、专家/学者、机构、专业媒体人（记者、编辑、评论员等）、明星/娱乐博主、国防军事领域个人账号、其他个人账号七类。

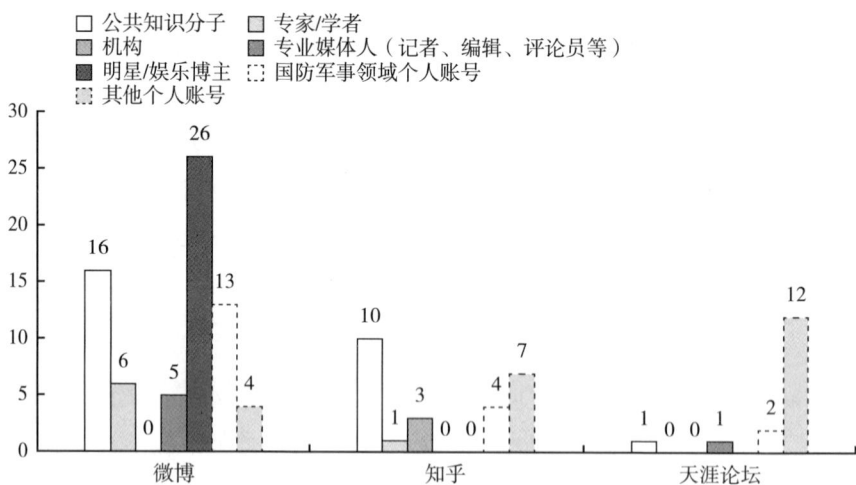

图3　不同平台航空领域意见领袖社会身份统计

通过图3可以直观地看出，意见领袖有不同的平台偏好。在航空领域舆情事件中，明星/娱乐博主类型的意见领袖仅在微博出现，专家/学者和专业媒体人也更加倾向于在微博发表相关观点。知乎中机构账号分布最多，以草根为主的个人账号更容易在天涯论坛成为意见领袖。此外，公共知识分子和国防军事领域个人账号在三个平台均有出现，虽然仍是微博平台的数量最多，但考虑到不同平台的用户基数本身差异较大，会对数据结果造成影响，可认为公共知识分子和国防军事领域个人账号没有明显平台偏好，对社交媒体平台的适应性强，受众群体广泛。

分析发现，微博平台中一些公共知识分子和明星/娱乐博主属性的意见领袖受专业门槛限制较低，在不同类型的航空舆情事件中均具有较高参与度，活跃性强。比如@但斌、@回忆专用小马甲、@姚晨等，在重大安全话题类和公共秩序管理类议题中积极发声，利用自身庞大的粉丝基数和粉丝高忠诚度来增大事件的影响力和传播范围，其在航空舆情的扩散及发展中的作用不可或缺，具有极强引导力和极高话题度（见表6）。

表6　航空领域微博非专业意见领袖身份属性

微博意见领袖	类型
@但斌	公共知识分子
@老沉	公共知识分子
@姚晨	明星/娱乐博主
@回忆专用小马甲	明星/娱乐博主
@当时我就震惊了	明星/娱乐博主

此外，还有一些垂直领域意见领袖虽然没有广泛的影响力和庞大的粉丝基数，但在其专业范围内具有极高的公信力（见表7）。当话题一旦涉及其核心领域，其发布的内容和观点往往能引导舆论风向，改变民众观点，是航空舆情混乱态势下的定心丸。

表7　航空领域微博专业意见领袖身份属性

意见领袖	类型	擅长领域
@关于军人的异地恋	国防军事领域个人账号	国防军事
@NASA爱好者	国防军事领域个人账号	国防军事
@爱撸枪的OLD_SONG	国防军事领域个人账号	国防军事
@天空菌	国防军事领域个人账号	国防军事
@北京鲁戈	专家/学者	国际关系、国际政治

微博具有庞大的用户基数和极高的国民度，扎根于此的航空领域意见领袖相对于知乎意见领袖和天涯论坛意见领袖来说更为活跃、话语权也更为集中。它适合本身具有一定知名度和公信力的意见领袖引导话题，如公共知识分子、明星/娱乐博主和专业领域的个人用户，而且除了在航空领域具有专业知识和见解的意见领袖可以发表专业观点外，亦存在一些头部意见领袖，他们享有庞大的粉丝数和较高的关注度、号召力和话语权，具有跨专业领域的知名度和超越专业与事件类型的影响力。这些意见领袖在不同的事件中都较为活跃，喜欢发表见解，擅长带动事件热度，从而推动舆情事件获得更为"出圈"的关注。他们的参与，成为航空舆情跳出专业圈层获得国民普遍关注的重要原因。

和微博不同的是，天涯论坛和知乎的意见领袖较为分散。几乎不存在跨越专业的头部意见领袖，而且意见领袖的参与情况也往往因为事件类型和专业领域的不同而有所差异。其中，有一定内容相关度且发言具有话题度的用户均可能成为知乎意见领袖，天涯论坛则是普通草根用户进行事件相关讨论的天下，往往呈现出"百家争鸣"之态势。

六　航空领域公众意见焦点

公众意见焦点指的是民众对于不同类型的航空舆情中最为关注的话题倾向，它可以直观地反映出民众对某一类舆情的看法及在舆情发展进程中最为关注和最期待获取的信息。本文将通过对前文列举的知微影响力指数最高的事件进行进一步分析，通过网友的参与特征和话语特征来总结公众意见焦点。

（一）感情色彩分析

对于 C919 首飞成功以及其首装下线、大兴机场正式投入运营等涉及大国发明、大国制造等事件，大部分公众持有正面态度，为其点赞，通过转发和评论内容可看出民众强烈的民族自豪感与认同感。而对于像郑州空姐遇害、深航旅客降落时纵火等恶性事件，公众的情感态度大多是对于罪犯的批判、对于女性出行安全和机场安检程序的质疑与担忧，尤其是郑州空姐遇害事件，引起了公众对于女性主义问题的关注和对于滴滴打车安全性与规范性的质疑与批评。对于旅客乘国航航班遭监督员投诉、网红进入飞机驾驶舱等负面事件，网友态度集中于对航班员工以及所属单位的讽刺、批判和质疑，大多持有负面态度。而对于航班因天气等延误食宿费用旅客自理、马航MH370确认失事等事件则争议性较大，引起了公众的大规模讨论，往往在表达情绪的同时伴随着对问题解决方式的讨论。对于川航备降成都这种突发事件，公众大多持积极情绪，表示对于英雄人物的致敬与赞美。

（二）公众关注焦点

随后，本文将十个航空领域热点舆情事件进行汇总，将其分为飞机失事、中国制造、安全性事件和航班员工相关四类，并依据微博平台的网友讨论态势总结出了四大领域的公众关注焦点。这些关注焦点可为相关机构和责任主体在面对相似舆情时及时发布民众真正关心的、与民众利益切实相关的信息提供参考（见表8）。

表8　航空领域公众关注焦点汇总

分类	聚焦热点
重大安全话题	逝者安息、责任追究、失事原因、逃生技巧、飞机安全性、探究真相
科学技术革新	自主研制、国产制造、波音系列
相关规章制度	安检、航空安全规定、对于员工的讨论
公共设施与服务	职业道德与素养、安全性问题、所属单位责任

七　航空领域舆情政策性建议

通过本文对航空热点议题、媒体报道分布、自媒体参与情况、意见领袖关键特征以及公众意见焦点的分析，读者对于航空领域舆情事件有了整体性的了解。针对其中所反映出的问题和规律，本文将对相关机构的政策建构和舆论引导提出可行建议。

在航空领域相关议题上，航空安全与服务建设相关的话题是民众关注的焦点，是航空领域热点舆情的主要类型，这是因为其与民众利益高度相关。因而，一旦相关舆情发生倘若不能及时更新信息、安抚民心，容易导致网民的负向性群体心理，其对舆情的消极思考和对立解读会导致观点的非理性偏向，而此时再来解决为时过晚。为了及时发现事件的危害性并控制影响，我国航空领域相关机构应建立联动的舆情检测网络，分工协作，厘清责任，加强危机公关和应急处置能力，最大限度地化解矛盾，维护航空系统的安全与稳定。

舆情监控与管理的常态化需要航空机构媒体的日常维护进行高度配合。分析发现，信息发布数量大、发布及时、准确度高、能够贴合平台属性、表达具有个性化特征和展现亲和力的机构账号往往拥有更高关注度。因此，航空机构官方媒体应加强互联网账号的管理，明确自身的服务性和功能性定位，通过及时更新动态、提升便民服务能力、采用口语化表达方式等，使之成为真正活跃的、民众依赖性强的账号。

除了日常维护之外，在突发事件和危机舆情中，要注意跨平台管理和多媒体联动。调查发现，不同平台的航空领域活跃分子具有不同的特征。机构账号在知乎、天涯论坛等社交媒体平台上参与度和曝光度不足，而这些平台往往是草根民众积极参与讨论的"广场"。因此，航空机构主体和管理者们应高度利用不同媒体平台的属性特征，与关键意见领袖主动开展合作，从多方位发布信息，将专业领域意见领袖价值最大化，形成"1＋1＞2"的效果，有效引导舆论风向，遏制事件影响的进一步恶化。

舆情事件处理后仍有再次爆发的可能。因为航空舆情与民众切身利益相关，但因为相关专业领域门槛和信息的不对称，往往容易形成误解与争议。倘若此时不能全面、真实地披露事件或善后工作不到位，便极易形成次生舆情，从而使得事件的影响进一步扩大，舆情引导难度进一步提升（杨树，2019）。它会使得信息出现异化现象，使得负面舆论场大幅扩大（刘怡、谢耘耕，2014）。在这种情况下，相关机构应重视舆情监管、评估，一方面在日常形象建设中树立服务意识，有意进行口碑传播，培育信任文化，从而加强公信力，来扼制沟通不足和信任不足导致的衍生舆情；另一方面，相关机构要将成功应对经验制度化、常态化，及时修订和公开相应的应对措施和法律法规，绝不重蹈覆辙。

参考文献

吴江、赵颖慧、高嘉慧：《医疗舆情事件的微博意见领袖识别与分析研究》，《数据分析与知识发现》2019年第4期。

王丹、张海涛、刘雅姝、任亮：《微博舆情关键节点情感倾向分析及思想引领研究》，《图书情报工作》2019年第4期。

朱卫未、王海琴：《基于社会网络和偏好排序的意见领袖识别方法研究——以"阿里平台为云南鲁甸募捐"为例》，《情报杂志》2015年第6期。

彭丽徽、李贺、张艳丰：《基于灰色关联分析的网络舆情意见领袖识别及影响力排序研究——以新浪微博"8·12滨海爆炸事件"为例》，《情报理论与实践》2017年第9期。

JonnalagaddaS，Peeler，R.，Topham P.，Discovering Opinion Leaders for Medical Topics Using News Articles ［J］. Journal of Biomedical Semantics，2012，3：2.

Zhao，K.，Greer，G.E.，Yen，J.，et al.，Leader Identification in an Online Health Community for Cancer Survivors：A Social Network-based Classification Approach ［J］. Information Systems and E-Business Management，2015，13（4）：629 – 645.

杨树：《网络舆情事件衍生议题的生成及演化模式研究》，《今传媒》2019年第5期。

刘怡、谢耘耕：《网络反腐舆情事件的形成与演变机制研究——基于2011~2013年重大公共网络反腐舆情事件的研究》，《现代传播（中国传媒大学学报）》2014年第4期。

2015～2020年公路交通舆情发展态势报告

侯丽萍[*]

摘　要：　本报告对2015～2020年有关公路舆情的125个焦点事件进行
了归纳汇总，从媒体报道状况、自媒体报道状况、意见领
袖分布和公众意见等方面进行分析总结。结果显示，首
先，近年来公路舆情事件呈逐年上涨趋势，其中安全类是
占比最高的公路舆情事件类型。其次，长期化和突发性舆
情在传播规律上存在较大差异。再次，意见领袖在不同平
台上呈现较大差异，公众关注的焦点极易出现态度极化的
现象。最后，本报告从舆情监控机制建立、引入大数据工
作模式、舆情处理原则、舆情评估和建立预案库等方面入手
提出了治理策略。

关键词：　公路舆情　焦点议题　意见领袖　舆情治理

一　公路舆情范畴及特征

公路交通涵盖范围十分广泛，包括城市快速道路、高速公路、省道国道、旅游公路专线等交通。近年来，中国公路建设蓬勃发展，特别是高速公

---

* 侯丽萍，北京交通大学语言与传播学院硕士研究生。

路的建设，取得了举世瞩目的成就。同时，相应的舆情事件数量也逐年上升，然而当前中国对公路舆情的研究并不完善，通常是对新闻媒体报道的汇总，对热点事件的简单汇总，或者对一般性宣传举措的分析讲解，缺乏大规模数据挖掘和相关的整理。①② 长期以来，公路管理部门、媒体机构及学术界对公路舆情发生的机制、内在规律缺少系统的研究。随着产生全社会影响的热点事件数量逐年增高，对公路舆情的深入研究势在必行。

当前公路舆情工作面临技术和组织方面的困难：第一，从技术操作层面来看，对公路舆情缺乏系统化研究，专业术语和舆情关键词的边界和范畴比较模糊；第二，部、省的网络舆情联动监测机制不健全，难以形成统一管理和资讯共享③，公路舆情的发生与交通实践和国民经济密切相关。

（一）近年来公路舆情的焦点领域

1. 公路建设成就引领正面舆论

中国公路建设近年来取得了巨大的成就，特别是跨海大桥、公路桥梁建设在国际媒体上均获得了较高的关注度。大型工程建设的成就能够激发国民爱国主义情怀，且成为国家对外传播的名片。近年来此类积极正面舆情产生了良好的社会效应，树立了国家正面形象。

2. 交通事故类舆情占据最大比例

公路交通事故发生率和数量是所有交通事故中最高的，因此交通事故类的舆情信息成为公路舆情的重要组成部分。特别是特大重大公路交通事故，在短时间内经过社交媒体放大，迅速成为具有全国影响力的舆论事件，且舆论场复杂。

3. 自驾游引发的公路舆情逐年上升

近年来，随着自驾旅游成为常态，自驾游的沿线公路、景区内的专属公路相关的舆情曝光度呈直线上升态势。舆论发起者往往具有较强的议题设置

---

① 卢永春、陈丽：《2014年公路舆情分析》，《中国公路》2015年第3期。
② 卢永春：《新舆论环境下善用新媒体》，《中国公路》2016年第22期。
③ 钱哨：《交通运输行业舆情监测与预警可行性观察》，《中国公路》2014年第5期。

能力，舆情通过社交媒体发酵速度快，其所反映的各类问题应当引起重视。

4. 公路收费成为历年来重要焦点之一

公路收费问题一直以来是公路交通舆情的重点问题，往往能引发社会热烈讨论，甚至将该问题上升到国家体制对比的高度；近年来五一、十一黄金周等节假日的高速公路免费问题也成为舆论焦点问题。

（二）公路舆情的整体特征

1. 舆情碎片化，话语权力分散

公路舆情由于行业特殊性，整体上呈现舆情主题碎片化，且涉及不同群体的多元诉求的特点。但是碎片化的舆情往往具有演化成为全局性的重大舆情事件的潜力，在去中心化的网络上发酵，经过强势崛起的自媒体账号的炒作再次实现"多个中心化"，其传播过程几乎是"核裂变"式的"蝴蝶效应"过程。

2. 公路舆情传播跨平台特征明显

公路舆情的衍生和扩散平台覆盖了绝大多数媒体形态，既包括传统主流媒体和"两微一端"等各类自媒体，也包括短视频平台、直播平台、问答社区等，后者多平台形成了严密的传播网络，使得舆情追踪和监测更加复杂。

3. 私域空间成为舆论延伸的重要领域

公路舆情由于关涉民生和安全，因此在朋友圈、虚拟社群等私域空间存在较大的传播动力和空间。公共媒体的信息，经过各类自媒体的加工、评论在私域空间内形成多次传播，其产生的舆论影响力不可估量，而且对该部分的舆论扩散范围、具体影响很难进行精准的评估监测。同时，在私域空间内，容易产生群体态度的极化，公路舆情的"信息茧房"效应明显。

二 研究对象及方法

本报告通过数据挖掘方法，在全媒体平台对 2015 年 1 月 1 日到 2020 年

5月31日公路领域舆情进行系统挖掘。经过数据探索，本报告除了采用"公路、高速公路、国道、省道、桥梁"等道路词汇做关键词外，还采用收费站、ETC、超载、事故等业务相关的词汇。经过反复甄选，本文共选取了125件公路舆情事件作为本报告分析对象。本报告针对舆情样本中所涉及的意见领袖，通过社会网络分析甄别方法，进行筛选，探索公路舆情发展中意见领袖的作用规律。

同时，本报告通过百度指数中的检索指数和媒体指数，考察近五年来媒体对公路宣传报道的规律和议题分布情况。在上述数据基础上，本报告从媒体特征、意见领袖、公众关注焦点、相关建议等五个方面对2015年1月1日到2020年5月31日公路领域舆情进行分析。

三　2015～2020年公路舆情焦点议题

（一）焦点议题类型分布

通过对125个事件进行主题分析，笔者发现，2015～2020年公路舆情焦点议题可以划分为五个类别：安全类、政策制度类、公共建设与服务类、公共秩序类、社会类舆情（见图1）。从事件类型看，安全类是占比最高的公路舆情事件类型，其次是政策制度类，公共建设与服务类、公共秩序类和社会类舆情三者几乎持平。从2015年1月1日至2020年5月31日，公路舆情焦点议题类型分布如图2所示。

制度类事件主要是新的公路管理条例的颁布，如2018年《收费公路管理条例》"一法两条例"公开征求意见。此类舆情事件多以正面或中性舆情为主。公共建设与服务类事件主要是铁路、收费站、服务区等的建设。比如2019年"陆海新通道"铁海联运班列开行1000班、2018年港珠澳大桥正式通车。此类舆情事件多以正面舆情为主。公共秩序和社会类舆情主要集中于高铁霸座、高速违规行为等事件。此类舆情多以负面为主。

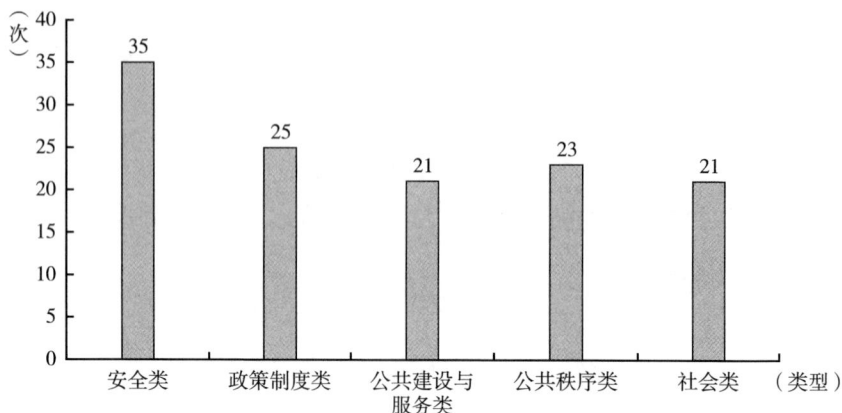

图 1　2015～2020 年公路舆情热点议题出现频次分布

（二）焦点舆情历时性变化分析

为了对不同类型的舆情事件的变化趋势进行更直观的分析，本报告分析了 2015 年 1 月 1 日至 2020 年 5 月 31 日公路舆情热点议题的历时性变化趋势。整体上来看，公路舆情事件近年来发生频次呈逐年上涨趋势，且交通安全类舆情话题上升趋势最为明显。通过对公路舆情的内容分析发现，安全类舆情中，"司机操作不当"是造成安全事故的最大原因，如 2019 年 4 月 4 日湛江货车司机开车时捡手机造成交通事故。另外，恶性公路伤人事件的负面舆情爆发力较大，逐渐成为舆论焦点之一，如 2018 年葫芦岛奥迪撞小学生事件。

（三）突发性和长期化舆情发展规律分析

公路舆情按照发生时间性质来看，可以分为"突发性舆情事件"和"长期化舆情事件"两类。突发性舆情事件主要是安全类、个人行为、政策出台诱发的舆论，长期化舆情事件主要包括公路相关举措、政策及公众既有的认知影响。这两类事件在诱发、传播扩散和受众心理机制方面存在较大的差异，是公路交通舆情治理需要考虑的重要维度。本报告通过对事件复盘梳

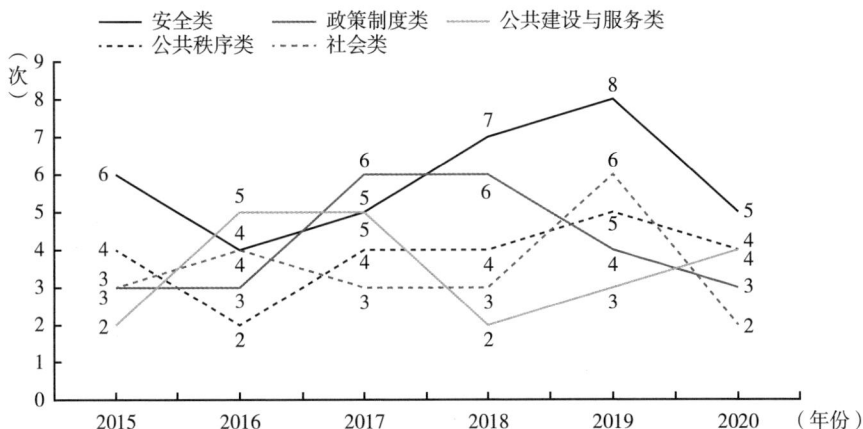

图2 2015~2020年公路舆情焦点议题出现频次变化趋势

理，发现二者存在如下特征。

1. 突发事件的正面引导面临诸多挑战

公路突发性舆情预警时间极短，通常是公众首先在社交媒体爆料从而迅速演化成为舆论热点，同时微博热搜、头条类平台的推荐、置顶机制加速了舆情的发展，随后引发主流媒体的介入，进一步推动事件的发展。公众在参与此类舆情事件过程中，极易出现社会心理失衡。在舆情事件中，这种社会心理失衡通常表现为情绪上的不满、冷漠或愤怒等，也可表现为行为上的消极、懈怠、攻击等。① 阶层矛盾舆论事件还容易使公众产生"被剥夺"感。② 同时，公众在突发性舆情事件中，极易产生娱乐化、宣泄性的评论内容和情感倾向。

2. 长期性事件中受众心理亟待正面引导

公路舆情事件中，有相当一部分事件属于长期以来公众关注的焦点问题，比如高速公路收费，服务区高价商品或者服务，公路违规违法行为等。此类事件长期以来在媒体空间已经形成固定的议题模式，偶发事件必然引发

① 邢旭东：《网络舆论负面倾向的社会心理根源》，《青年记者》2018年第8期。
② 倪建均：《青年学生参与网络集群行为的社会心理机制和风险管控》，《当代青年研究》2018年第5期。

此类话题的再度讨论和媒体议程设置。此类舆情的延伸性较强，还极易诱发公众对管理部门的不信任，甚至将讨论焦点转移到其他方面。受众在公路长期性的舆情事件中，存在较为顽固的仇视心理，对公路政策举措持否定消极态度，折射出民众对于相关部门的信任危机。在遇到突发事件时，公众往往会采取极端的办法来对政府施加压力从而促进问题解决。同时，公众存在较为强烈的逆反心理，在舆情事件中产生群体的抵抗心理。目前急需对长期类舆情进行系统化研判和正面引导。

四　公路领域媒体报道和自媒体分布概况

随着国家对公路建设管理的着重点变化或者某些重大舆论事件的发生，某类媒体报道指数也出现相关变化。总体而言，2019 年是关于收费站报道最受关注的一年，2019 年和 2020 年对 ETC 的报道相对较多。

（一）媒体报道概况

媒体报道主题聚焦于收费站、ETC、超载、公路等四个方面。通过百度指数的关键词查询，可以获取 2015 ~ 2020 年关于这四个方面的媒体指数的变化趋势和相关头条新闻，以此来对公路舆情媒体报道进行概括。

表1　2015～2020 年媒体报道主题百度媒体指数（日均值）统计

年份	收费站	ETC	超载	公路	
	收费站	ETC	超载	公路＋建设	公路＋秩序
2015	18	24	6	7519	648
2016	15	12	2	5609	622
2017	14	6	0	3327	468
2018	7	4	0	4786	303
2019	37	66	7	4379	226
2020	0	40	0	3705	167

根据分析，关于公路+秩序的媒体报道数量在2015~2020年呈下降趋势。通过对这几年处于媒体指数峰值的媒体报道内容的查询，发现公路秩序内容主要集中于汽车司机公路违规、汽车违规运输、行人高速公路违规行为等的报道，如高速公路行车通道摆起麻将机、摩托车避让报废车撞倒两名行人等事件。关于"公路+建设"的报道是各类报道中最多的，在一定程度上说明近年来国家非常重视道路建设。

以"收费站"为关键词，将时间范围设定为2015年1月1日至2020年5月31日。关于收费站的媒体报道数量在2015年下半年呈高峰趋势，日均值为35；到2016年、2017年、2018年上半年都逐渐走低，日均值为13；直到2018年末到2019年上半年才又攀高峰，日均值为34，同比增长206%，环比增长3087%；2019年下半年到2020年又呈下降趋势，日均值为20。总的来说，2019年是关于收费站报道最受关注的一年，这可能跟"高速公路收费站假笑男"事件有关，该事件一时间成为现象级热点舆情事件。

以"ETC"为关键词，将时间范围设定为2015年1月1日至2020年5月31日。根据数据可以发现，对ETC的报道主要集中在2015年下半年、2016年末和2019年下半年至2020年初三个时间阶段。各阶段日均值分别为44、75、117。总的来说，2019年和2020年对ETC的报道相对较多。通过对媒体报道内容的查询，笔者发现媒体对ETC的报道内容主要集中在ETC的建设和收费投诉方面，如郑州一男子注销ETC账户后，还能收到扣费短信，该事件成为热议话题。

以"超载"为关键词，将时间范围设定为2015年1月1日至2020年5月31日。根据数据可以发现，历年关于超载的报道较少，而2019年相对较多，可能与"10·10"无锡高架桥坍塌事件有关，该事故系货车超载所致。

（二）自媒体数量和分布

公路领域的自媒体平台账号主要划分为：收费站、服务区、超载、公路建设、高速、ETC六个方面，本研究主要搜集了微博、微信两个平台的自媒体账户数据（见表2）。

表2 城市交通领域自媒体平台分布情况

平台		收费站	服务区	超载	公路建设	高速	ETC
微博	企业认证账号	17	13	3	62	950	14
	个人认证账号	33	13	0	41	560	0
	有效普通账号	260	437	0	939	638	1
微信		187	35	3	72	146	141

五 热点事件中意见领袖分布及特征

公路领域舆情事件涉及意见领袖类型包括公共知识分子、媒体从业人员、专家/学者、明星/娱乐博主、其他个人账号等。热点事件中意见领袖主要在微博、知乎和天涯论坛上发表观点。根据分析，微博中的意见领袖占比最多，不管是专家/学者、公共知识分子还是其他个人账号，其中，其他个人账号占比又是最大的；同时，相比于其他类型的意见领袖，媒体从业人员更愿意在知乎上发表观点（见图3）。

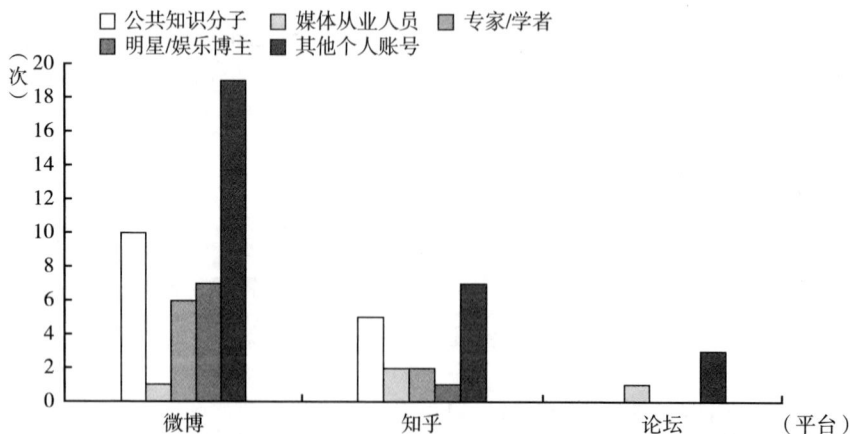

图3 热点事件中意见领袖平台分布统计

本报告从125个热点事件中，选取了6个焦点事件，并且对舆情发展过程中的意见领袖分布进行探索分析。焦点议题事件分别为：湖南高速公路天价施救事件、无锡高架桥侧翻、高速收费员被指职业假笑、两年内基本取消省内收费站、港珠澳大桥通车、张家界草原天路收费事件。意见领袖主要分布在微博、知乎和天涯论坛上。每个平台上的意见领袖特征不同。

另外，不同平台对同样的热点事件持有的情感态度差距较大。就整体而言，平台之间的受众文化程度、利益诉求、情感倾向的差异较大，这导致在不同平台上的自媒体对同一舆情事件持有差异化的见解。根据统计，90%的微博用户平均学历在本科以下，且近年来虚假新闻、反转新闻甚嚣尘上，各种带节奏现象层出不穷，因此，在微博平台容易出现极端化情感态度。通过分析，可以看出微博平台的舆论态度趋向正面和负面两极分化。

而知乎平台上的表述相对更偏理性冷静，但也并非完全中立。天涯回复要更富情感色彩，负面情绪也更多，公众的态度和评论视角呈现较多非理性（见图4）。

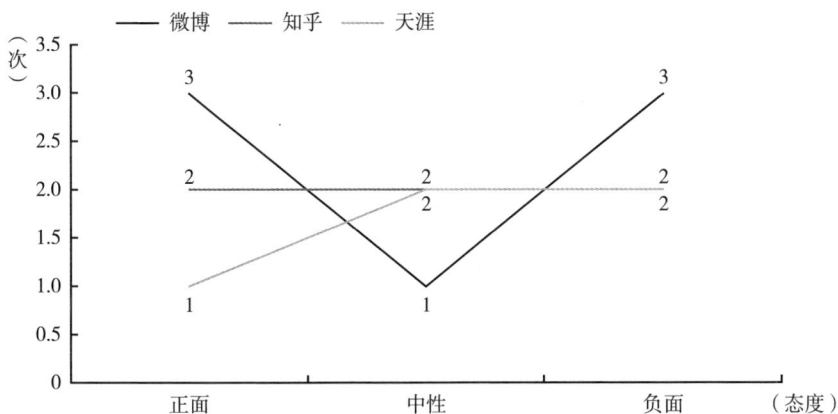

图4 热点事件中各平台表述情感态度分布

六 公路舆情公众意见焦点与态度极化

笔者通过对近五年来热点舆情事件的公众反馈内容分析，发现公众在公路舆情中的关注焦点集中于8个方面。其中，收费站、服务区、ETC、高速通行费、救援和旅游道路与公众日常出行密切相关，公众关注的焦点也集中于切身利益相关的问题，如收费的合理性。此外，公路建设的质量和违法行为是公众长期关注的焦点之一，且该部分的舆情在发展过程中，焦点往往会转移到"贪腐治理"上。此外，公众对"超载"舆情关注的内容十分复杂，其中包括政府、公司利益链条和相关治理举措、公平执法等内容，也极易引发公众非理性评论。

表3　公路舆情的公众关注焦点问题汇总

分类	聚焦热点
收费站	收费公路制度改革进程；取消收费站对私家车、客运车、货车司机的利益影响；收费员工作前景
服务区	商品售卖价格合理性；在服务区休息收取超时费的合理性
公路建设	工程质量；政府行为合法性
ETC	安装的合理性
超载	政府监管；司机、公司黑暗链条；治理举措
高速通行费	如何缴纳；缴纳金额；资金去向
救援	救援费用合理性；利益链条
旅游道路	收费合理性、合法性

本报告通过对公众反馈内容的进一步分析发现，公路舆情在涉及公众的利益、执法公平性和公路建设质量方面，呈现出较为明显的群体极化现象。具体表现为：评论观点言语偏激，充满了对富裕阶层、官方部门的极端不信任，对执法过程中出现的不公平现象进行夸大、极端化的表述，缺乏理性深度思考，具体表现如下。

（一）态度极化在事件之初出现固化

在公路建设质量、执法公平等事件爆发之初，群体即出现了一边倒的舆论态势，在讨论中对公路系统工作全盘否定。官方的阐述、解释并不能消除公众的疑虑。有学者发现，群体极化也存在明显的阶段性特征：在舆情预热期，群体极化呈现逐渐单极聚化趋势；在舆情高潮期呈现迅速两极对立趋势；在舆情稳定期呈现逐渐多级分化趋势；在舆情突变期呈现突然两极温和对立趋势；在舆情消退期呈现逐渐零极淡化趋势。[①] 开放的群体讨论，不一定就能产生理性态度，相反，在群体表达意见的过程中，网民迫于群体压力和避免群体孤立，会出现"沉默的螺旋"现象和群体极化现象。[②]

（二）公众情绪容易在极化中蔓延

在公路舆情发展过程中，公众的情绪容易产生蔓延，具体包括对公路建设中质量问题的愤恨情绪发泄，对执法不公的对抗情绪，对公路管理部门的不信任，使得政府形象受到很大损伤。当群体事件发生时，网民因事件本身与自身所扮演的社会角色相矛盾或与自身认知有偏差产生心理失衡，因而将自身不满情绪宣泄在网上，进而产生群体极化现象。[③] 当舆情空间出现极端化言论越来越多的时候，个体感受到的群体压力越大，越容易产生向多数人相一致的方向变化。[④] 同时，领袖往往也成为群体极化的推手。[⑤] 例如，意见领袖往往会使用煽情、煽动、片面、情感突出的标题或者评论用语，进一步加重公众的负面情绪蔓延。

（三）算法推荐与社交媒体加剧态度极化

随着算法推荐类的资讯平台成为越来越多公众的第一信息入口，用户的选择性接触成为可能，选择性接触不断强化和算法推荐的过度使用产生了信息高度同质化的结果[⑥]，网络用户只关注自己感兴趣的内容，只与趣味相投

① 辛文娟、赖涵：《群体极化视域下网络舆情的演化机制研究——以微博网民讨论"浙江温岭杀医案"为例》，《情报杂志》2015年第2期。
② 黄敏：《网络舆情事件中网民的心理演变机制研究——以北京"红黄蓝"幼儿园事件为例》，《传媒》2018年第10期。
③ 严舒一、吴星樾：《网络舆论中群体极化现象的心理探析》，《青年记者》2016年第3期。
④ 赵作为：《社会化媒体舆情生成与传播机制探析》，《出版广角》2017年第19期。
⑤ 刘涛、肖明珊：《"方韩事件"中的外部链接与长微博现象分析》，《新闻界》2012年第6期。
⑥ 倪万、孙静茹：《推荐算法驱动下"被动"群体极化现象及消解》，《青年记者》2019年第31期。

的人进行互动，形成较为封闭的社交圈，在该社交圈内群体意见相对一致，不同观点难以融入，从而产生观点的极化。[①]

七 公路舆情应对政策性建议

基于上述内容，建议对公路舆情治理机制的建设进行相关技术积累，同时积极引入并依托大数据平台，建立完善的工作机制和组织架构，针对长期存在的公众刻板印象、顽固性舆情开展系统的研究，并且主动出击进行积极引导，具体建议如下。

（一）开展公路舆情工作的系统研究，形成相关技术积累

公路舆情的工作开展，首先必须做好技术层面的顶层设计。而技术层面的顶层设计最核心的工作就是舆情监测的对象、事件类型、关键词体系建设。目前，需要先行建设公路舆情的素材、资料和相关的事件数据库，然后通过机器学习方法，对海量数据进行探索，提炼出不同类型舆论事件中的媒体报道、公众反馈高频词的关键词汇。同时，建议公路交通管理部门组织专业力量，对公路舆情的发生特点、治理目标、现有媒体资源进行全面研判分析，提出比较明确的舆情工作目标，同时对不同类型的公路管理机构诉求进行集中汇总，对公路新闻报道的媒体进行全方位的梳理和分类，完成舆情工作的技术积累准备。

（二）构建依托大数据的舆情治理平台和工作机制

公路舆情由于头绪纷繁，涉及议题和衍生话题众多，涉及全媒体平台和各类新型网络平台。因此在新形势下，仅仅靠传统的抽样调查、定性观察、媒体报道汇总等方法，难以了解公路舆情的全貌。因此，将大数据工作思路和技术操作引入公路舆情工作势在必行。其工作目标是从"信息驱动"全

---

① 吴昊桢、冯锐：《智媒时代网络群体极化现象的成因及治理》，《青年记者》2019 年第 30 期。

面转向"数据驱动",由面对危机事件的"被动响应"转变为事发前的"主动预测",充分依靠各类数据模型,制定应对方案,提高治理效率与效果。通过大数据工作模式,可以从海量数据中优化舆情预警、应对、研判和决策等过程。

将大数据工作模式融入公路舆情,需要做好三个方面的工作:第一,夯实网络舆情大数据工作的平台,包括数据监测、挖掘、清洗和分析技术,形成公路系统舆情大数据的技术运行系统;第二,建立相应的大数据人才队伍,并且充分利用行业系统内的数据端口,融合媒体和网络平台数据,形成系统化的资料来源;第三,建立相关舆情工作机制,通过大数据的关联分析,发挥其预测作用,同时要有相应的快速反应机制,将网络舆情的治理靠前部署、靠前实施,避免被动。

(三)建立公路舆情协同工作机制,完善工作组织建设

建议全国交通管理部门建立全国性的舆情工作机制,协调地方、行业形成信息共享和治理协同,建立灵活、高效、快速反应的工作机制。同时,要针对舆情发展的不同阶段,探索相应的符合自身需求的舆情处置模式。

首先,在舆情发生之前,相关机构或组织应建立完善舆情监测机制,并进行全程、全时、全面的舆情监测,积极做好舆论引导。另外,在相关新闻报道上,公路安全类相关的话题是民众关注的焦点,因此,相关部门也需要尽快查出安全事故的原因并及时公开信息,避免谣言丛生。

其次,在舆情爆发时,积极利用危机公关的5S原则,进行危机处理。要注意跨平台管理和多媒体联动,利用不同媒体平台的属性特征,扩大传播效果;另外,借助各大平台意见领袖的力量以避免传播对象的信任异化。

最后,舆论平息后还有可能再爆发,因而相关部门需重视后续监管、评估和预案库的建立。各治理主体及时归纳总结舆情发展规律、特点以及经验教训,对其中的成功经验进行推广,对问题进行改进,完善应急预案框架体系,并适时、适度地将舆情事件的治理过程以及相关法律法规公布于民、教育大众,为今后的突发事件网络舆情研判与应对做准备。

（四）系统汇总"顽固型"舆情事件，主动积极引导公众认知

针对公路舆情中长期存在的公众关注焦点问题，展开相应的深入研究，并且提出较为可行的系统化的解决方案，主动出击引导公众转变刻板印象，积极扭转公众被特别事件诱发的极化情绪，同时建设相应的沟通平台和渠道。

首先，应当重点加强对政策、举措的多维度阐释性宣传。在当前国情下，交通管理部门应当加强公共政策的传播，通过接地气、符合公众接受方式的内容形式和载体，持续不断地进行政策传播，取得公众的信任和理解，增强公众对交通部门工作的理解和信任，提升公众对新出台的公路政策举措的认知水平。然而，对于公众意见较大、疑虑较多的公路管理现状，应当采取公开、坦诚的沟通态度，主动回应、大胆公开公众不解的问题。对于谣言、误解类的舆情信息，公路管理部门应当组织专题宣传，通过主流权威媒体进行多层次、多频次的宣传报道。

其次，应当注重将新兴平台的意见领袖同专业把关人的作用相结合。充分发挥新意见领袖的信息引导能力，探索建立系统外的信息员队伍，同系统内媒体、专家、一线工作人员相协同，建立大宣传格局，打造立体化、多元视角的宣传队伍。同时，应当持续强化专业人员的把关作用，加强对发布信息的审核和专业建议，从根源上杜绝虚假信息、歪曲理解类信息的传播。

最后，公路系统宣传工作应当强化议程设置能力。通过加强系统内媒体、社交媒体端口和主流媒体的协同合作，持续强化自身的议题设置能力，通过舆情监测，提前布局，对负面舆情做到及时回应，对公众疑虑、爆料问题进行专题策划，有针对性地回应宣传内容，掌握舆论引导的主动权。

参考文献

卢永春：《新舆论环境下善用新媒体》，《中国公路》2016 年第 22 期。

卢永春、陈丽：《2014年公路舆情分析》，《中国公路》2015年第3期。

钱哨：《交通运输行业舆情监测与预警可行性观察》，《中国公路》2014年第5期。

丁柏铨：《新媒体语境中重大公共危机事件舆论与社会心理关系研究》，《中国地质大学学报》（社会科学版）2016年第5期。

杨程：《突发网络舆情的社会心理诱因及其治理》，《南京工程学院学报》（社会科学版）2016年第2期。

邢旭东：《网络舆论负面倾向的社会心理根源》，《青年记者》2018年第8期。

黄蜺、郝亚芬：《社会心理学视阈下的网络群体性事件》，《电化教育研究》2010年第7期。

倪建均：《青年学生参与网络集群行为的社会心理机制和风险管控》，《当代青年研究》2018年第5期。

王仕勇：《我国网络流行语折射的社会心理分析》，《探索》2016年第6期。

郭光华：《论网络舆论主体的"群体极化"倾向》，《湖南师范大学社会科学学报》2004年第6期。

黄河、康宁：《移动互联网环境下群体极化的特征和生发机制——基于"江歌案"移动端媒体文本和网民评论的内容分析》，《国际新闻界》2019年第2期。

李萍：《从群体极化视角谈网络舆情危机的预警之策》，《现代情报》2015年第4期。

叶宁玉、王鑫：《从若干公共事件剖析网络群体极化现象》，《新闻记者》2012年第1期。

蒋忠波：《"群体极化"之考辨》，《新闻与传播研究》2019年第3期。

孙婷：《微博对群体极化现象的影响》，《青年记者》2013年第36期。

蒋正和：《桑斯坦的群体极化观研究》，《青年记者》2018年第5期。

严庆、崔舒怡：《涉及民族因素的网络舆情解析——以群体极化的视角》，《中南民族大学学报》（人文社会科学版）2018年第1期。

严舒一、吴星樾：《网络舆论中群体极化现象的心理探析》，《青年记者》2016年第3期。

黄敏：《网络舆情事件中网民的心理演变机制研究——以北京"红黄蓝"幼儿园事件为例》，《传媒》2018年第10期。

赵作为：《社会化媒体舆情生成与传播机制探析》，《出版广角》2017年第19期。

刘涛、肖明珊：《"方韩事件"中的外部链接与长微博现象分析》，《新闻界》2012年第6期。

张爱军、梁赛：《网络群体极化的负面影响和规避措施》，《学术界》2019年第4期。

秦程节：《网络群体极化：风险、成因及其治理》，《电子政务》2017年第4期。

陈权、张红军：《微博传播中"揭黑"与"辟谣"的博弈——对"郭美美事件"的传播学思考》，《新闻知识》2012年第1期。

倪万、孙静茹：《推荐算法驱动下"被动"群体极化现象及消解》，《青年记者》

2019 年第 31 期。

吴昊桢、冯锐：《智媒时代网络群体极化现象的成因及治理》，《青年记者》2019 年第 30 期。

焦以璇：《微博传播中的群体极化现象——基于青岛输油管道爆炸事件的分析》，《青年记者》2014 年第 15 期。

辛文娟、赖涵：《群体极化视域下网络舆情的演化机制研究——以微博网民讨论"浙江温岭杀医案"为例》，《情报杂志》2015 年第 2 期。

评 价 篇

铁路系统媒体传播能力评价

刘 凯 支 辛 *

摘　要：　铁路事业对于我国社会发展具有重要意义。随着互联网的快速发展，铁路垂直媒体可谓是铁路事业宣传的"排头兵"，其传播能力直接影响着公众对于国家铁路集团的形象认知与信任建构。为深度刻画国家铁路垂直媒体矩阵的宣传效果，本章将从"媒体布局"、"内容产出类型"、"内容产出数量"和"受众群体数量"四个指标出发，测量18个铁路局集团的垂直媒体网络传播效果。并使用赋值法，依据实际情况，细化各大指标，设立相应的二级量化指标和评价公式，进行合理赋值与科学排序。同时，深入挖掘部分实践案例，尝试对各大铁路局媒体的传播力提升提出可行的解决方法和优化策略。

关键词：　铁路舆情　垂直媒体　传播能力

---

* 刘凯，北京交通大学传播学系副教授、硕士生导师；支辛，北京交通大学语言与传播学院硕士研究生。

传播力，是指实现有效传播的能力。2014年，习近平总书记在谈到建设新型主流媒体的重大问题时，首次提出"传播力"这一概念。国内学术界和业界将其界定为传播"能力"与"效果"两大方面：一是"传播的能力"，着眼于传播的硬件和到达范围；二是"传播的效果"，认为媒体的传播力不仅取决于传播的广度，也取决于传播的精度，效果则是衡量媒体传播力的重要标准。

铁路系统内自有媒体的传播力，是评价中国铁路局舆情应对能力的重要维度之一。当前，铁路系统以铁路总公司、各铁路局、各工务段构成三级垂直行业媒体生态。随着社交媒体端口的广泛使用，铁路系统内部媒体传播能力的提升对于提高铁路行业公众形象、优化政策传播效果、精准服务受众等具有重要的现实意义。然而，铁路系统媒体各自的辐射地域、所辖范围、工作重心及受众特征，均存在较大的差异。因此，本报告旨在通过科学指标的测量，消除上述因素带来的偏差，并通过一般性媒体传播规律，总结出优秀案例的特征，为提升行业水平树立可供参考的对象。基于本报告"提升行业宣传水平"的目标，本报告仅列举十八个路局中前八名的排行情况。

本报告所关注的媒体传播力，属于媒介传播效果研究的范畴。刘建明是国内最早对传播力做出解释的学者，他认为从外在层次上看，传播力包括媒体规模、人员素质及传播的信息量、速度、覆盖率和社会效果，其中传播效果是媒介传播力的主要表征。[1] 也有学者认为，传播力的二级细化指标应该包括内容覆盖度与传播时效性：内容覆盖度以媒体发布内容的覆盖水平为表征，在移动互联传播环境中尤以客户端下载量、移动端日活跃用户规模为关键指标[2]；传播时效性以发布新信息的速度为评价标准，尤以社会热点舆情传播事件、突发事件出现后媒体的应急表现为主。另外，传播影响力指标还应包括所运营的各类媒体的受众关注量、浏览量（点击量、播放量、收视率等）以及搜索量，因此应采用层次分析法，为政务媒体传播效果的各级

---

[1] 刘建明等：《新闻学概论》，中国传媒大学出版社，2007。

[2] 张瑞静：《网络议程设置理论视域下新型主流媒体传播效果评价指标分析》，《中国出版》2019年第6期。

指标权重进行赋值测量①。孟令雪、过仕明等学者则在赋值法基础上，提出应建立媒体传播影响力的评价公式，进行计算和排序。在传播效果与舆情应对的交叉领域，谢雪梅、杨洋洋曾选取了传播能力、互动程度、服务水平、应对能动性、公众满意度5个维度的指标，对地方政府网络舆情处理能力进行考察。②

基于以上研究和实践经验，本课题将采用"媒体布局"、"内容产出类型"、"内容产出数量"和"受众群体数量"四大指标，对国内18个铁路局的垂直媒体网络传播效果进行测量。并依据实际情况，细化各大指标，设立相应的二级量化指标和评价公式，进行合理赋值、科学排序。同时，深入挖掘部分实践案例，尝试对各大铁路局媒体的传播力提出可行的解决方法和优化策略。

一 指标1：媒体布局

在媒介融合的背景下，铁路行业的媒体逐步呈现纵向贯通、横向融通的格局。一方面，铁路系统内媒体的协同互动日益加强，协同宣传矩阵初见雏形；另一方面，各铁路局通过传统媒体、新兴媒体平台逐步拓宽宣传阵地，在内容上也呈现图文、视频交叉融合的态势。媒体布局指标，是考察组织机构所辖媒体协同宣传的合力、评测宣传平台布局科学性的重要维度。媒体布局不能简单地理解为"多即好"，而应重点考察其在当前媒体平台格局环境下的科学合理性。

（一）测量标准说明

本指标将结合"新媒体环境下新闻传播效果评估的指标和权重"模

---

① 陈然：《政务社交媒体危机传播效果评价指标体系的构建》，《统计与决策》2019年第18期。

② 谢雪梅、杨洋洋：《地方政府网络舆情应对能力评价及提升路径研究》，《现代情报》2020年第1期。

型，评价各铁路局的媒体影响力——主要包括媒体布局规模和平台DAU两项二级指标（刘建明、徐恬，2018）。其中，需要计算各铁路的媒体布局数量，并考察其官方认证号或意见领袖的运营情况，以判断官方媒体的合法性。另外，本报告通过数据挖掘方法，统计各铁路局的优质内容比例、用户日活跃度、功能完善度以及公共信息完备程度，以供测量其媒体布局的有效性。

（二）算法权重说明

本指标加权总分100%，其中分三个模块进行权重赋值：不同类型媒体数量权重为40%，不同类型媒体开设权重为50%，公共平台信息完备10%。

在当前传播格局中，以微博、微信、抖音、手机客户端为代表的平台，是受众获取信息的主要来源，也是媒体传播路径中的"最后一公里"。因此，新媒体平台的终端布局对于扩大行业媒体影响力具有重要的意义。本报告通过前期调研，选取了四类平台作为考察媒体布局完备程度的重要指标（见表1）。

表1　新媒体平台布局完备程度

不同媒体数量		
维度	赋值	评分标准
微信	40%	官方认证号数量情况
微博	35%	大V号数量情况
抖音	20%	蓝V或个人大V数量情况
手机客户端	5%	数量情况

社交媒体与新兴媒体的传播能力，关键在于其吸引受众、沉淀受众的能力。故上述媒体布局能力并不能够体现组织机构的真实传播水平，不能够反映出实际传播效果。因此，本报告引入了活跃度、完整度等评测指标，并且按照前期调研的基本情况，对不同平台进行了权重赋值（见表2）。

表2　新媒体平台端口的传播力评测标准

评测框架、赋值及标准		
微信40%		
维度	赋值	评分标准
传播力	60%	阅读1万以上数量；推送总发布数
活跃度	30%	月发文数（篇）
完整度	10%	铁路宣传；自助查询；信息服务；新闻资讯
微博30%		
维度	赋值	评分标准
活跃度	20%	单日互动数
传播力	50%	单日阅读量；总发布数
关注度	20%	粉丝量情况
完整度	10%	铁路宣传、出行信息、新闻资讯、沿途美景、铁路科普
抖音20%		
维度	赋值	评分标准
传播力	50%	总获赞数、总作品量、粉丝量
完整度	50%	沿途美景、铁路科普、出行攻略
手机客户端10%		
维度	赋值	评分标准
传播力	60%	是否日更；月均新闻资讯发布量
完整度	40%	新闻资讯、铁路科普、票务信息、自助查询

上述两类指标能够精准反映铁路局在新媒体平台传播端口的传播能力。除此之外，公共平台，如百科类、问答类平台，也是铁路系统对外传播、宣传的重要阵地。按照公众触媒习惯，此类平台是公众了解铁路系统、行业动态等信息的重要来源，因此公共平台的信息完备程度、情感色彩、信息权威度也成为重要的传播评价指标，公共平台是铁路行业应当重视的建设阵地（见表3）。

表3　公共互动平台评价赋值及指标

公共信息完备情况		
平台	赋值	评分标准
百度知道	10%	信息完备程度、信息权威度、信息感情色彩
百度百科	10%	信息完备程度、信息权威度、信息感情色彩

公共信息完备情况		
平台	赋值	评分标准
360 问答	20%	信息完备程度、信息权威度、信息感情色彩
搜狗问问	20%	信息完备程度、信息权威度、信息感情色彩
天涯问答	20%	信息完备程度、信息权威度、信息感情色彩
知乎	20%	信息完备程度、信息权威度、信息感情色彩

根据指标赋值方法和评价细则，本报告得出前 8 名铁路局具体分数，并按分数降序进行排名（见表 4）。

表 4　铁路行业媒体布局能力前八强

排名	单位名称	不同类型媒体数量	不同类型媒体开设	公共平台信息完备	加权总分
1	哈尔滨铁路局	95.5	96.0	24	88.6
2	南昌铁路局	88.5	96.2	24	85.9
3	南宁铁路局	95.0	91.1	21	85.7
4	武汉铁路局	84.5	95.0	33	84.6
5	沈阳铁路局	86.5	94.8	24	84.4
6	北京铁路局	82.5	97.2	23	83.9
7	上海铁路局	87.5	92.4	27	83.9
8	广州铁路局	84.0	91.2	25	81.7

（三）媒体信息均衡度排行

铁路局所布局的媒体信息均衡度，能够反映其在各平台的协同传播能力，是考察其综合优化媒体布局的重要观察指标。媒体信息输出出现不均衡的现象，通常会导致传播覆盖范围不完备、输出内容形式单一等问题。基于上述指标及相应数据挖掘的分析结果，各铁路局在上述媒体布局中的信息均衡度存在比较明显的差异。因此，本报告对各铁路局的新媒体平台信息均衡能力进行精细分析。

1. 指标说明

本二级指标基于方差分析方法，对各铁路局的媒体信息分布均衡情况进行描述。具体而言，需分别考察微信、微博、App（客户端）、网页（门户网站）、论坛、报刊、视频、头条类、问答及其他平台的信息比重，计算方差数据，并进行均衡度排行。

2. 计算方法

数据来自清博大数据平台（截至2020年5月15日）。通过计算10个媒介平台分布百分比的方差分析，得出18个铁路局媒体信息均衡度结果：方差越小，则媒体信息分布越均衡；方差越大，则媒体信息分布越不均衡。

3. 排行结果

根据方差计算方法，得出媒体信息均衡度排行前8名（见表5）。

表5　各铁路局新媒体平台信息均衡度排名

均衡度排名	单位名称	方差
1	北京铁路局	0.008004
2	郑州铁路局	0.008054
3	沈阳铁路局	0.008231
4	上海铁路局	0.008540
5	成都铁路局	0.008796
6	南昌铁路局	0.009216
7	哈尔滨铁路局	0.009262
8	南宁铁路局	0.009594

统计结果显示，信息均衡度较好的铁路集团为北京铁路局、郑州铁路局、沈阳铁路局、上海铁路局、成都铁路局、南昌铁路局、哈尔滨铁路局、南宁铁路局。以北京铁路局为例，其在微信、微博、抖音、客户端等平台均能够做到信息优化布局，平台间的差异不明显，且内容之间能够形成明显的合力。另外，北京铁路局在论坛、头条类等平台上的信息均衡度都较为突出。

北京铁路局的媒体信息分布呈块状结构，社交媒体与自有平台协同发展。客户端 App、门户网站的信息比重极高，意味着其拥有独立、充分的展示空间。另外，北京铁路局对微信、微博平台的布局也较为显眼，同时也在论坛、头条类平台发布了一定量的信息，体现了该铁路局全面发展、突出重点的信息分布特征（见图1）。

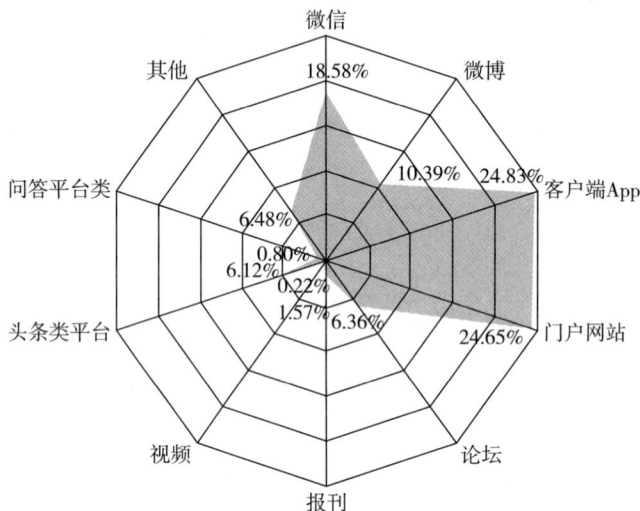

图1　北京铁路局信息均衡度评测

郑州铁路局的媒体信息分布呈扇形结构，社交媒体平台矩阵联合发展。郑州铁路局将宣传重点放在了微信、客户端 App、微博平台和门户网站上，头条类平台、论坛、问答平台类信息也占有一定比重，呈现出社交媒体牵头、其他平台跟进的信息布局理念（见图2）。

沈阳铁路局的媒体信息分布呈小"剪刀"形，社交媒体矩阵中重点突出、内部差异大。微信平台具有"一枝独秀"的地位，客户端 App、门户网站、微博等比重也较高，但问答平台类、视频类信息较为缺乏，有一定的信息挪用空间（见图3）。

上海铁路局的媒体信息分布呈小块状，社交媒体与自有平台间仍实现了较好的合作形态。其中，微博平台信息比重最高，与微信、客户端 App、门户网站等平台信息可相互"呼应"；但问答类平台、视频类信息量十分不足，其公共平台和视频媒体的使用程度可以进一步提高（见图4）。

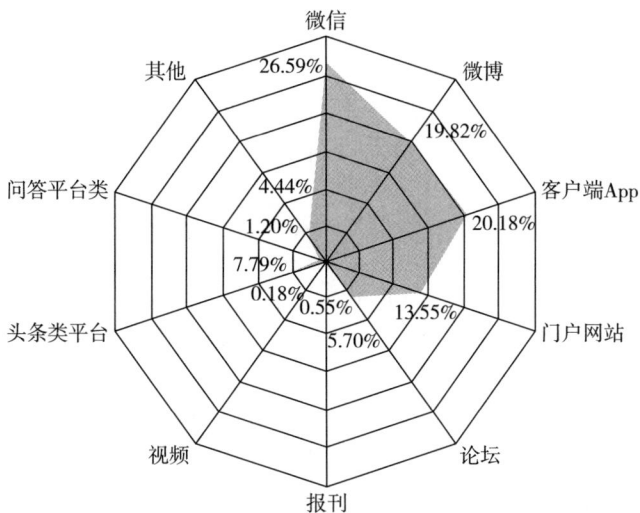

图2 郑州铁路局信息均衡度评测

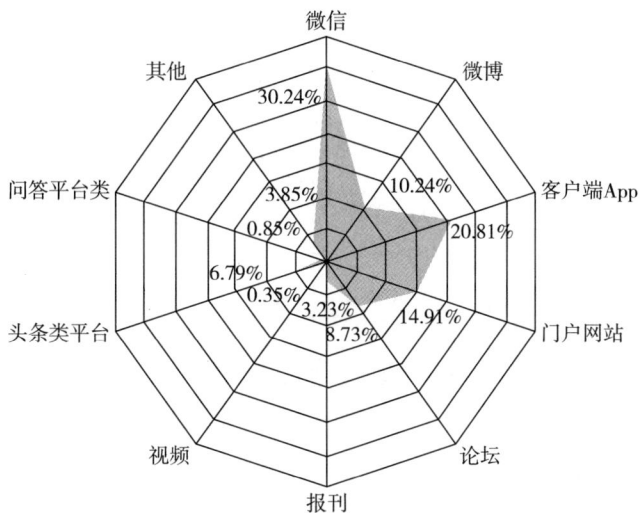

图3 沈阳铁路局信息均衡度评测

　　成都铁路局的媒体信息分布呈大"剪刀"形，社交媒体中仅以微信为重，自有平台则发育较好。其中，微博平台的信息量十分不足，甚至远低于论坛、头条类平台信息比重，这一结果对于成都铁路局在社交媒体上的受众

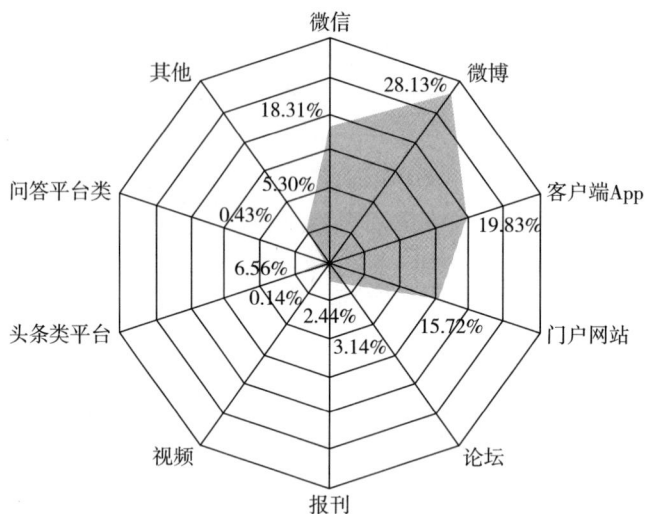

图4　上海铁路局信息均衡度评测

注意力竞夺十分不利。但其客户端 App、门户网站的信息量大，或可弥补这一缺陷，使之在定向信息推送、受众信息服务方面有较好的效果（见图5）。

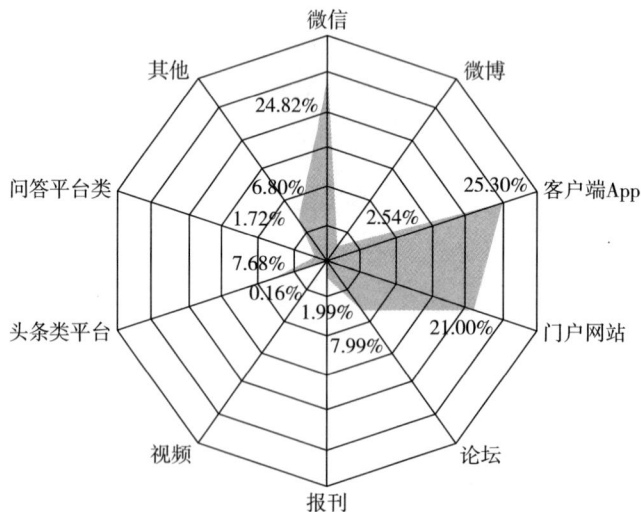

图5　成都铁路局信息均衡度评测

　　南昌铁路局的媒体信息分布呈大"剪刀"形，有多个重点且信息分布差异更为显著。社交媒体类信息完全依靠微信平台，客户端 App、门户网站信息相对较多；与其他铁路局的布局相比，南昌铁路局论坛信息比重十分高，占总量的将近 1/4；微博、报刊、视频、问答平台类信息则相对匮乏。考虑到该局网络论坛建设水平较高，公共信息平台建设应有良好的组织基础，微信信息亦可适当转移至微博平台，在抓住布局重点的同时实现协同发展（见图6）。

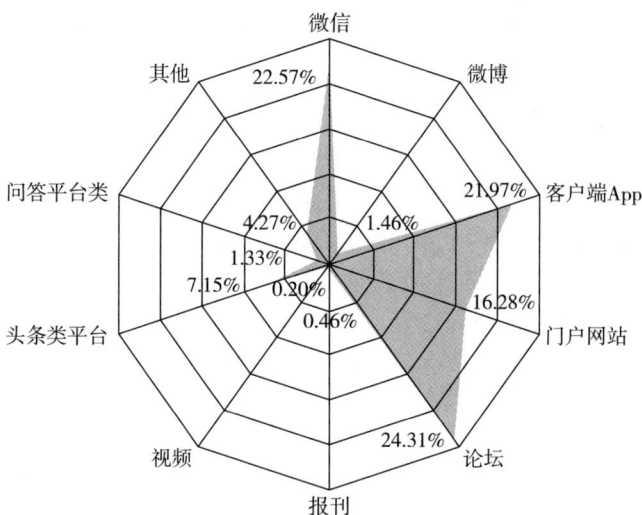

图6　南昌铁路局信息均衡度评测

　　哈尔滨铁路局的媒体信息分布呈小"剪刀"形，重点突出、弱点明显。微信、客户端 App 信息比重大，头条类平台信息比重相对其他铁路局较高，体现了该铁路局对信息流媒体的敏锐运用。但问答平台类、视频、报刊等媒体信息十分缺乏，对于公共平台信息的布局不足，可能导致此类平台受众对哈尔滨铁路局的了解、认同有所欠缺（见图7）。

　　南宁铁路局的媒体信息分布呈小"剪刀"形，方向突出、边界尖锐。微信平台信息占比超过三成，客户端 App、门户网站发育尚可，头条类平台信息较问答平台类和视频类信息更为突出。该铁路局以微信为主的社交媒体

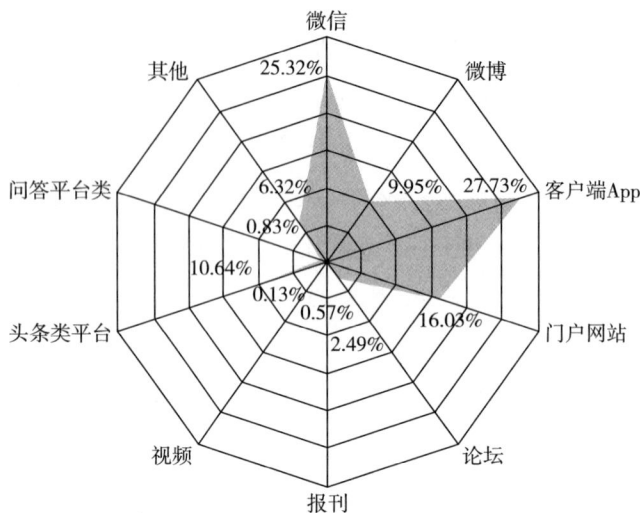

图7 哈尔滨铁路局信息均衡度评测

布局与自有平台布局的协同性良好，同时关照了近些年新生的信息流媒体，但公共信息的网络储备仍然不足（见图8）。

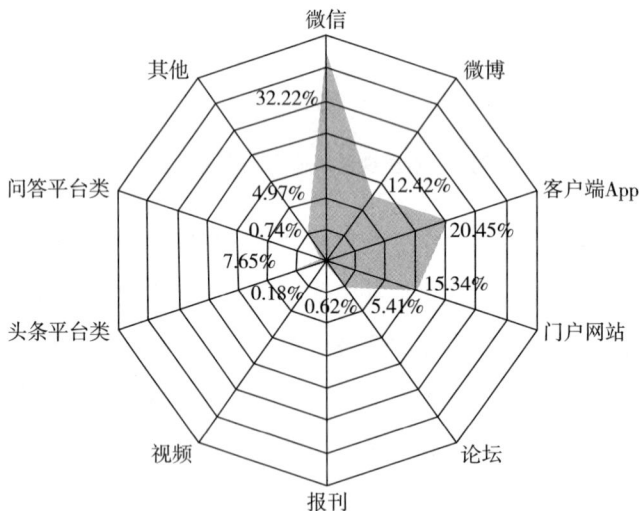

图8 南宁铁路局信息均衡度评测

（四）结论与建议

以上统计图表及分析结果表明，目前我国各铁路局媒体信息布局总体上并不均衡，信息平台多元化但内部协同性不强，突出社交媒体与自有平台建设、忽视公共平台信息储备。结合前文分析，本章提出以下具体化建议。

1. 强化优势平台发育

各铁路局均是有侧重地进行信息布局，多个媒体平台并行发展，已有充分的内容生产能力和运营经验，可通过进一步完善提高这类平台的信息生产水平，扩大铁路媒体宣传优势，为其他平台的"后起之秀"提供引流桥梁。

2. 补齐平台建设短板

适当关照视频、论坛、问答平台类等媒体，满足受众多方位的信息需求。借鉴和学习优势平台中传播效果突出的优秀内容，加强弱势平台的宣传队伍建设，全面发挥铁路媒体的宣传作用。

3. 推进内部协同合作

在单个铁路局内部，优势平台的运营经验和生产内容可以分享给其他弱势平台队伍，进行适当的信息协同共享，以扩大该局媒体信息所覆盖的受众范围；在铁路局外部，各局之间可以交流媒体信息发布经验，合作生产特定信息内容，实现内外协同发展。

二　指标2：内容产出类型

（一）测量标准说明

本指标以网络平台上各铁路局宣传形式、内容的平台涉及和功能拟合度，评价各铁路局的新媒体新闻发布效果。平台设计包含了页面展示和整体功能两项指标，主要对平台结构、界面与功能进行赋权。功能拟合度则用以评价平台内容与形式的相适性，主要表现为发布内容与公众号、门户网站定位的匹配程度。

（二）算法权重说明

本指标加权总分100%，其中微信内容产出占总分的30%，微博内容产出占总分的30%，抖音内容产出占总分的25%，手机客户端内容产出占总分的15%。就铁路行业宣传特征而言，内容产出一般具有较为固定的类型，且各铁路局之间具有一致性。因此，通过前期数据探索，结合铁路宣传受众的刚性需求，本报告确定了资讯类、信息服务类、一线人物故事类等内容类型，赋值情况如表6所示。

表6 新媒体平台内容产出类型评测标准

微信		
内容产出类型	赋值权重	评分标准
微矩阵	10%	有无该内容；是否可用
职工服务	20%	服务功能是否齐全；使用流畅度
自助查询	20%	查询功能是否齐全；使用流畅度
铁路宣传	10%	宣传推送内容及形式的丰富程度
信息服务	20%	功能是否完备
新闻资讯	10%	新闻资讯推送的内容丰富程度
人物故事	10%	宣传人物故事推送的多样性
微博		
内容产出类型	赋值权重	评分标准
票务信息	20%	内容和形式的易用易懂程度
新闻资讯	20%	内容的即时性和丰富程度
出行指南	10%	内容与形式的丰富程度
铁路风采	20%	图片、视频的丰富程度和新颖性
聚焦一线	10%	内容与形式的丰富程度
铁路科普	20%	内容与形式的丰富程度
抖音		
内容产出类型	赋值权重	评分标准
铁路科普	10%	内容与形式的丰富程度
铁路故事	30%	内容与形式的丰富程度
铁路资讯	20%	内容的即时性和丰富程度
员工故事	30%	内容与形式的丰富程度
工作一线	10%	有无该内容；查询信息更新是否及时

手机客户端		
内容产出类型	赋值权重	评分标准
职工服务	10%	更新频率
出行服务	20%	服务功能是否齐全及其使用流畅度
新闻资讯	20%	内容的即时性和丰富程度
铁路科普	10%	内容与形式的丰富程度
货运服务	10%	物流信息是否精确、更新是否及时
票务服务	20%	票务信息是否准确、更新是否及时
咨询服务	10%	查询功能是否齐全及其使用流畅度

（三）内容产出能力具体得分情况及排名

根据指标赋值方法和评价细则，得出各铁路局内容产出能力具体分数，并按分数降序进行排名（见表7）。

表7　指标2：内容产出类型指标排名

排名	单位名称	微信	微博	抖音	手机客户端	加权总分
1	北京铁路局	100	100	96	78	95.70
2	沈阳铁路局	99	96	88	95	94.75
3	哈尔滨铁路局	99	94	80	94	92.00
4	广州铁路局	92	100	77	93	90.80
5	南昌铁路局	96	96	87	76	90.75
6	南宁铁路局	92	95	90	70	89.10
7	成都铁路局	99	95	69	91	88.95
8	昆明铁路局	98	95	69	92	88.80

统计结果显示，在内容产出类型层面，各铁路局差异较大。差异主要体现在抖音、手机客户端方面。工作成果较为显著的集团有北京铁路局、沈阳铁路局、哈尔滨铁路局，其均在微信、微博、抖音、手机客户端方面产出了种类多样的宣传内容。

（四）优化宣传内容类型的策略建议

就铁路系统的受众需求而言，各铁路局在生产宣传内容方面，具有较大的类型丰富空间，具体来讲，主要有三种优化改进路径。

1. 服务类信息载体和形式便捷化

对于铁路宣传目标受众来说，快速获取票务、出行指南、出行服务和相关法规等信息是刚性需求。但此类信息的浏览页面不宜设计得过于复杂和深奥，可以采取小程序、H5、短视频等多种类型的载体和内容形式，让公众快速获取并了解相关信息。对于复杂的、系统化的信息，应当降低阅读难度，通过灵活生动的形态增强可读性。

2. 正面宣传类信息立体化

对于铁路系统出现的典型人物、典型事迹，目前主要传播载体是传统的图文报道，与当前碎片化阅读、快速阅读的传播环境有些脱节。可以通过更加灵活的传播方式，如微图、在线小游戏、互动剧等多种手段，探索铁路行业典型人物和事迹正面宣传的新路径，避免脸谱化、传播形态单一的问题出现。另外，通过增强受众互动，可以提升公众对铁路工作的参与感和认同感。

3. 资讯类信息应当延伸内容类型

铁路行业的宣传报道，特别是资讯类报道，难免会出现较多的专业术语和行业技术用语。对于普通社会公众来说，资讯报道中大量出现此类信息，会产生认知盲区、带来无效传播。因此，铁路资讯类新闻宣传，可通过数据可视化、新闻外链接等多种手段，普及行业术语、技术专业词汇，延伸受众阅读范围和内容。

三　指标3：内容产出数量

（一）测量标准说明

本指标将评估各铁路局的内容生产效率，考量各官方账号的生产力、日活跃度以及成长力，并将内容原创度作为传播者的吸引力的重要测量维度之一。主要统计微信、微博、抖音和客户端的内容发布数量，评价其账号团队的内容总产能；统计账号日活跃度，评价其单日内容生产效率，并查询其账号团队运营总时长，评价其新媒体敏感度，并结合前两者情况评价其账号成长力（见表8）。

表8　新媒体平台传播力评测标准

账号生产力	
维度	赋值
微信推送总发布数	30%
微博总发布数	30%
抖音视频总发布数	5%
客户端新闻资讯总发布数	5%
原创微信推送数量	10%
原创微博推送数量	10%
原创抖音视频数量	5%
原创客户端新闻资讯数量	5%
账号日活跃度	
维度	赋值
日均微信推送发布数	35%
日均发布微博数	35%
日均抖音视频发布数	10%
日均客户端新闻资讯发布数	20%
账号成长力	
维度	赋值
首次微信推送时间	35%
微博账号开通时间	35%
抖音账号开通时间	20%
手机客户端开通时间	10%

（二）算法权重说明

本指标加权总分100%，其中生产力水平占50%，活跃度水平占30%，成长力水平占20%。

（三）具体得分情况及排名

根据指标赋值方法和评价细则，得出各铁路局具体分数，并按分数降序进行排名（见表9）。

表9　各铁路局内容产出数量情况及排序

内容产出数量指标排名					
排名	单位名称	账号生产力	账号活跃度	账号成长力	加权总分
1	南昌铁路局	95.5	98.0	99.30	96.99
2	太原铁路局	99.0	93.0	97.55	96.91
3	沈阳铁路局	97.0	97.0	94.25	96.45
4	哈尔滨铁路局	98.0	94.5	92.55	95.86
5	昆明铁路局	95.5	95.0	96.25	95.50
6	广州铁路局	94.5	93.0	98.25	94.80
7	北京铁路局	96.5	89.5	94.50	94.00
8	南宁铁路局	96.5	89.0	93.25	93.60

统计结果显示，在内容产出数量层面，各铁路局差异不大，差异主要体现在账号生产力、账号活跃度方面。工作成果较为显著的集团有南昌铁路局、太原铁路局、沈阳铁路局，其均在账号生产力、活跃度、成长力方面有坚实的工作基础。

四　指标4：受众群体数量

（一）测量标准说明

习近平总书记在党的新闻舆论工作座谈会上指出，要"尊重新闻传播规律，创新方法手段，切实提高党的新闻舆论传播力、引导力、影响力、公信力"。为适应融合传播效果评价范式，本指标将对微信、微博、抖音以及手机客户端四大平台，引入融合传播效果评价模型中的传播力指标，评价其用户卷入程度（媒体发布内容的受众覆盖水平）和传播深度（媒体发布内容的深度传播水平)。① 从受众维度出发，记录社交平台中各铁路局官方账号的用户数量，并测量用户转发量、点赞量、评论量等互动显性指标，建立受众信任度与互动质量的分析维度。

（二）算法权重说明

本指标加权总分100%，其中微信受众数量占总分的30%，微博受众数量占总分的30%，抖音受众数量占总分的25%，手机客户端受众数量占总分的15%（见表10）。

表 10　新媒体平台受众群体数量评测标准

微信		
维度	赋值	评分标准
阅读量	50%	根据浏览数量进行阶层划分并进行评分
每日在看量	25%	根据在看数量进行阶层划分并进行评分
每日评论量	25%	根据评论数量进行阶层划分并进行评分
微博		
维度	赋值	评分标准
总体粉丝量	20%	对粉丝总数进行阶层划分并赋值
单日阅读数	40%	对单日阅读数进行阶层划分并赋值
单日互动数	40%	对单日互动数进行阶层划分并赋值
抖音		
维度	赋值	评分标准
总体粉丝量	30%	对粉丝总数进行阶层划分并赋值
点赞量	70%	对获赞总数进行阶层划分并赋值
手机客户端		
维度	赋值	评分标准
下载量	70%	根据下载总数进行阶层划分并进行评分
单日阅读量	30%	根据评价总数进行阶层划分并进行评分

① 赵彤：《媒体融合传播效果评估的路径、模型与验证》，《新闻记者》2018年第3期。

（三）具体得分情况及排名

根据指标赋值方法和评价细则，本报告得出了各铁路局具体分数，并按分数降序进行排名（见表11）。

表11　各铁路局受众群体数量情况及排序

排名	单位名称	微信	微博	抖音	手机客户端	加权总分
			受众群体数量指标排名			
1	上海铁路局	95	100	97	95.6	97.8
2	南昌铁路局	95	100	90	93.5	95.6
3	广州铁路局	95	96	80	90.5	92.3
4	太原铁路局	90	96	94	91.2	92.2
5	南宁铁路局	85	96	90	86.5	91.8
6	哈尔滨铁路局	90	96	90	90.0	91.2
7	呼和浩特铁路局	90	96	86	88.8	90.2
8	北京铁路局	90	96	97	92.1	89.5

统计结果显示，在受众群体数量层面，各铁路局差异较大，其中以抖音、手机客户端最为明显。这可能与前述的内容型指标差异有关，工作成果较为显著的集团有上海铁路局、南昌铁路局、广州铁路局，三者均在微信、微博、抖音、手机客户端方面有良好的受众基础。

参考文献

刘建明等：《新闻学概论》，中国传媒大学出版社，2007。

张瑞静：《网络议程设置理论视域下新型主流媒体传播效果评价指标分析》，《中国出版》2019年第6期。

陈然：《政务社交媒体危机传播效果评价指标体系的构建》，《统计与决策》2019年第18期。

谢雪梅、杨洋洋：《地方政府网络舆情应对能力评价及提升路径研究》，《现代情报》

2020 年第 1 期。

孟令雪、过仕明：《新型智库产品微博传播影响力评价及实证研究》，《情报科学》2019 年第 11 期。

刘建明、徐恬：《新媒体环境下新闻传播效果评估的指标和权重》，《新闻与传播评论》2018 年第 4 期。

赵彤：《媒体融合传播效果评估的路径、模型与验证》，《新闻记者》2018 年第 3 期。

铁路系统的媒体影响力及形象评价

刘 凯 王 刚*

摘 要: 本报告针对铁路系统内18个铁路局的主流媒体影响力、社交媒体影响力及媒体报道形象进行了综合评价和排名。在评价过程中，对相关指标的界定、内涵和外延意义做了充分说明。研究发现：各铁路局主流媒体影响力与辐射范围内的媒体资源、区域经济发展水平等因素并无关系；正面宣传引导工作存在较大的提升空间，同时社交媒体的影响力与媒体传播能力并无直接关系，因此建议各铁路局在社交媒体方面做出更加"精细化、网格化"的改进，以更精准、更深入的分析研判，扭转公众对铁路系统的刻板印象和舆情偏见。

关键词: 媒体形象 媒体影响力 刻板印象 正面宣传

学术界关于"媒体影响力"的研究，通常是对新闻媒体机构自身所产生的公众影响深度的探索。本文从宣传对象入手，考察铁路局在媒体系统内的影响力，并评价社会公众对其的认知。从组织传播学角度来看，行为主体对新闻媒体的吸引力所产生的报道热度、报道数量、报道持续时间等，是考察其社会形象和影响力的重要组成部分。组织机构的社会功能、外部形象及公众认知与其媒体影响力存在正相关关系，同时也凸显着组织的社会协调、

---

* 刘凯，北京交通大学传播学系副教授，硕士生导师；王刚，北京大学新闻与传播学院硕士研究生。

融入社会创新治理的能力。因此，通过对铁路系统的媒介影响力及形象进行评估，能够了解该组织机构在社会经济生活中的作用与能力、功能属性的社会认可度，同时找出可借鉴的发展思路，为在更广范围发挥组织机构的积极作用、提高行业的公众认可度、扭转社会刻板印象提供新探索路径。

一　铁路行业媒体影响力及媒介形象的界定

（一）铁路行业的媒体影响力

机构组织的媒体影响力，是其在社会经济生活中重要程度的直接反映。在本文中，所定义的媒体影响力并非机构主体的能力，而是特指公共媒体对组织机构的主动报道、评论、转发、引述的态势。同时，在媒体融合背景下，组织机构的媒体影响力应当体现在主流媒体和社交媒体两个维度。

另外，铁路系统传播格局存在特殊性。主要表现在：第一，铁路系统的举措、行为、事件关涉国计民生，特别是近年来高铁、快递行业迅速发展，铁路系统深刻影响每一个公众，其外部媒体的影响力呈现自发生长的态势；第二，铁路系统内媒体系统与公共媒介空间形成了持续的互动，媒体间形成协同互动的交叉影响格局。

基于上述因素，铁路行业的媒体影响力应当充分考察媒介差异化。同时，应当针对公共媒体对铁路行业主动报道数量、热点、热度持续时间等因素进行评估考察。

（二）铁路系统媒体形象影响因素

一般来讲，组织机构的媒介形象，是其传播能力及社会形象双重作用的结果。但媒体影响力与公众社会认知存在双重构建的效应。媒体报道的框架形式及内容在很大程度上构建报道主体的形象，影响公众的认知。媒体的报道设置和倾向，也在很大程度上影响社会公众对该组织或群体的情感倾向，一般来讲，主要有两个影响路径。

第一，媒体报道的框架会深刻影响公众对报道主体的认知。有研究者发现，稿件类型、版面设置、报道篇幅、报道主题、报道倾向产生潜移默化的作用①，同一报道主体在不同事件中存在差异化的框架，对报道主体的媒体形象构建形成了较为明显的影响。②

第二，报道内容影响着报道主体的媒体形象，甚至会重构、扭曲真实情况。③ 媒体为社会公众构建了一个"虚幻"的主体形象，进而加固了这种刻板印象。通常媒体以非正面用语、污名化、标签化报道内容，对报道主体产生情感倾向的预判，造成公众的错误认知。例如，有学者通过对媒体报道的内容分析，发现媒体对大学生群体④、"90后"群体⑤、快递小哥⑥等均存在不同程度的虚构现象。

综合上述，本文将铁路系统的媒体形象影响力分解为以下三个主要维度：主流媒体影响力、社交媒体影响力以及媒体报道形象，以下将逐一介绍18个铁路局在每一个指标中的排名。这三个评价指标相辅相成，三者是相互影响、相互作用的结果。但是，这三个指标之间，又存在明显的差异：第一，主流媒体影响力体现的是铁路局传播能力和对社会舆论的吸引能力；第二，社交媒体影响力集中反映的是公众对铁路行业、系统、组织机构、个体、工作举措和成效的认可程度；第三，媒体报道形象是铁路系统在社会中的形象和被公众认知、认可的程度。因此，本文基于上述的界定和划分，分别对这三个指标进行了差异化测量，并对其存在的问题提出相应的治理路径和策略建议。

---

① 孙伶俐：《重大突发公共事件中政府媒介形象呈现研究》，大连理工大学硕士学位论文，2019。
② 丁柏铨：《论政府的媒介形象》，《西南民族大学学报》（人文社会科学版）2009年第2期。
③ Bos, Rozemarijn, Wakefield, Bryce. The Image of Women in the Chinese Media, 2016.
④ 张成良、高家林、李静：《大学生媒体形象建构的嬗变——以框架理论的观点》，《新闻界》2008年第5期。
⑤ 杨莉明：《"非主流"与"火星文"的一代——"90后"网络媒体形象初探》，《中国青年研究》2009年第8期。
⑥ 韩春艳：《新浪微博中"快递小哥"的媒介形象呈现研究（2017.6～2018.5）》，河北大学硕士学位论文，2019。

二 铁路系统主流媒体影响力排行

主流媒体是指拥有强大实力，面对主流受众，可以引领社会舆论并产生强大社会影响力的媒体，在部分学者表述中也被称为"正式媒体"。主流媒体对组织机构的持续报道，可以提升报道对象的社会公共影响力，吸引社会公众的关注。特别是对关涉民生的行业部门，主流媒体报道能够对其政策传播、政策执行落实起到良好的社会沟通宣传效果。然而，一直以来，"打造主流媒体影响力"局限于重大会议、政策出台、重要举措的通告式发布，远远不能满足公众通过主流媒体渠道获取有价值信息的需求。在缺少主流媒体助力的情况下，机构组织很容易陷入"自娱自乐"的封闭传播格局中，难以真正触及更广泛的公众群体。就铁路宣传系统而言，其面临的主流媒体基本可以划分为若干个层次。

从宏观层面来看，主流媒体对铁路系统的报道，呈现明显的周期性变化。一方面，在特殊时间节点呈现井喷式爆发，如春运、五一、十一黄金周等；另一方面，主流媒体对铁路行业的报道呈现"热点事件"引爆舆论场的特征。突发、重大灾难事故极易诱发主流媒体的持续关注和延伸报道评论，形成短时间内的热点。

（一）指标说明

通过对铁路系统前期的调研访谈，以及综合主流媒体对铁路行业报道的内容分布情况，本文将铁路行业所涉及的主流媒体划分为四类，根据每一类媒体的属性特征，进行二级指标的拆分，并综合专家小组评估，给予每一部分相应的权重和计算赋值（见表11）。

在指标赋值过程中，本文对主流媒体的"两微一端"平台赋值与传统媒体渠道相同，原因如下：第一，受众群体因素。随着媒体融合态势的发展，主流媒体的受众群体逐步沉淀到主流媒体的自媒体端口，目标受众群体的触媒习惯基本形成，从覆盖范围和影响力考虑，主流媒体的新媒体"出口"渠道的作用越来越明显。第二，媒体融合的态势因素。随着媒介融合深入发展，主流媒体传统渠道和载体通过新媒体不断"放大"，产生二次传播，同时在内容上交叉协同，就媒介格局而言，二者处于同等重要的位置。

表1　主流媒体影响力排名

主流媒体	二级指标	权重	五级赋值
中央级媒体	头版头条	35%	5
	地方版、行业版		4
	其他位置		3
行业媒体	行业传统媒体	25%	4
	行业核心"两微一端"		4
省级权威媒体	传统媒体渠道	25%	3
	"两微一端"		3
	其他主体		2
门户新闻网站	中央级官方网站	15%	3
	知名商业门户网站		3
	知名媒体融媒网站		3
	其他类新闻网站		2

同时，在本文界定的主流媒体中，对门户新闻网站的赋值和比重远远低于其他媒体。其原因主要为：第一，门户新闻网站的报道、发稿门槛降低，特别是门户网站开设自媒体板块后，大量的自媒体账号发布使得门户网站新闻数量急剧上升，与传统知名门户新闻网站的引导力有较大差距；第二，在当前门户新闻网站的传播结构中，传统的以"位置"为核心的传播路径在消失，同时随着新闻网站内容"头条化"现象日趋明显，其作为主流媒体的引导力在急剧下滑；第三，受众触媒习惯发生了根本性的变化，传统以"域名"为核心的浏览模式，被多种"头条类"资讯平台、自媒体端口所占据。综上所述，降低门户新闻网站的整体权重和赋值，符合现实情况，能够较为科学客观地反映评价对象的主流媒体影响力。

（二）计算方法

本文通过数据挖掘方法，并结合清博大数据平台，对铁路系统18个铁路局的全媒体平台的信息量进行分类整理，时间为 2015 年 1 月 1 日至 2020 年 6 月 1 日，按照表 1 中的权重、赋值重新进行条目的清理和计算。具体计算方法和步骤如下。

（1）计算出外部媒体对铁路局的报道、评论等信息数量，剔除了转载信息、重复性信息，并且相应记录了头条类平台的收录信息。在去重过程中，相似内容信息只计算一次，即记录来源信息。得出全媒体信息基础数值 X。

（2）按照表 1 中所列的"主流媒体"和相应权重赋值，对首发信息平台进行分类计算。主流媒体转载自媒体的信息并不在本部分计算范围内，而主流媒体转载系统内媒体的条目则被计算在内，综合以上得出主流媒体信息条目数量 M。

（3）计算主流媒体信息条目数量 M 与全媒体信息基础数值 X 的比值 R，得出基础信息比值；同时计算头条类信息量（去除重复信息后）占信息总量（去除重复信息后）的比重 K，将 R 与 K 两个值相加，得出最终影响力得分。比值数越大，则主流媒体的影响力越大。计算公式如下：N = M / X + R。

计算方法将头条类媒体收录的情况作为加总部分，是考虑公众在触媒习惯上以头条类平台作为主要信息来源的情况，同时综合考虑了突发、热点、负面事件等集中报道内容带来的数量影响，对于偶发性的事件集中报道，本文在计算过程中只计算一次，通过综合测算，得出铁路系统在主流媒体影响力的排行数据，如图 1 所示。

（三）主流媒体影响力排行

从图 1 中可以看出，铁路局的主流媒体影响力与其所处的地域、媒体资源丰富程度并无直接关系。比如兰州铁路局所处区域的媒体资源并不丰富，但是其工作对主流媒体的吸引能力超过了其他铁路局，主流媒体的报道占其宣传内容的比例较大。这对于突出宣传铁路局本身具有重大意义。相对而言，东部省份、发达区域的铁路局，应当更好地利用和充分挖掘整合本辖区内的主流媒体资源，扩大主流媒体的影响力。

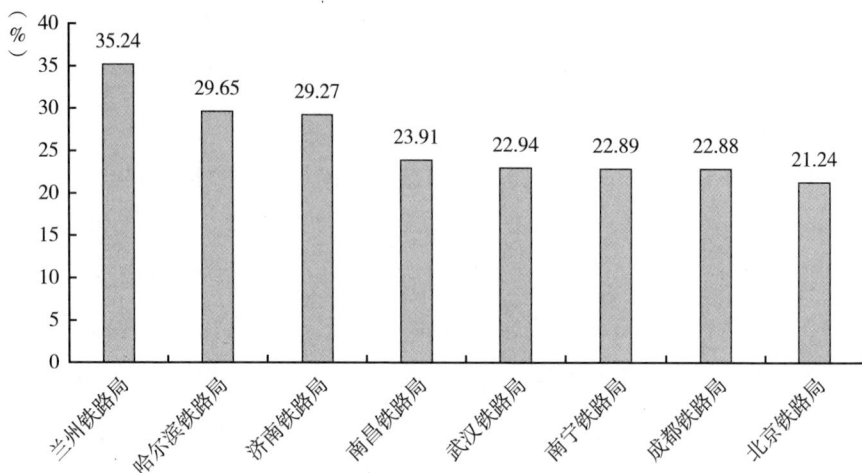

图1　铁路局主流媒体影响力前八强

（四）结论及建议

统计数据显示，18个铁路局在主流媒体上的影响力差距较大。建议各铁路局加强与主流媒体的合作，增加铁路局信息在主流媒体平台的报道量，增强铁路局主流媒体影响力。铁路局之间可以加强在媒体平台上推广经验的交流，排名靠后的铁路局向排名靠前的铁路局学习经验，缩小差距。打造主流媒体的影响力，应当立足于渠道建设和内容建设两个基本点，通过双重建设提升铁路局在主流媒体中的影响力。

1. 在渠道建设方面，可以借鉴实施的参考方法

第一，铁路局自媒体与主流媒体自媒体形成良好的互动关系，可以探索在重要时间节点、重大事件中的协同宣传机制。

第二，铁路局宣传部门应当与主流媒体开展联合主题、专题宣传报道活动，建立固定栏目或品牌化的宣传载体。

第三，铁路局内部媒体系统形成协同性，增强对公众的开放度，形成社会关注特点。

2. 在内容建设方面具体实施路径方案

第一，通过持续、固定的政策解读，提升铁路局在主流媒体的影响力。

第二，通过典型案例、事迹、经验的宣传，提升铁路局影响力。

第三，通过日常小知识、常识普及，提升主流媒体的影响力。

第四，增加公众互动内容，形成以主流媒体为依托，公众与铁路局进行良好沟通的平台。

三 社交媒体影响力排行

主流媒体的影响力能够反映舆论的主导能力，但是随着社交媒体的影响力提升，传统主流媒体并非唯一评价指标。有学者认为：传统主流媒体受众与传播者信息高度不对称，其信息传播方式主要是议程设置。但是，随着互联网的出现，原有的"信息鸿沟"正在逐渐削减（高红玲、金鸿浩，2011）。因此，社交媒体的影响力具有多重评估价值，主要体现在：首先，社交媒体呈现公众自发关注、生产内容的动力和趋势，对于组织部门而言，社交媒体影响力是社会关注程度的重要体现；其次，作为重要的公众沟通、反馈渠道，社交媒体的影响力凸显出组织主体的舆论引导能力和公共沟通建设能力；最后，社交媒体作为信息传播的"毛细血管"，是当前覆盖公众范围最广、产生影响最为深刻的领域，其最终反映的是组织机构本身的全媒体信息传播能力。但是社交媒体与主流媒体的影响力存在诸多不同。社交媒体的影响力评估相对难以把握，如海量的个人评论、碎片化的信息对评价过程产生了较大的干扰。基于上述考虑，笔者将通过对18个铁路局社交媒体的综合影响力评价分析，发现其在社交媒体宣传过程中存在的问题和改进建议。

（一）指标说明

本报告所指涉的社交媒体是指互联网上基于用户关系的内容生产与交互平台，即人们彼此之间用来分享意见、见解、经验和观点的工具和平台，根据现阶段社交媒体生态发展态势，本报告进行了前期数据探索，确定考察范围，主要包括知乎、微博（新浪）、微信、博客（新浪）、论坛（天涯、强国）、豆瓣六类平台。基于上述社交平台的传播、内容生产特点，同时根据社交媒体一般评价规律，结合各铁路局的传播特点，本篇报告将社交媒体的影响力界定为如下三个维度。

（1）话题设置影响力。在社交媒体领域，话题设置能力代表目标受众群体的关注程度和铁路局自身影响力衍生辐射范围。在这个维度中，话题设置通常由媒体机构、铁路局宣传部门、公众三部分完成。本篇报告只采用公众话题设置作为评估指标。铁路局自主设置的话题及媒体在社交媒体端的公众号设置的话题，不计算在本部分指标中。

（2）自媒体账号影响力。经过前期数据探索，铁路系统内各铁路局在社交平台上有正面宣传引导、员工自发开设的自媒体账号，对展现系统风采、政策传播、重大事件发布起到积极的作用。该指标通过考察正面引导的自媒体账号与社交平台总体话题设置账号的比例，来透视铁路局在社交平台的信息把握能力。

（3）自媒体原创内容生产力。通过考察社交媒体公众原创信息内容占整体信息量的比例，能够发现在 UGC（公众生产内容）模式下，铁路系统的自传播能力。在该指标中，所纳入计算的信息类型为正面宣传引导、中性的政策转发解读类，同时包括公众体验类、改进建议类信息，不包括负面的批评信息和吐槽类信息。

（二）计算方法

本评价内容资料来源为上述六类社交媒体平台，数据截至 2020 年 6 月 1 日。具体计算如下。

公众话题设置比率 = 公众设置数量/整体话题数量 = C

自媒体账号影响力 = 正面引导账号/话题相关账号整体数 = E

自媒体原创内容生产力 = 正面中性信息数量/信息总量 = L

信息及账号情感分析资料来源为清博大数据，最终铁路系统在社交媒体的影响力得分为 M = C + E + L。

（三）排名结果展示

从整体结果来看，西部区域的铁路局社交媒体的影响力高于东部地区，北方区域则高于南方地区。在前八强排名中，除了青藏铁路局一枝独秀外，其他铁路局之间的差别并不大，且涵盖的区域绝大多数相对不发达，这与"东部经济发达区域的社交媒体活跃度应当高于中西部地区"的传统认知存在较大差异（见图2）。

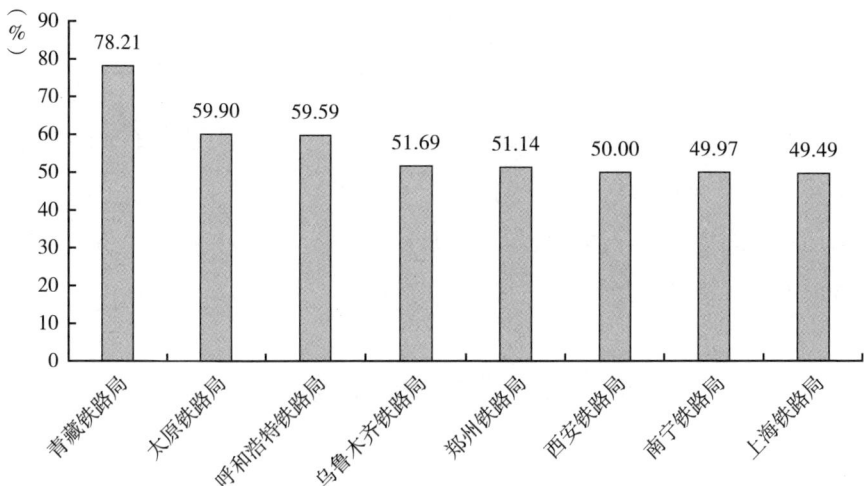

图2　铁路局社交媒体影响力前八强

（四）结论及建议

结果显示，整体上，中西部地区铁路局社交媒体平台的报道量占比较高，影响力较大。其社交媒体的正面引导力高于东部发达地区的铁路局。从社交媒体内容定性分析角度来看，这与铁路局的体量、辐射人口、涉及业务复杂程度存在较强的关系。但是不可忽视的是：东部经济发达地区的铁路局在社交媒体平台主动引导的数量不足，相比较西部区域而言，存在较大的上升空间。

就单个案例而言，青藏铁路局由于地域文化的特殊性，其自身所具有的品牌价值和公众好感度，远高于其他铁路局。在对其单个样本进行考察过程中发现，青藏铁路局在社交媒体的传播突破了传统的地域概念。比如，社交媒体平台上对青藏铁路局的传播主体不仅仅是系统内员工，本地居民和旅游出行群体也成为该铁路局对外传播的重要载体和中介。

从全网社交媒体正面引导的账号数量来看，中西部地区的铁路局也远远高于东部地区，中西部地区的员工在社交媒体自主开设账号进行宣传的动力较强，通过个体的影响力达到较好的宣传效果。

社交媒体今天已经成为信息交流的重要平台，对于构建企业公司的媒体形象有着重要作用。本报告建议各铁路局加大社交媒体的基础账号建设，可以广泛发动系统内宣传队伍、普通员工、领导干部在社交媒体平台宣传推广。同时，应当积极掌握社交媒体协同矩阵的建设，强化话题设置能力和正面信息引导能力，使个体账号与官方账号、铁路局账号与铁路总公司自媒体账号形成交叉协同的互动关系，形成社交媒体平台的铁路系统宣传合力。

四　铁路局的媒体形象排行

媒体形象在很大程度上能够反映社会舆论对于组织机构的态度和评价。从宏观意义来看，"媒体形象"是组织机构虚构的认知，但是其能够对组织机构产生巨大的反作用影响。第一，能够制约或者提升公众对组织机构的接纳程度和认可程度；第二，能建构公众对于组织机构实际情况的想象和认知，虚构出另一个"真实"存在；第三，对组织机构的社会声誉产生极大影响，会带来正面或负面的行为制约效应。

就铁路系统而言，媒体形象构建随着历史变迁和铁路事业的发展，经历了如下几个阶段：第一个阶段，新中国成立初期铁道兵建设先行的正面积极形象；第二个阶段，改革开放后火车数次提速带来正面评价效应，铁路行业在国民经济中发挥越来越重要的作用，铁路行业的媒体形象长期为正面形象；第三个阶段，随着改革开放的深入发展，流动人口增加，历年的"春运"导致铁路系统的媒体形象面临着巨大的挑战和考验，春运成为其岁末年初必须经历的舆论大考；第四个阶段，随着高铁快速发展和中国铁路走出去，中国铁路行业的媒体形象同国家形象相联系，形成了良好的发展态势。但是不可忽视的是：铁路系统的工作机制、偶发舆情对系统的媒介形象仍然带来巨大的挑战，部分偶发性事件甚至导致公众对铁路行业产生较为强烈的刻板印象和偏见，突发性的舆情事件中铁路行业的媒体形象仍然不容乐观。

本报告基于上述背景，对于全国18个铁路局的媒体形象进行综合评价，基于促进提升媒体形象、加强与媒体沟通、强化宣传形象的工作考虑，本报告只截取排行的前八名，以供相关部门和工作人员参考。

（一）指标说明与计算方法

本报告将铁路局的媒体报道形象，分为两大部分，通过大数据挖掘及情感分析工具，透视媒体报道内容的情感态势。在本报告中，从铁路行业的组织、个人、事件、举措、行为五个维度进行分析，对其情感指标区分为正面、中性、负面三个基本评价指标。

通过清博大数据对媒体新闻报道内容的感情色彩进行分析，从2019年1月至2020年6月1日对18个铁路局的媒体报道信息的情感属性进行百分比统计。其中，以三个月为一个截取周期，一个周期内的数值和统计结果计算一次，最后综合平均截取周期内的百分比取均值。在本报告中，将媒体形象按照内容情感分析的正面、负面、中性进行划分，进行多轮综合排序。首先按照负面比例排行，其次考察正面比例进行综合排序。本报告考虑到各个铁路局媒体报道信息总量不均衡，因此采用了比例评价方式，消除信息基础数量差异带来的评价偏差。

（二）排名结果展示（保留前八名）

在媒体报道中，对于铁路局的正面报道比例整体偏少，因此加强正面宣传引导工作仍有很大提升空间。在情感评价中，所有铁路局的中性报道占比最大，这与铁路行业宣传内容以资讯服务、信息服务为主不无关系。对于排名靠后（10名以后）的铁路局其负面报道占有较大比重，媒体偶发负面报道、引发相似事件的报道比重居高不下。具体情况如图1至图8所示。

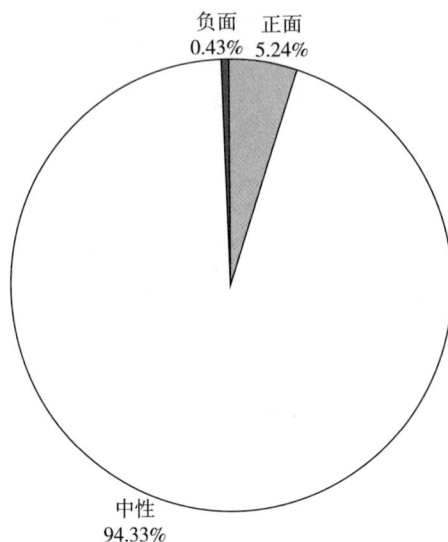

图3　第一名：青藏铁路局

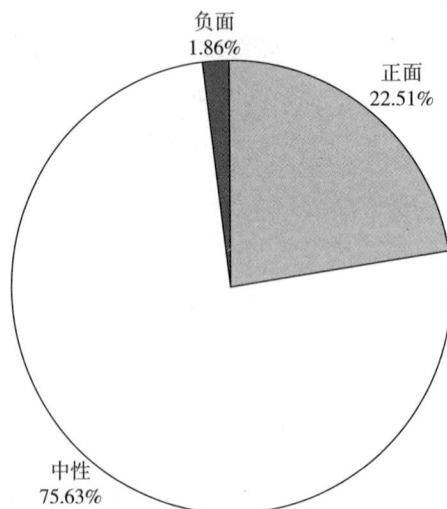

图4　第二名：武汉铁路局

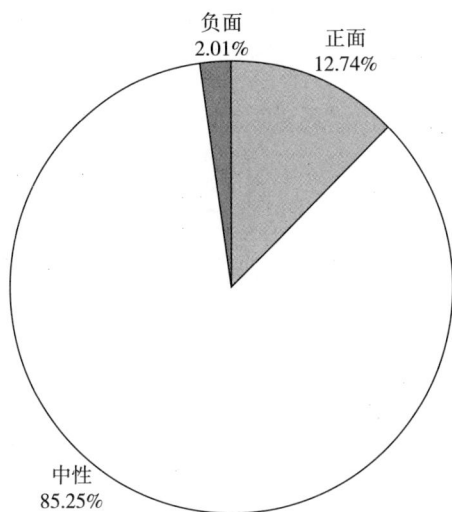

图5　第三名：南宁铁路局

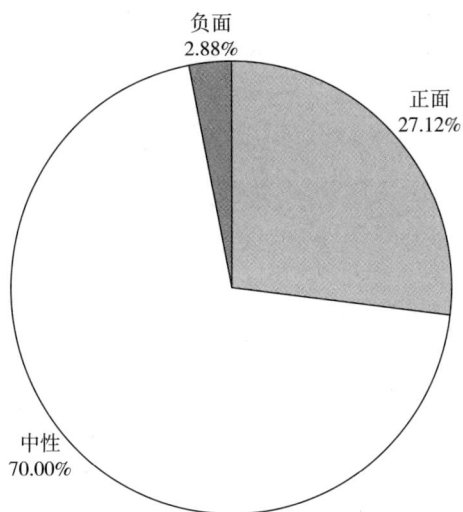

图6　第四名：上海铁路局

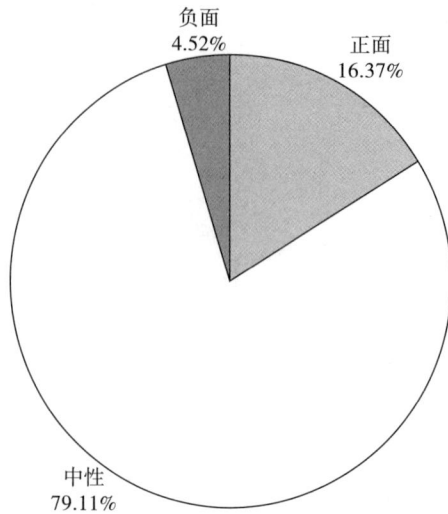

图7 第五名：呼和浩特铁路局

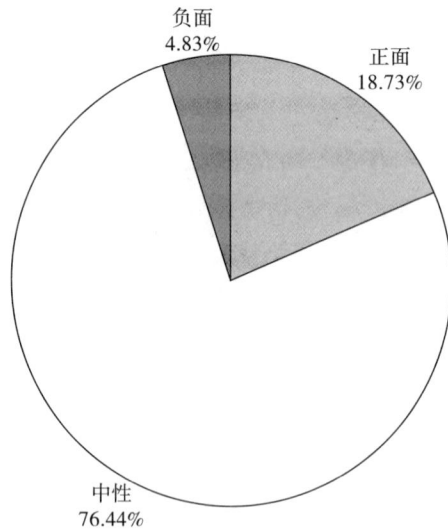

图8 第六名：哈尔滨铁路局

负面
4.90%

正面
14.82%

中性
80.28%

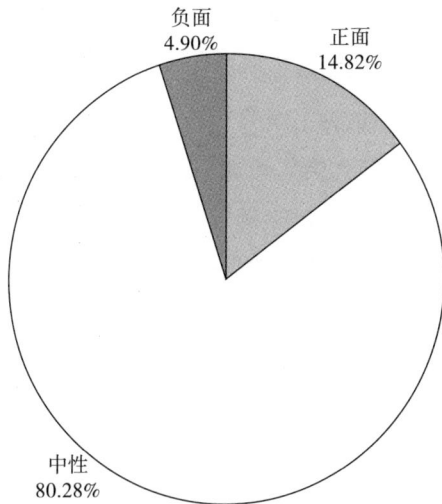

图9 第七名：南昌铁路局

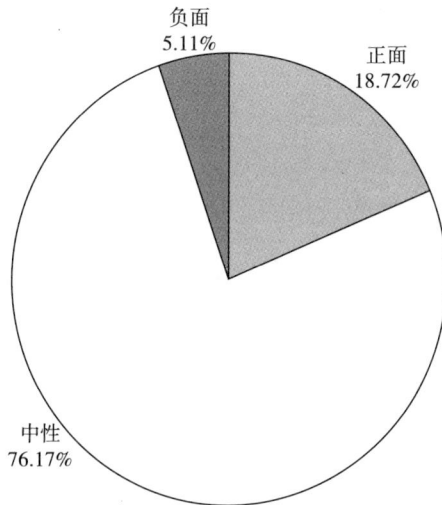

负面
5.11%

正面
18.72%

中性
76.17%

图10 第八名：成都铁路局

（三）结论及建议

通过媒体形象评价结果可见，铁路局的媒体形象提升存在较大的空间，提高正面报道、减少负面形象报道的工作路径建议如下：首先，加强与媒体的沟通，对于反复出现的负面报道所涉及事件，认真查找自身问题，积极改进，将负面报道作为优化自身工作的契机，在危机事件中找到改善自身形象的"机会"；其次，应当花大力气增加、提高正面宣传报道的比例，对于正面引导、主动出击的宣传内容，应当与主流媒体产生较为密切的互动协同宣传机制，避免"自说自话"，积极建设与媒体沟通协调机制，完善正面报道的渠道建设、工作机制建设和事后评估评价体系；再次，对于中性的、工作资讯类的信息，应当主动挖掘亮点，作为正面宣传引导的抓手，将"平淡"的资讯内容，转化为生动活泼的宣传素材，增加组织机构的正面形象塑造；最后，铁路系统宣传部门应当组织研判长期以来公众对铁路行业、铁路工人形成的误解，消除公众的刻板印象。对于长期存在的负面舆论报道，应当集中精力研判，提出切实可行的与公众、媒体沟通机制，逐步消除社会公众和媒体的认知误区，扭转自身形象。

参考文献

孙伶俐：《重大突发公共事件中政府媒介形象呈现研究》，大连理工大学硕士学位论文，2019。

丁柏铨：《论政府的媒介形象》，《西南民族大学学报》（人文社会科学版）2009年第2期。

Bos, Rozemarijn, Wakefield, Bryce. The Image of Women in the Chinese Media, 2016.

张成良、高家林、李静：《大学生媒体形象建构的嬗变——以框架理论的观点》，《新闻界》2008年第5期。

杨莉明：《"非主流"与"火星文"的一代——"90后"网络媒体形象初探》，《中国青年研究》2009年第8期。

韩春艳：《新浪微博中"快递小哥"的媒介形象呈现研究（2017.6~2018.5）》，河北大学硕士学位论文，2019。

高红玲、金鸿浩：《从关注点差异看传统媒体影响力的提升空间》，《新闻战线》2011年第6期。

危机舆情事件处置能力评价

李汶锦　刘　凯*

摘　要：　公众情绪对于社会舆论、公众舆情的形成有着重要作用，尤其是在危机舆情的处理中，引导好公众情绪对于铁路局塑造良好的公众形象有着积极作用。除此之外，通过铁路局的前期调研，本文形成铁路单位处置危机舆情的五个维度，以此评估我国18个铁路局处置危机舆情的水平和排名，进而寻找更优处置办法，提高铁路局危机舆情事件处置能力及水平。

关键词：　公众情绪　社会舆论　危机舆情　舆情应对

一　公众情绪与舆情危机处理

（一）公众情绪概念界定

情绪是人们与生俱来的一种状态，包括喜悦、赞扬、惊奇、悲伤、恐惧、厌恶、愤怒等，有正面情绪也有负面情绪。而在人们社会化的过程中，由于社会背景等多种因素的影响，人们的个人情绪又会与社会公众趋同，形成公众情绪。因此，公众情绪即一定社会环境下某一群体或某些群体或社会

---

*　李汶锦，北京交通大学语言与传播学院硕士研究生；刘凯，北京交通大学传播学系副教授、硕士生导师。

大多数人所共享的情绪体验。①

公众的情绪是网络舆情中的重要组成部分，通过互动来表达个人意见和情绪、态度等，是舆论内容的重要组成部分和对舆论主体态度的最直接表达。② 同时网民的情绪和情感倾向反映了舆论主体的态度和需求，也是评判舆论的最直观反映。③ 网民的情绪倾向性是评价舆情走向、舆论效果的重要衡量指标，④ 有的学者在研究中，甚至将公众情绪的表达和展现程度，作为评判是否构成舆论事件的重要衡量指标。⑤ 在某种程度上，公众的舆论情绪反映，是推动舆论走向重大危机、负面舆情的重要推手。公众的情绪在很大程度上来源于认知心理结构，同时也受到媒体报道、群体意识等多重因素的影响。公众情绪在舆论事件中，是群体主观态度的直接反映，同时二者相辅相成、互相作用。同时，网民的舆论情绪具有一定的趋同现象，表现出较为一致性的负面、正面评价或表达。⑥

（二）公众情绪的生成、传播和影响

学术界对于"公众情绪"的研究，通常是对于公众情绪的生成、公众情绪的传播、公众情绪的影响三方面的研究。研究依托各大舆情事件中舆论场和公众舆情相互建构的关系⑦，公众情绪和社会舆情发展有着紧密不可分割的联系。

---

① 王俊秀：《新媒体时代社会情绪和社会情感的治理》，《探索与争鸣》2016 年第 11 期。
② 郑小雪、陈福集：《网络舆情知识复杂度指标体系构建研究》，《现代情报》2015 年第 7 期；张一文、齐佳音、方滨兴、李欲晓：《非常规突发事件网络舆情热度评价体系研究》，《情报科学》2011 年第 9 期。
③ 周昕、李瑞、黄微：《多媒体网络舆情危机响应机理及风险分型研究》，《图书情报工作》2019 年第 20 期。
④ 冯江平、张月、赵舒贞、陈虹：《网络舆情评价指标体系的构建与应用》，《云南师范大学学报》（哲学社会科学版）2014 年第 2 期。
⑤ 丁晓蔚、丁柏铨、李惊雷、徐超超：《构建新媒体语境中重大公共危机事件舆论和舆情引导效果评估指标体系调研报告》，《当代传播》2017 年第 6 期。
⑥ 柯惠新、刘绩宏：《重大事件舆情监测指标体系与预警分析模型的再探讨》，《现代传播》（中国传媒大学学报）2011 年第 12 期。
⑦ 杨嫣然：《社交媒体舆论场与公众情绪的相互建构》，《艺术科技》2019 年第 4 期。

在关于公众情绪产生的研究中，公众情绪的生成偏向被动，被引导和塑造的空间较大。首先是媒体对于公众情绪的生成具有引导作用，在研究中发现，媒体或传播者在信息报道中展现的情绪与最终形成的公众情绪基本一致。[1] 同时，意见领袖也在公众情绪的生成中有着重要作用，网民个体情绪的放大依赖于意见领袖的传播，后者直接推动了个人情绪的社会化传播，由此形成情绪的公众化。[2] 此外，公众间信息的群体传播也会影响公众情绪的生成，在新的互联网环境下，以往大众传播中把关的作用削弱，非专业化的网民可以借助新媒体随时随地进行意见的交流和互换、情绪的传递和扩散，通过相互感染和暗示的方式将个人情绪放大为整个社会的集体情绪。

关于公众情绪传播，目前学术界主要研究公众情绪传播的路径、不同阶段的传播特征及模式。研究发现，公众情绪的传播过程与舆情事件的发展阶段基本一致，情绪动态演变过程可以通过舆情的不同发展阶段来考察。[3] 在公共事件中，公众情绪传播呈现唤醒、激发、汇聚、沉淀、爆发的特点，传播路径与"社会矛盾""技术驱动""受众属性"密切相关，要从具体的情绪传播路径去审视情绪传播扩散的过程。[4]

对于公众情绪生成和传播的研究发现，公众情绪和社会舆情有着密不可分的关系。而对于公众情绪的影响研究主要也体现为公众情绪对于社会舆情的影响研究。研究发现，社会情绪对社会舆论的影响表现在舆论形成的各个阶段，而在舆论形成的不同阶段，公众情绪带来的影响又各不相同。[5] 但总

---

[1] 唐雪梅、赖胜强：《情绪化信息对舆情事件传播的影响研究》，《情报杂志》2018 年第 12 期。

[2] 隋岩、李燕：《钓鱼岛事件中理性与非理性情绪的群体传播与博弈》，《当代传播》2013 年第 2 期。

[3] 赖胜强、张旭辉：《网络舆情危机事件对网民情绪传播的影响机理》，《现代情报》2019 年第 9 期。

[4] 隋岩、李燕：《钓鱼岛事件中理性与非理性情绪的群体传播与博弈》，《当代传播》2013 年第 2 期。

[5] 朱竹青：《社会情绪特征对社会舆论的影响方式和途径——以"新冠"肺炎中的舆论实践为例》，《今传媒》2020 年第 4 期。

体而言，公众情绪会推动舆情事件进一步发展，对于舆情事件向好或向坏进一步发酵有着重要影响。

具体到铁路系统，公众对铁路行业工作的情绪能直接产生实际影响。第一，公众的主观情绪直接反映到舆论事件中，能够强化或者弱化对铁路工作、举措和政策的认知认可；第二，公众在很多情况下的情绪是由错误认知、刻板印象导致的，且情绪化的表述更容易固化此类观点和态度；第三，它能够直接反映公众对于铁路系统最直接、最直观的心理期待反应，本质上是受众态度的重要组成部分。因此，将公众情绪作为重要指标，探究我国18个铁路局公众情绪现状对于衡量铁路单位危机舆情处置水平、能力具有重要意义。

二 铁路局全媒体公众情绪排行

（一）指标说明与计算方法

情绪评价排行的考察范围为全媒体对各个铁路局的公众评论、转发、自生产内容的态度分析。本指标根据清博舆情公众态度划分标准，将受众所产生的情绪划分为七种：喜悦、赞扬、惊奇、悲伤、恐惧、厌恶、愤怒，其中喜悦、赞扬为正面情绪，惊奇为中性情绪，悲伤、恐惧、厌恶、愤怒为负面情绪。本报告将"惊奇"列为中性情绪的原因在于：在这个情绪维度，既包括正面的惊叹，也包括突破公众预期心理期待、认知范围的怪异事件和言行，因此很难将其一刀切为正面或负面情绪。因此，本文将7类情绪划分为三类性质。

资料来源为清博大数据在计算周期内对公众所生产的内容的情感态度判断。在本报告前期数据探索中我们发现，在固定时间周期内，单一事件、突发事件、偶发事件对公众情绪的影响极大，令整体比例波动较为明显。因此，为了消除这种偶发事件带来的计算偏差，本报告按照固定时间点提取数据，时间范围为2019年1月1日至2020年6月1日，每月1日为公众情绪样本的抓取日，最后对所获得的数据进行均值处理。处理后根据铁路局各自正面公众情绪百分比之进行排名。正面的情绪占比之和越高，则排名越高。

（二）排名结果展示（保留前八名）

从整体上来看，公众对于铁路局的情绪在整体上以正面评价为主体，特别是赞扬类的情绪基本为各大铁路局的主基调。通过对公众评论内容的定性分析发现：第一，公众对于交通领域施工、重大工程突破、重要惠民举措出台的点赞量居高；第二，对于铁路乘客出现的不当行为、举措表现出强烈的负面情绪，甚至部分情绪是"迁延式"的，由对其他事件的情绪转移到铁路行业；第三，部分媒体报道、评论文章、公众的评论意见催生了不当情绪的表达。这在舆论治理中尤其需要关注。

从绝对比例来看，除了上海、兰州铁路局外，其他铁路局的负面情绪比例已经超过了10%（见图1至图8），这对于行业来说，是一个需要引起警惕和关注的阈值。

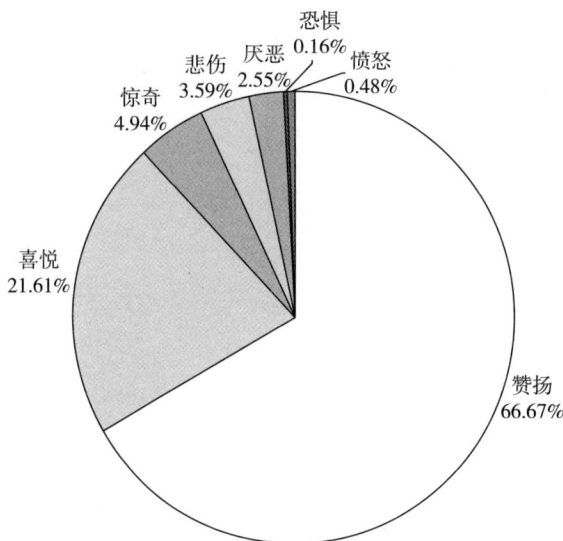

图1　第一名：上海铁路局

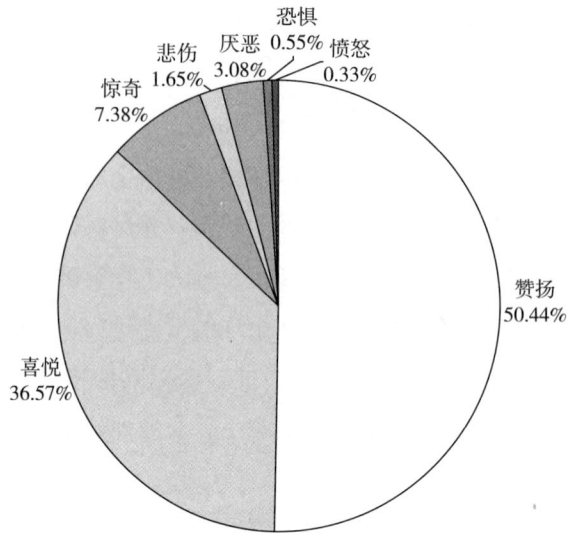

图 2　第二名：兰州铁路局

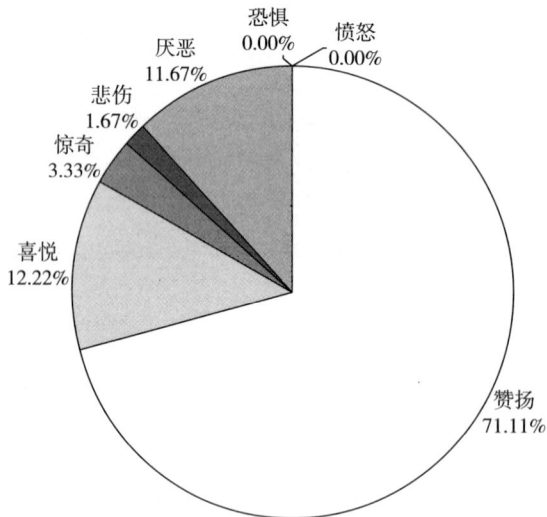

图 3　第三名：太原铁路局

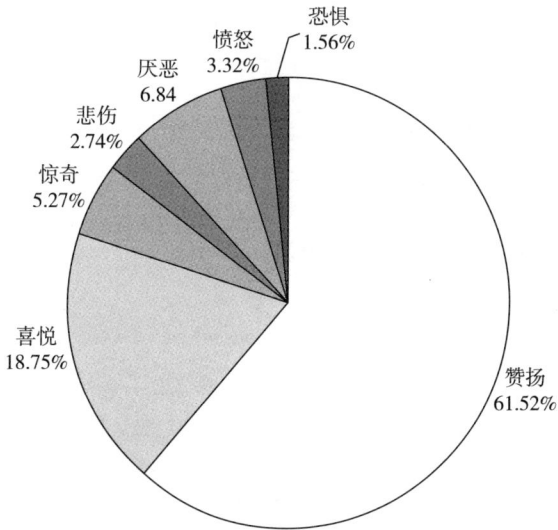

图4 第四名：成都铁路局

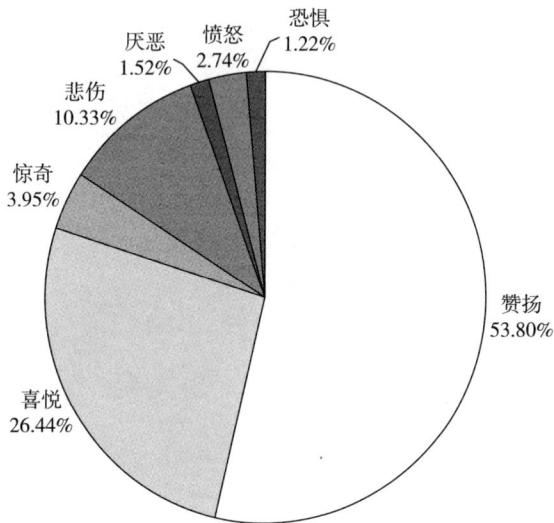

图5 第五名：济南铁路局

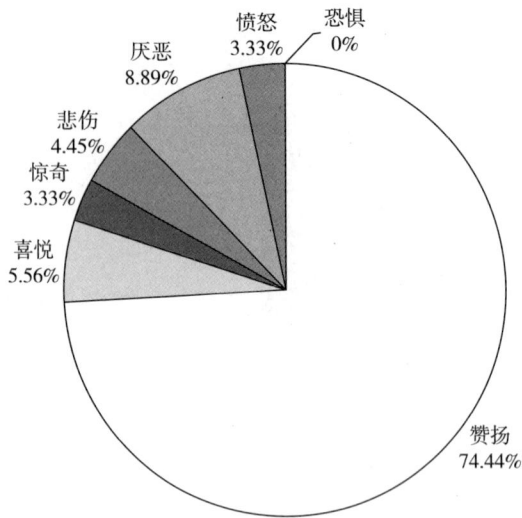

图6 第六名：呼和浩特铁路局

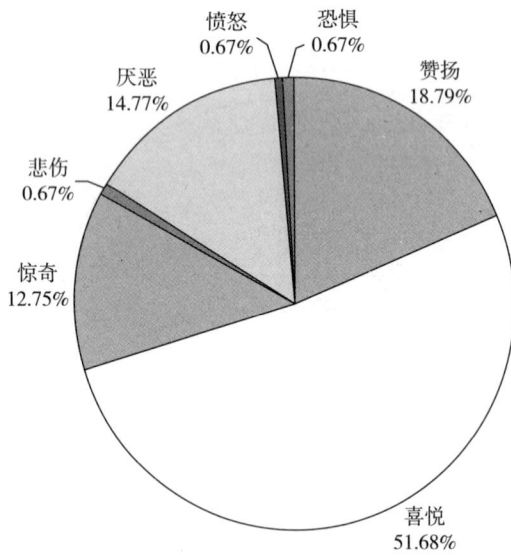

图7 第七名：南宁铁路局

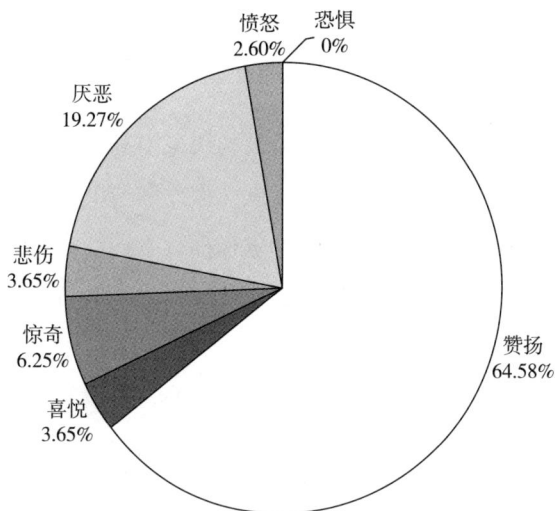

图8 第八名：南昌铁路局

数据显示，公众对于各铁路局的正面情绪占比较高，说明公众对于各铁路局整体表现比较满意，但负面情绪也占有一定比重，且厌恶、悲伤两种负面情绪占比较大，值得各铁路局反思。根据排名来看，铁路局之间公众正面情绪差距较大，排名靠后的铁路局应及时调整，合理处置网络舆情，改变公众情绪。

（三）结论与建议

第一，组织专业力量，对铁路局内的负面情绪及其背后所关涉的事件、媒体报道、工作举措进行全面梳理和归纳，深挖背后存在的深层次问题，杜绝同类事件今后再次引发公众负面情绪。

第二，对于煽动、鼓动公众情绪的文章、标题、评论进行细致梳理，归纳其产生的影响和错误之处，集中进行研讨，提出澄清、解释的一揽子计划，逐步消除错误认知导致公众不当情绪宣泄的现象。

第三，对于公众比较认同的事件、对象和案例，今后进行突出重点报道，同时鼓励公众在行业媒体平台内开展多种形式的互动，理性引导公众恰当表达情绪，保留合适的反馈沟通渠道。

179

三 舆情危机事件处置能力排行

危机舆情处理关涉到行业、组织机构的舆论引导结果，对舆论主体的外在形象至关重要，甚至会影响到工作开展，因此舆情应对和处置能力是评价组织机构在舆情引导能力方面的重要评价指标，不同行业的组织机构在应对处理危机舆情方面的视野、思路和方法存在较大的差异，甚至有的地区部门处理手段相对简单低效，缺乏相应的工作机制及应对策略。

组织部门应对舆情危机能力的评价指标体系，一般通过历史个案数据计算分析得出，是对舆情现状的防御性评价结果。因此，应对舆情能力评价指标体系科学合理是至关重要的。通过梳理可以发现，目前对舆情危机公关能力的评价可以划分为三类范式。

第一，应对媒体和与公众沟通范式，表现了组织机构的危机公关能力，这是核心指标。在这类舆情应对评价范式中，反应速度和所需时间、信息公开的程度、沟通方式和技巧是考察的重点指标。第二，舆情危机事件处理过程中，组织机构所表现出来的工作流程、资源调用等的规范性和科学性。例如，针对网络舆情检测、预警、对应等主要环节，从组织的人员、资源、设备以及方法四个维度构建了政府应对能力评估指标，其细化后的二级指标包含舆情监测人员、危机处理小组、人际关系、资金支持、舆情监测系统、危机预警系统、预警机制、决策机制、引导机制、处理机制以及恢复机制。第三，将公众反馈和情绪直接作为危机负面舆情应对的重要指标，前两种指标是对事件处理过程中的能力和表现评价，而此类评价标准则是以结果为导向，以危机事件处理的最终效果为依据。该范式中，以舆情反应力、舆情引导力和舆情控制力为主要指标构建政府应对网络舆情危机能力评估指标体系，其中，舆情引导力包括日常（无舆情）以及发生突发事件后政府对网络舆情的引导程度；舆情控制力包括政府对虚假信息、谣言等负面舆情及制造负面舆情的网民的控制程度。

铁路系统负面危机事件主要可以划分为四类：第一，突发性事故诱发的具有全局影响力的负面舆情，此类舆情具有极大的延展性和破坏性；第二，相关工作人员，特别是乘客服务人员的不当言行、网民爆料等引发的危机事件；第三，相关政策出台和举措引发公众的不满；第四，对于特殊事件的处置引发网民的争议和讨论，从而演化成为危机事件。从铁路系统内对危机负面舆情的处理程序和结果来看：对突发事件的反应速度有明显的提升，但对于舆论事件的引导能力、阐释能力有待加强。结合上述评价指标的梳理，本报告将采用融合的评价方式，具体包括：对铁路局应对负面舆情的实践操作流程的评估，对重大事件舆论引导的元素进行评估，同时加入对舆论引导效果的评估。因此，综合三类评价指标体系，本报告结合铁路行业的危机舆情特征，通过对以往典型危机事件的处理程序、行为及效果的梳理，提出了如下应对指标和评价方法。

（一）指标说明与计算方法

根据上述评价方向和原则，本报告基于对铁路系统前期的调研访谈的结果，综合各界媒体对铁路行业报道的内容分布，将铁路行业所涉及的危机舆情事件处理情况划分为五个维度，并且根据每一个维度的具体情况，进行了二级指标的拆分，并综合专家小组评估，给予每一部分相应权重和对二级指标进行赋值。本评价方法中的部分指标说明如下。

1. 发声时间

发声时间是处置危机舆情操作流程中重要的指标，特别是铁路局的事件，往往具有偶发性和突然性，因此在第一时间发声是达到良好沟通效果的必要条件，也是杜绝谣言、误导类信息的最佳选择。在本指标中，本报告将3天以内的反应速度作为得分基本标准，3天以后回应或者无回应的，得分统一计算为1。

2. 发声渠道

发声在很大程度上能够体现铁路局重视程度，同时也是危机舆情中积极正面引导的重要举措和表现。对于媒体，进行了四级划分。其权重高于发声时间。

3. 内容和效果评价

本报告对各铁路局发布的内容、澄清内容等进行分析，对其与事件关联度、公开程度进行了评测，同时对最终舆论应对所产生的实际效果做三级考察。

本报告首先通过数据挖掘，搜集整理了 2015 年 1 月 1 日至 2020 年 6 月 1 日典型的舆情危机事件，形成一个案例样本框，并对事件进行编号，然后从 18 个铁路局负面舆情库中为每一个铁路局随机抽取数量不等的负面舆情事件，通过定性方法对每个事件进行回溯复盘，考察铁路局在处理危机舆情事件中所花费时间、选择的渠道和应对频次，同时对内容和评价效果进行五级赋值评分，最终对得分做均值处理（见表 1）。依据评估标准对每个负面舆情事件进行评分，按照综合得分进行排名，得出 18 个铁路局危机舆情事件处置能力排行。

表 1　舆情危机事件评价指标

评估维度	二级指标	五级赋值	权重
发声时间	24 小时以内	5	15%
	3 天以内	3	
	3 天以外	1	
发声渠道	中央级媒体	5	20%
	行业官方媒体	4	
	地方媒体	2	
	其他媒体	1	
发声频次	1 次	1	20%
	2~5 次	3	
	5 次以上	5	
内容评价	内容相关性	3	15%
	内容直接性	3	
效果评价	事件澄清并态度扭转	5	30%
	事件澄清	3	
	没有效果	0	

（二）排行结果

经过综合评测，郑州铁路局和沈阳铁路局得分并列第八名。从最终结果可以发现，除了上海铁路局、南昌铁路局在发声上较为迅速外，其他铁路局对危机负面舆情的反应速度整体上较慢，这严重影响了舆情事件引导的效果。在发声频次方面，各个铁路局的差异较大，而在发声渠道方面，得分整体上较理想（见表2）。通过对18个铁路局的内容评价发现，在应对危机事件的内容建设上，均存在较好的表现。

表2　铁路局应对危机事件能力综合排行（前八名，含并列）

单位名称	发声时间（15%）	发声渠道（20%）	发声频次（20%）	内容评价（15%）	效果评价（30%）	总分
上海铁路局	5	5	5	6	3	4.55
呼和浩特铁路局	1	4	3	6	3	4.35
南昌铁路局	5	4	1	6	5	4.15
兰州铁路局	3.67	3	3.67	6	4.33	4.08
广州铁路局	3	4	5	6	3	4.05
成都铁路局	3	4	5	6	3	4.05
北京铁路局	3.67	4.33	3	5	3	4.00
沈阳铁路局	2	3	3	6	3	3.30
郑州铁路局	2	3	3	6	3	3.30

为了进一步了解18个铁路局在不同维度的表现，本报告将铁路系统在不同评价维度上的得分细项排名列举如下。

虽然18个铁路局在应对危机舆情中，发声时间整体上存在较大的改进空间，虽然基本在三天以内对负面舆情事件进行了回应，三天以外回应得较少，但是在当前传播格局下，整体上反应速度仍需大幅度加快（见图9）。

从整体上看，18个铁路局在发声渠道上的得分差距较小，比较均衡（见图10）。主要体现在铁路局在应对危机舆情过程中采用的平台以地域或全国性的主流权威媒体或行业官方媒体为主，采用其他媒体进行发声的较少。这是铁路系统在应对危机负面舆情事件中应当保留、沉淀下来的典型经验。同时，我们在评测的过程当中发现：在铁路局自媒体上的澄清和内容建设，往往效果不理想。从公众的反馈内容来看，有"自说自话"的嫌疑，

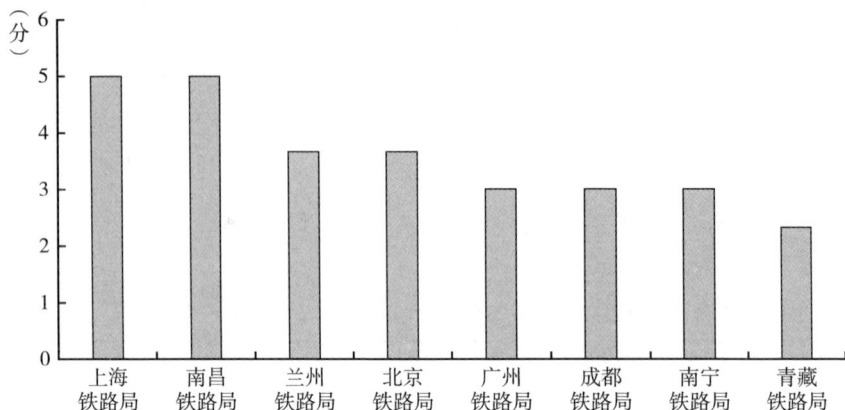

图9 18 个铁路局发声时间排行（仅保留前八名）

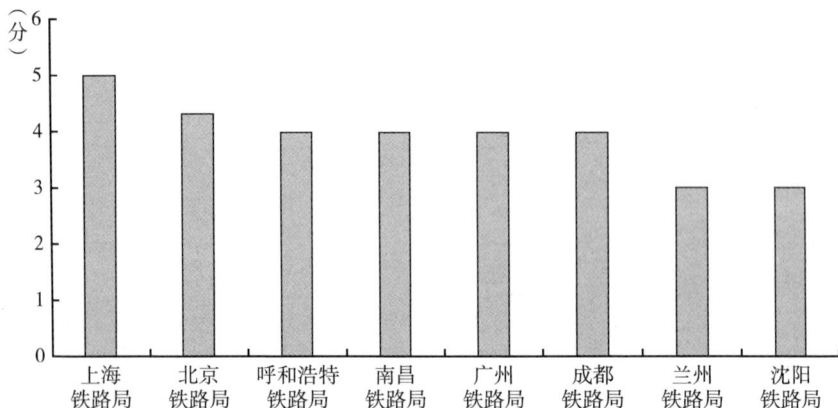

图10 发声渠道排行（仅保留前八名）

特别是在一些敏感事件中的自我澄清，极易诱发公众抵触、对抗解读的现象发生。因此，如何建立相应的工作机制，由第三方权威媒体、专家协同发声，是今后工作应当探索的方向。

18 个铁路局在应对危机舆情中，发声频次差异较大，持续发声的频次和实践较为缺乏（见图11）。其实这背后折射出来在应对负面危机舆情事件中，应当扭转"一发就灵"的心态，应当对所发内容传播效果进行持续多轮评估，然后根据效果再进行多视角、多层次的内容建设。特别是针对较为复杂、公众舆情态度存在摇摆、舆情焦点存在转移等现象的舆情事件，更应当采取分阶段、分步骤的有序、持续发声，从而达到良好的引领效果，对存在误解和曲解的，应当通过不同阶段持续发声夯实工作成效。从整体上来看，第四名及其后的发声频次应当重点调整增大。

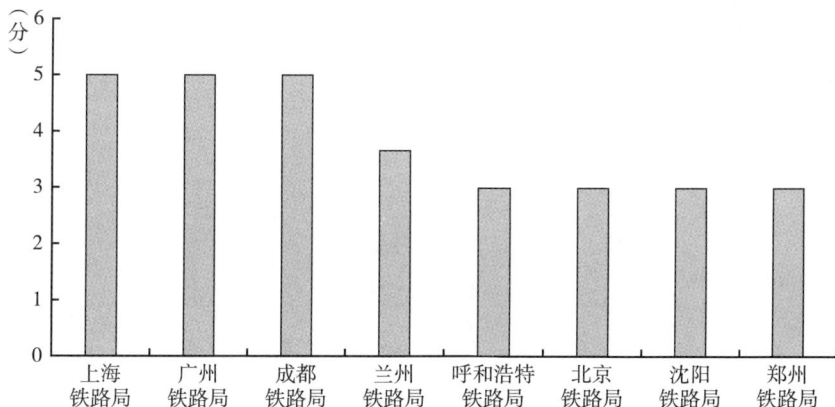

图11　发声频次排行（仅保留前八名）

在发声内容上，18个铁路局在回应危机舆情事件时，回应内容质量普遍较高，回应内容与事件相关性高，直面问题，直接性较高（见图12）。

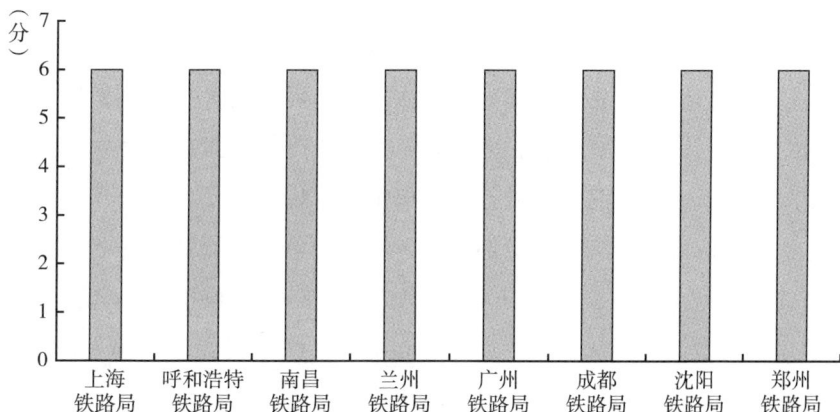

图12　内容评价排行：（仅保留前八名）

18个铁路局对于危机舆情事件的处理，发声后的效果不太明显，且各铁路局之间的差异十分明显（见图13），整体上多以澄清事实、公告、声明等为主，缺乏围绕应对危机事件系统的持续建设，对于扭转公众态度还有一定距离。

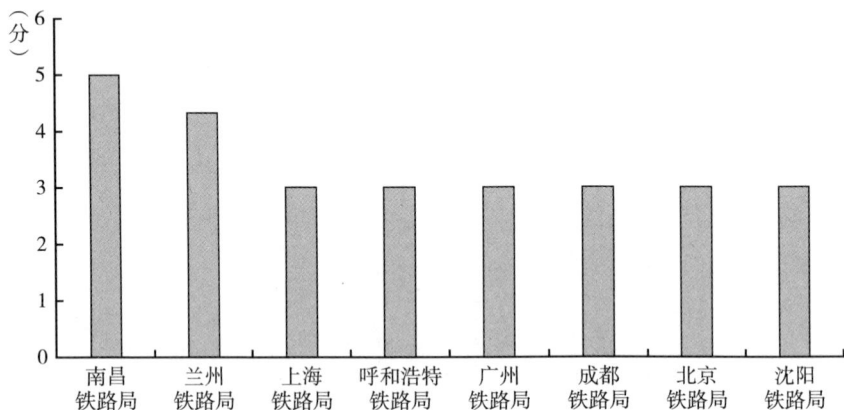

图13　效果评价排行（仅保留前八名）

（三）结论及建议

从排名结果来看，18个铁路局在应对危机舆情过程中发声渠道主要根据事件大小而定，多以行业官方媒体为主，发声都较为迅速，发声内容的相关性较高，直接从负面问题出发，发声内容的直接性较高。但是，发声的频次普遍较低，只能就个别问题选择了多次发声。发声频次一定程度上展现了铁路局对于该问题的重视程度，多次发声有助于改善负面事件发生后在受众心目中的形象，建议铁路局在处置危机舆情时选择两次或多次发声。除此之外，危机处理的效果导向应该更加明确，不能简单处理了事，应当将每一次危机事件纳入铁路局形象建设的考察范围，通过持续建设扭转公众态度。但发声效果的转变是一个从量变到质变的过程，不一定是某一个事件的处理，而是铁路局在处理危机舆情中长期展现出的一个形象，会影响公众对于铁路局的态度，因此，铁路局应当重视每一次危机舆情的处理，用最合理最妥当的方式处置舆情，积累公众好感，树立正面形象。

热 点 篇

　　本篇选取交通运输领域的 4 个热点事件，基于对互联网数据的抓取，对事件进行回顾和描述；进而，对事件引发的舆情及传播规律进行分析，包括传播路径、舆情热度及持续度、媒体参与情况、网民参与情况、意见领袖的作用、网民情绪特征、相关部门的处置应对方式、道德及法律、境外媒体报道情况，等等。

航空运输舆情事件分析：川航备降事件

陈 杰 方蓝燕 李婧婧 苏俊杰*

摘 要： 航空运输是交通运输的重要组成，与航空运输有关的舆情事
件通常与安全事故、航班延误、航班退票、航空服务建设等
方面相关。对于航空舆情事件的分析，有助于了解这一重要
交通运输方式的舆情特点，进而更好地对舆情进行处置。本
文以"川航备降事件"为例，从事件的传播路径、网民参与
度、网民情绪、意见领袖的作用、事件关联各方的处置、境
外媒体报道的特点等方面进行了分析，为揭示航空运输舆情
事件的特征和舆情处置提供了参考。

关键词： 航空运输 航空舆情 川航备降

近几年航空运输领域的舆情事件，涉及了航空安全与事故、航班延误、
航空退票等诸多方面；其中，航空安全与事故有关的事件因其事发突然、危
害大，最容易吸引全社会及网民的关注，并迅速引发相应的舆情。例如，
2018 年 5 月 14 日发生的川航备降事件，一发生就引发了广大民众的关注及
讨论。

---

* 陈杰，北京交通大学副教授、博士，主要从事交通舆情、新媒体数据挖掘、计算传播等相关
研究，主持或参与多项网络舆情相关研究；方蓝燕，中国传媒大学新闻学院硕士研究生；李
婧婧，和智互动品牌管理有限公司客户主任；苏俊杰，网易文创事业部实习编辑。

一　事件回顾

2018 年 5 月 14 日，重庆飞拉萨的川航 3U8633 航班因机械故障备降成都，于 7 时 42 分安全落地。旅客在工作人员引领下转至候机楼休息，并改签为 3U8695 成都至拉萨航班。据川航 5 月 14 日的官方微博，有 27 名旅客与 2 名机组人员在工作人员陪同下前往医院检查就诊。经核查，一名乘务员腰伤需住院，副驾驶皮肤擦伤，27 名乘客未见明显异常。

二　传播路径广

1. 微博、微信传播量大

因事发突然且性质特殊，此次紧急备降事件一出，相关新闻立即在各大网站和微信、微博等社交平台上刷屏，迅速达到舆情峰值。仅 5 月 14 日就有 293369 则相关报道，占到全部报道总量的 31.1%。截至 5 月 21 日，舆情已趋于平静。

民航信息监测系统 CAIMS 显示，截至 2018 年 5 月 23 日，CAIMS 共获取关于"川航风挡玻璃爆裂备降成都"的相关话题信息 185766 条，其中，网媒：15447 条；论坛：1565 条；微博：154480 条；微信：9679条；博客：985 条；报刊：237 条；视频：105 条；App：3142 条；搜索：50 条；评论：76 条。数据显示，微博信息量最高，占比 83%（见图 1）。微博端口成为此次事件传播讨论的主要出口。此次事件影响范围较广，数据显示总传播受众超 5.5 亿人次，受到社会广泛关注。央视新闻发布的微博"转！让更多人知道机组经历了怎样的惊魂时刻！致敬！"共有7.4 万人转发、4.1 万人评论、18.1 万人点赞。微博话题#中国英雄机长#阅读量达 2.7 亿、讨论数 35 万。知名博主"相生栗子"发布了微博"给大家讲一下四川航空 3U8633 航班的险情，四川航空微博仅用简单几句话就概括了情况。事实证明，字数越少事越大，实际上这是一次非常牛的备降事件……"这则微博共有 14.4 万人转发、3.4 万人评论、26.4 万人点赞。

■信息条数 □占比

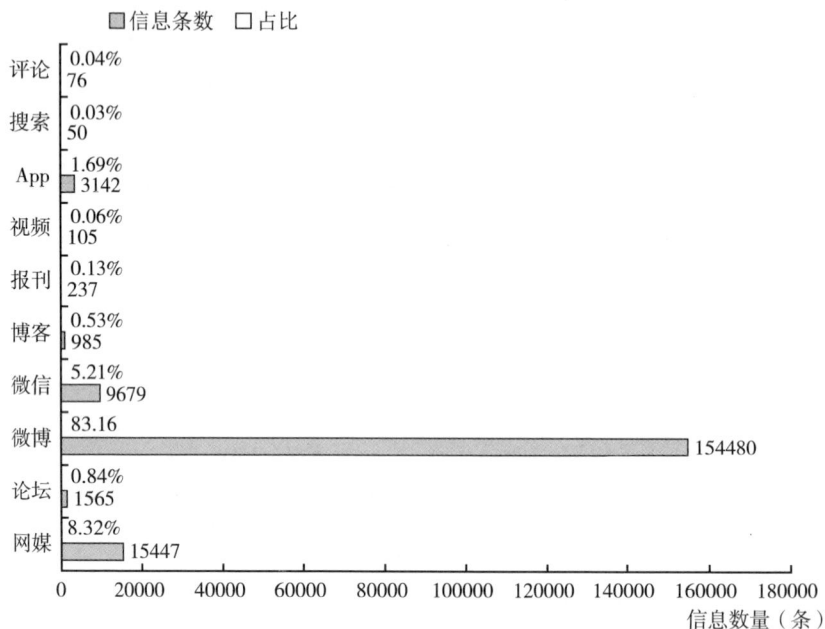

图 1 "川航风挡玻璃爆裂备降成都"在各个平台传播情况

资料来源：民航信息监测系统 CAIMS。

2. 新闻网站广泛参与

据"乐思软件"统计，截至 2018 年 6 月 8 日，参与报道的新闻媒体 TOP10 包括搜狐网、百家号、新浪、凤凰网、大众网、腾讯网、一点资讯等。其中，排在前三的是搜狐网、百家号和新浪，相关信息数量分别为 408 条、406 条和 230 条（见图 2）。

三　事件处置得当、舆情持续时间较短

川航备降事件舆情持续期间平均传播速度为 116 条/小时，峰值传播速度达到 384 条/小时，舆情整体持续了 3 天 3 小时（见图 3）。

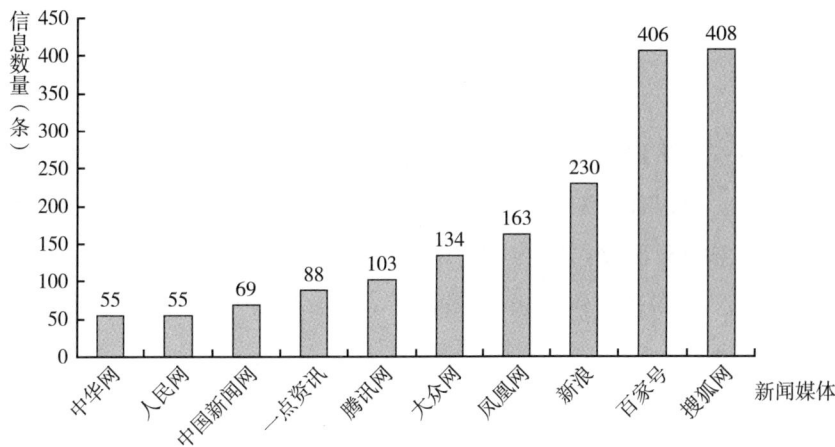

图2　参与报道的新闻媒体 TOP10

资料来源：乐思软件。

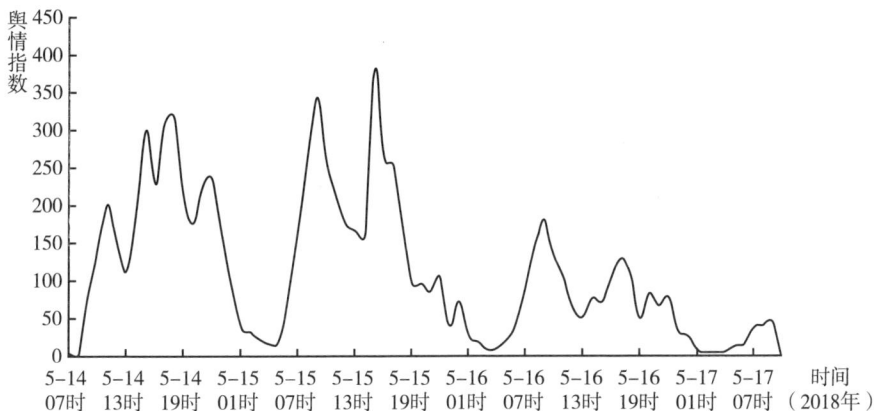

图3　事件全局趋势

资料来源：知微。

　　川航备降这一事件于 2018 年 5 月 14 日上午 8 点左右发生，在发生后三个小时内，各方媒体平台集中于对事件情况的报道和讨论，舆论热度迅速上升，达到第一个舆论高潮，在 5 月 15 日整个事件达到舆论峰值。人民网、央视新闻微博账号发布了川航的致歉声明，并且此日《人民日报》、央视新闻、人民网、头条新闻等大 V 账号发布民航局通报，通报中称脱落风挡玻璃为该机原装件。第一则信息是发生事故后所必需的道歉，契合通常情况下大众对于事故致歉声明的一种期待心理；第二则信息则与人们更加关注的事件发生原因有关。由于此后再无更进一步关于事故发生原因的大规模报道，所以在 15 日此次事件的舆论热度达到峰值。在 16 日，舆论主要集中在对机长英雄形象的讨论中，事件整体热度开始下降。由于此后没有对事故原因调查的进一步详细报道，所以此次事件舆论在 5 月 17 日结束（见图 4）。

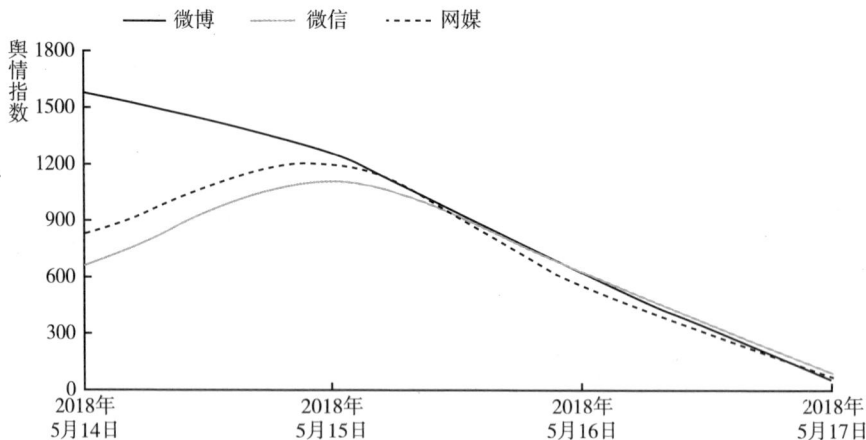

图 4　事件分平台趋势

资料来源：知微。

川航备降事件仅仅持续 3 天 3 个小时，可能有以下两个方面的原因。

其一，此次虽是事故，但并未造成真正的惨案，飞机出现突发情况后成功备降，除副驾驶伤势较重外，其他旅客并无大碍，所以人们会更加理性和冷静地看待此次事故。由于这是一次成功备降，并未造成严重后果，所以人们对于事故原因的渴求程度会更低。在有新的讨论热点、媒体再无事故原因事实性报道的情况下，大众并没有像对通常的事故舆论那样，持续不断地对事故原因进行讨论和跟进。

其二，舆论热点的成功引导。事件发生后除了有大量关于事件本身的报道外，也有大量关于机长英雄形象、拯救全体人员、"世界级"操作的报道。在事件发生 8 小时后，微博上便出现了#为川航机长点赞#的话题，之后还有#川航英雄机长#、#中国英雄机长#等话题，总阅读量达 3 亿，讨论量达 40 万。这使得舆论热点从事故情况、原因、结果的讨论，转为对机长英雄形象、机长拯救全体人员这种正面情感的讨论。所以在中后期，成为此次舆论热点的是机长这一英雄形象，而不是容易引起争论的事故原因、事故本身了。

四 微博成为主要讨论场所

从平台来看，此次事件初期以微博平台为主要讨论场所，这是由于微博提供了一个特有的有时效性的公共讨论空间。在突发事件的报道中，微博简短文字加图片或视频的形式，较微信公众号和网媒新闻有不可比拟的便捷性、时效性。在 5 月 15 日舆论达到高潮后，微博、微信、网媒三个平台保持了相同的热度。

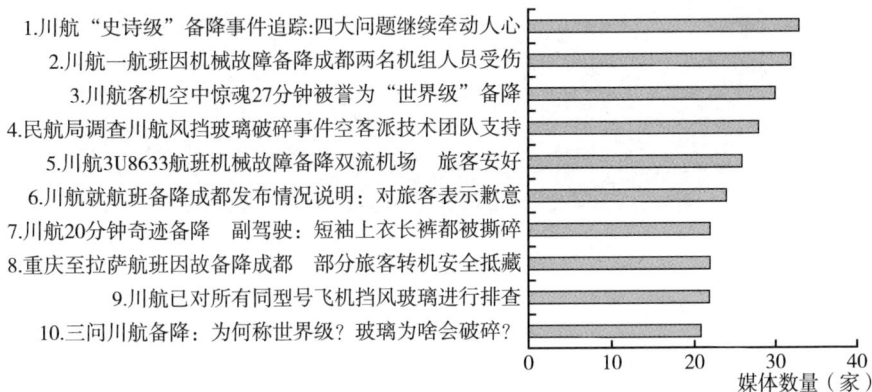

图 5　参与相关话题报道的媒体数量

资料来源：知微。

在媒体报道内容方面，最多的是关于机长"史诗级"备降的报道。除此之外，媒体报道还集中于事件情况、事故处理、事故原因三个方面。从词云中也可以看出，除对事件的描述词语外，"英雄""史诗""成功""致敬"等正面态度的词语出现次数非常多（见图6）。可见媒体也在塑造一个英雄机长的形象。而词云中关于事故原因的词语极少，一方面可能因为此次事故原因难以调查，另一方面也可能是媒体在这次舆论中有意将人们的关注点从容易引发负面情绪和争论的事故原因引向机长的正面积极形象。总的来说，在媒体的主要报道中并没有对于此次事件极其负面的内容，媒体报道整体的态度是客观和正面的。

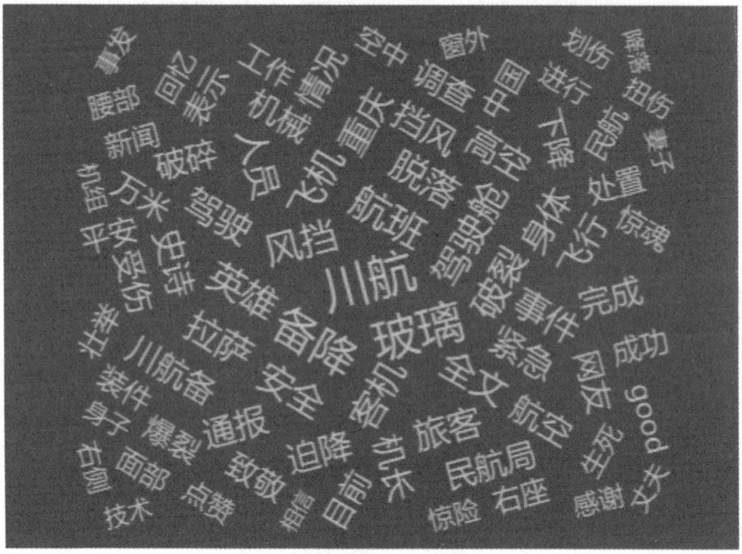

图6　报道内容的词云

资料来源：知微。

五　网民参与度高

总体来看，川航客机备降事件的影响力很大，据知微平台数据显示，数据影响力指数为 75.7，高于同类事件平均值 28.0%，网民转发、参与讨论程度较高（见图7）。

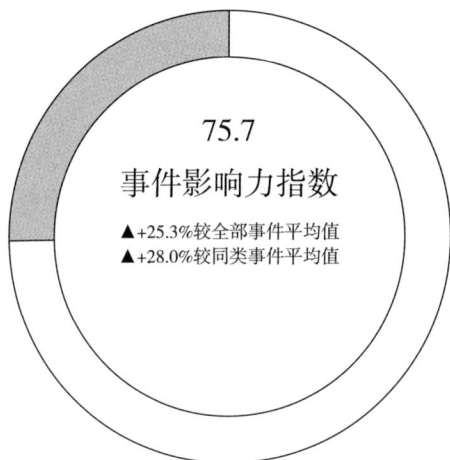

75.7
事件影响力指数

▲+25.3%较全部事件平均值
▲+28.0%较同类事件平均值

图7　川航备降事件的影响力指数

资料来源：知微。

1. 地域

从地域上看，参与者以北京、四川、广东网民为主。北京网友数量最多，其次为事发地四川，以及广东、山东、上海、江苏等。

北京、广东、山东、上海、江苏等省市政治、经济、文化发展较快，传媒业也较为成熟，信息传递迅速。尤其是北京，集聚着许多媒体从业者及各类精英，这些用户与意见领袖有很大的重合度，更能在所属地域引发讨论。

四川是事件发生地，由于地缘的接近性，四川网民更愿意加入对该事件的讨论。此外，四川网民信息获得的便利性较高，因此更容易在最短的时间内获知信息。

2. 性别

在此次川航客机备降成都事件中，主要的讨论阵地为微博。微博用户中，参与讨论的男性占比 56.73%，女性占比 43.27%（见图8）。根据新浪微博发布的 2017 微博用户发展报告，微博月活跃用户中，男性用户规模大于女性，占比 56.3%，接近于参与该事件讨论的男性用户。某种程度上可以说，针对川航备降事件，参与讨论的男性与女性比例较为均衡，川航备降是一个全民参与讨论的事件。

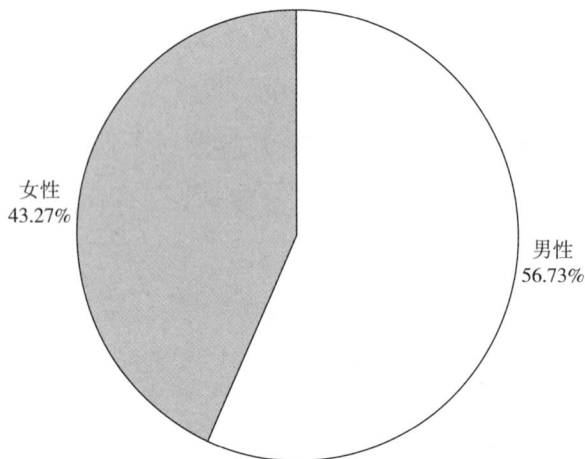

图 8　参与"川航客机备降成都"讨论的微博用户账号性别比例

资料来源：清博舆情。

六　意见领袖带动网民情绪并扫除网民信息盲区

川航备降事件中涌现了大量的意见领袖。意见领袖的角色主要为媒体人、作家、明星等。例如资深媒体人"@天师－卞赟""@刘星宇"，作家"@马伯庸""@匪我思存"，演员张天爱、张含韵。此外，意见领袖还涉及旅游、宠物、时尚、军事等领域。他们通过转发相关媒体的微博向机长表达敬佩以及对乘客没有受伤表示庆幸与欣喜。

除了带动网民的敬佩、喜悦的情绪外，该事件中部分的意见领袖还起到了补充信息、扫除网民信息盲区的作用。例如知名搞笑幽默博主"@相生栗子"发现四川航空的官微"仅用简单几句话概况了一下情况"，引来了一些猜测；于是出于对机长的敬佩之意，整理了川航备降事件的详细信息

（见图9）。该条微博一经发出，其他大 V 们纷纷转发，产生了约14万转发量，甚至主流媒体也纷纷转载和引用。

图9 "@相生栗子"的微博

资料来源：新浪微博。

七 网民情绪普遍呈现正面特征

总体上看，川航客机备降事件中，网民情绪多为正面，表现为对机组尤其是机长为保护乘客冒着风险迫降的敬佩与感动、对乘客无人受伤以及机长伤势不重的喜悦（见图10）。

至于负面情绪，主要体现为对事故原因的疑惑和对机组人员伤势的担忧。此类情绪占比不大，可能是因为事件发生后四川航空迅速公布了相关情况，并对后续情况进行了说明，规避了一些无端猜测。同时，川航在得到各界赞扬时敢于认错，更是打消了一些对于事故原因的质疑，拔高了川航的形象。此外，因乘客没有伤亡，仅两位机组人员受伤，网民的喜悦之情也油然而生。

情感属性

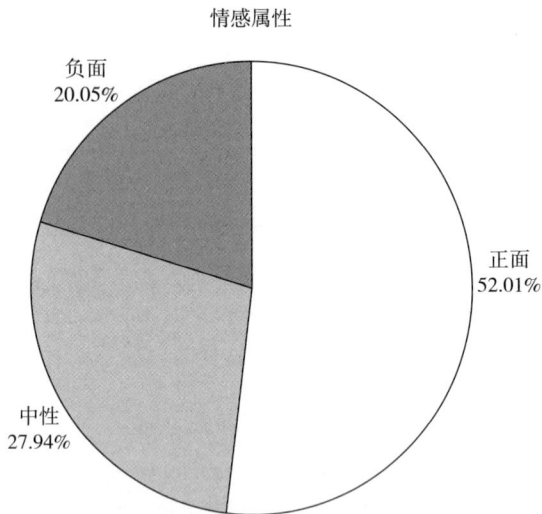

图10 "川航客机备降成都"的情感属性

资料来源：清博舆情。

八 事件关联各方的处置及时有效

1. 事故处置策略

事件发生后，民航局快速成立"5·14"调查组展开调查，并于当日赶赴成都。民航西南地区管理局、民航四川监管局、重庆监管局以及民航局事故调查中心都加入调查组中，各方通力合作。根据国际民用航空公约附件13《航空器事故和事故征候调查》的有关规定，民航局及时向法国民航安全调查局（BEA）和空客公司发出通知。在5月15日举行的例行新闻发布会中，民航局对川航事件做了通报，引起网友广泛关注，再次掀起了网络讨论热潮。

因涉事机型为空客A319高原机型，5月16日，法国民航安全调查局也赴华参与川航5·14事件调查，空中客车公司也积极参与了调查：空中客车公司指派了专门的技术团队，为法国民航安全调查局（BEA）和负责此次事件调查的中国民用航空局（CAAC）提供了相应的技术支持。

2. 舆情处置策略

（1）官方微博快速发声，掌握舆论主导权

事件首次曝光在 5 月 14 日上午 7 点多，网友大多认为此事件为平常的故障返航事件。

值得关注的是，川航官方微博在 5 月 14 日上午 9 点 18 分发布官方声明进行了事件说明；并在随后一天内多次发布事件处置情况，表达对事件发展的关切，及时地回应网络关注。这些举措让四川航空掌握了舆论主导权，在舆论引导方面占据有利地位。

（2）多个媒体以"史诗级""英雄机组/机长"作为主流宣传方向

事件发生之后，当地媒体及多个网络媒体发布了对"机组人员"的采访，称赞机组人员，称此次备降千难万险，可谓"史诗级"备降（见图11）。微博中"英雄机组""史诗级""处置迅速"等词语成为网络讨论焦点，舆情朝着正向发展。

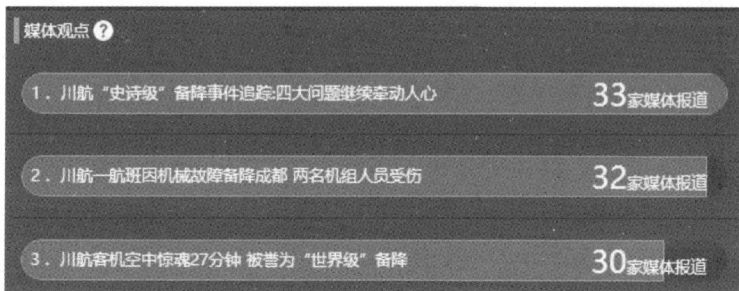

图 11　媒体观点

资料来源：知微事见。

（3）中国民航网持续跟踪关注，进行官方专业报道

作为民航系统内唯一经国务院新闻办批准发布新闻的行业网站，中国民航网持续关注事件的调查进展情况，并展开了相关报道。5 月 15 日，中国民航网发出独家新闻——民航西南局对川航事件保持高度关注并展开调查；

同日，中国民航网直播民航局例行新闻发布会，通报事件最新情况，对四川航空 3U8633 航班机组给予了高度评价，并宣布已于事件发生当日成立"5·14"事件调查组，正在展开调查。5 月 18 日，中国民航网再次发出独家消息——民航局调查组正对川航备降事件展开持续深入调查；并称调查会先后经历现场调查、实验验证、事件原因分析、得出事件结论、提出具有针对性的安全建议的过程，调查需要一定周期。中国民航网这些权威的报道第一时间解答了网友和自媒体对细节真实性和专业性的质疑，引发各大媒体的转载报道。

3. 舆情应对建议

（1）团体

①需及时发现网上负面消息，收集分析，准确把握事件的发展趋势。

②在事件刚发生时主动快速查清事实、了解真相，并组织人员快速找到解决问题的办法。

③需及时在网络上发布相关消息，公布事件真相，及时处理事件并做到信息透明化。

（2）个人

①要有冷静客观的判断，积极参与讨论。

②关注事件最新进展，多从不同角度思考，能提出自己个人的观点。

九　部分媒体的报道有失专业性

事件在发展过程中受到国内外媒体及网友的关注，整体朝着正面宣传发展，但其中不乏"小插曲"。以成都商报社旗下"红星新闻"为例，事件发生后，红星新闻发布了相关报道《川航英雄机长：万米高空玻璃碎了副手半身飞出迫降只能靠手》。"红星新闻"记者称独家采访了当事机长，因为有更多"细节"的披露，"红星新闻"的阅读量在短短几小时达到了千万量级，得到新华社、央视网、《人民日报》等中央级媒体的关注和转发。随后，微博认证大 V "航旅圈""瘦驼"等多个自媒体平台质疑"专访机长"

的真实性，质疑记者的专业性，称采访中的行外话肯定不是一个专业机长所说。"航旅圈"称此报道"未做采访，纯属瞎编"。对此，"@成都商报"第一时间在网上发表声明辟谣。随后双方之间展开相互攻击模式，引发业内关注。

图12　红星新闻独家采访机长的报道

资料来源：新浪微博。

此事件一出，有网民指责"自媒体不做新闻不求真相只疯狂煽情博眼球"，提出"挖掘真相，光有发声的热情不够，还需要职业素养。""@龙猫yuyu"说某些大V造谣"太气人了，直接起诉。对这些为博流量没底线的行为，一定要拿起法律武器维护自己的合法利益和名誉"。

然而，5月16日，川航举办的媒体见面会上，机长刘传健披露了一条关键信息：当时确实有人给他打了电话，自称是其以前部队团长的女儿，想跟自己说几句话；自己也说了几句情况，但没有后来新闻报道中说得那么多。如果机长的言论属实，那么，红星新闻的报道就不只是报道不专业的问题，还涉及隐性采访、编造言论。

在"红星新闻"发布采访机长新闻的次生舆情中，各方行为都有待改进的地方。首先，机长这样的专业人员在面对采访时要注意自己的措辞，保证言论的专业客观；进行新闻报道的媒体人要当好"把关人"，多方查证，严格控制新闻报道的专业性和真实性，同时也不能刻意隐瞒自己是新闻记者的身份；某些微博大 V 应该查清事实真相，不能因为报道中只言片语的漏洞进行主观臆断。

十　外媒报道多止于事件本身、较少有情绪成分

以"sichuan airlines"为关键词，在谷歌搜索，并对得到的信息进行清洗；对清洗后的文章标题进行词频分析，可以发现以"Sichuan""airlines""pilot""sucked""cockpit""co-pilot"等事实描述性词语为主（见图 13）。与中国媒体报道不同，外媒报道中主要是对飞机出现事故的描述，对机长正确操作、安全备降的描述非常少。

图 13　谷歌搜索相关文章标题的词云

资料来源：谷歌。

　　基于文章摘要的词云。和标题类似，统计出来的高频词主要是对于飞机事故的描述，而成功备降的描述没有高频出现（见图14）。词云的语料来自BBC、MSNBC、CNN、每日邮报、路透社的报道。其中，MSNBC、CNN的文章标题是对事故中飞行员被吸出窗外的描述。《每日邮报》使用了"Heroic pilot"这一单词。BBC、CNN的文章标题整体概括了飞机出现事故及成功降落。文章内容方面，BBC、MSNBC、CNN、路透社除了对事件进行描述外，都是引用中国媒体以及中国人对机长的称赞。每日邮报在文章中使用"successfully performed emergency landing"来描述此事。MSNBC、路透社在文章中提到了与此次事故类似的"英国航空公司5390航班"事故，CNN则提及一起类似但有人员死亡的事故。

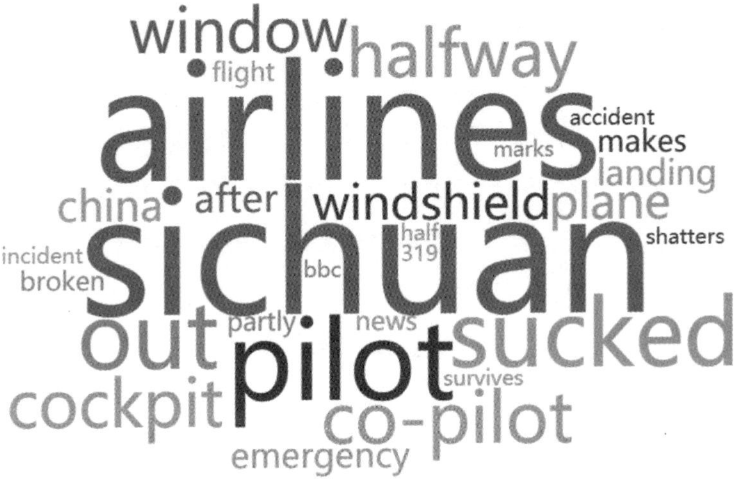

图14　谷歌搜索相关文章摘要的词云

资料来源：谷歌。

总体而言，外媒多数仅从事件本身进行报道，较少有情绪倾向。

城市交通舆情事件分析：
重庆公交坠江事件

陈　杰　方蓝燕　李婧婧　苏俊杰*

摘　要：　城市交通是交通舆情爆发的重要来源，与城市交通运输有关的舆情事件通常与交通拥堵、交通管制、交通事故、管理政策等方面相关。对城市交通舆情事件进行分析，有助于了解这一重要交通运输方式的舆情特点，进而更好地对舆情进行处置。本文以"重庆公交坠江事件"为例，从事件的媒体参与、持续时间、网民参与度、网民情绪、意见领袖的作用、政务官微的引导、境外媒体报道的特点等方面进行了分析，为揭示城市交通舆情事件的特征和舆情处置提供了参考。

关键词：　城市交通舆情　公交坠江　重庆市

　　城市交通领域的交通舆情，涉及交通拥堵、限行政策、小汽车上牌、交通事故、大气污染等方面。这类舆情事件多数都是日常频繁发生、短期内难有解决方案的事件，民众通常都能冷静看待。然而，近年也偶有人为因素引发的重大交通事故，激起广大民愤，例如 2018 年 10 月的重庆公交坠江事件。

---

*　陈杰，北京交通大学副教授、博士，主要从事交通舆情、新媒体数据挖掘、计算传播等相关研究，主持或参与多项网络舆情相关研究；方蓝燕，中国传媒大学新闻学院硕士研究生；李婧婧，和智互动品牌管理有限公司客户主任；苏俊杰，网易文创事业部实习编辑。

一 事件回顾

2018 年 10 月 28 日 10 时，重庆市万州区长江二桥一大巴与轿车相撞，后大巴冲破桥面护栏掉入江中。经查，事故系公交客车在行驶中突然越过中心实线，撞向正常行驶的小轿车后冲上路沿，撞断护栏后坠入江中，而非此前网传的"女司机逆行"。11 月 2 日，重庆万州公交车坠江事故原因新闻通气会公布了公交车坠江原因，系乘客与司机激烈争执互殴致车辆失控。

二 主流媒体广泛参与

从"舆情走势"和"媒体分布"来看，相关信息的主要传播时间段是 10 月 28 日到 11 月 4 日；微博是其信息的主要传播平台，54.85% 的信息通过微博进行传播；微信、网页、客户端次之，传播的信息量分别占信息总量的 17.39%、14.72% 与 10.30%；而论坛和报刊在此次事件的传播中发挥的作用较小。

在新浪微博中，截至 11 月 25 日，一些热门的媒体账号发布了多条博文对此事进行报道与评论（资料来源：清博大数据平台）。其中"@头条新闻"有35 条、"@人民日报" 25 条、"@人民网" 24 条、"@中国新闻周刊" 22 条、"@新京报" 22 条、"@中国新闻网" 22 条、"@新华视点" 20 条。

一些主流媒体的公众号也发表了相关的文章（资料来源：清博大数据平台），其中，"人民网" 25 篇、"央视新闻" 22 篇、"杭州交通918" 18篇、"长安剑" 16 篇、"人民日报" 15 篇、"新华社" 14 篇、"环球时报"12 篇、"新华网" 11 篇。

三 舆情持续时间长

事件持续期间，平均传播速度为 183 条/小时，峰值传播速度为 2020条/小时，事件持续时间为 11 天 15 小时。

从图1、图2可以看出，该事件信息量波动较大，第一个信息量高峰出现在10月28日14时，事件关注度极高。此后由于大巴一直未被打捞上来，无法得知事故原因，所以事件信息量出现了一定的下降。但在11月2日公布了公交车坠江原因后，信息量出现最高峰，远远高出事件发生初期。

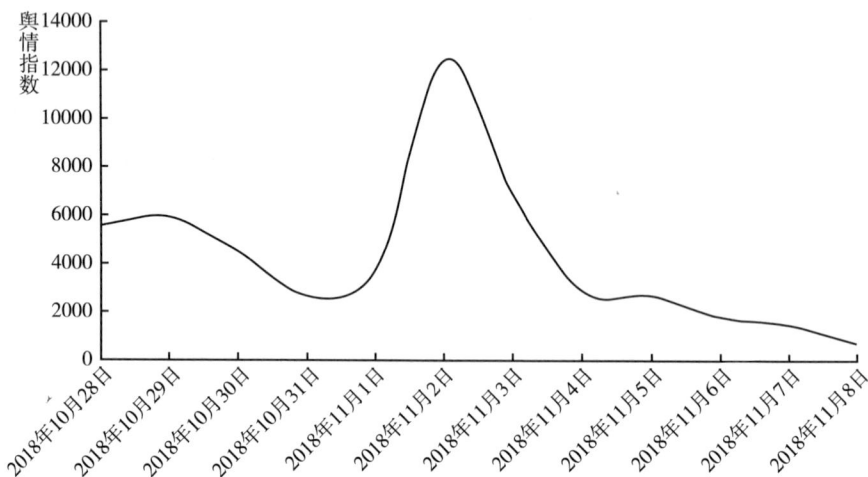

图1　事件趋势

资料来源：知微。

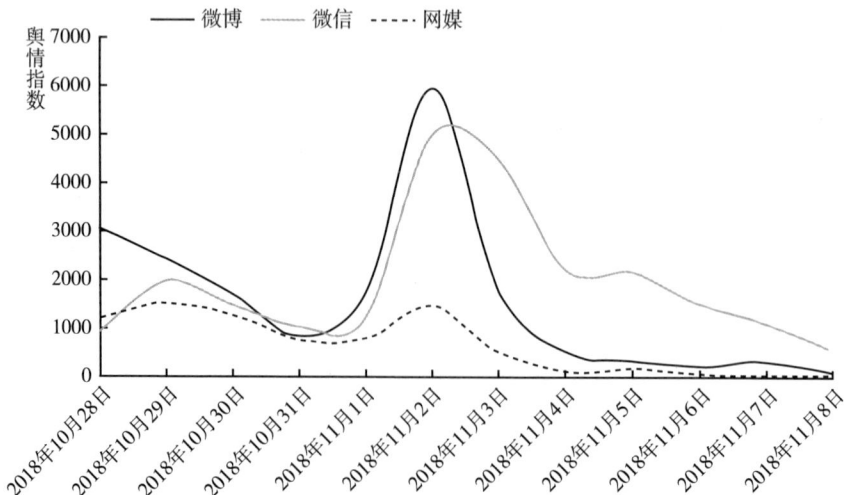

图2　事件分平台趋势

资料来源：知微。

206

四 舆情发展随事件发展有明显的波动性

从趋势来看，舆情发展随事件发展有明显的波动性（见图3）。事件初期主要通过微博平台发酵，微信平台信息量甚至少于网媒报道信息量，这是由于微博平台具有一定程度的即时资讯获取的功能。在10月29日之后，微信平台信息量与微博平台信息量相近，但11月2日以前微博平台信息量一直高于微信平台信息量。在此日后微博信息量迅速下降，而微信信息量则缓慢下降。

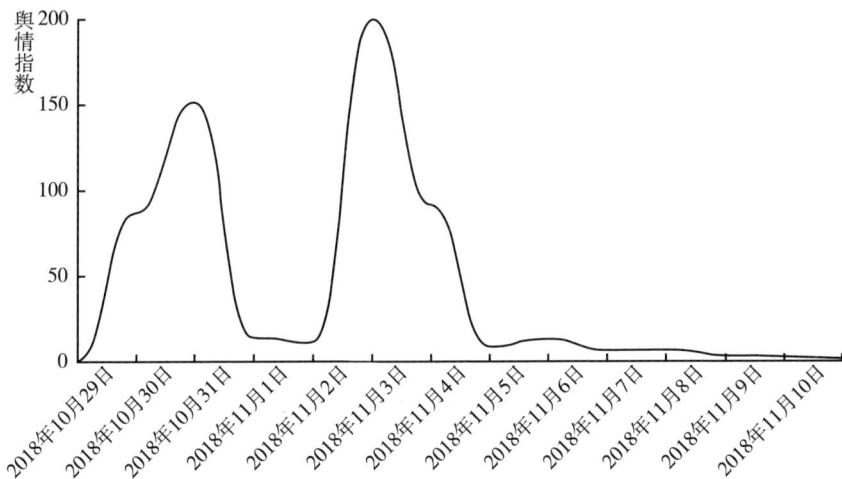

图3 重庆公交坠江事件媒体指数

资料来源：百度。

从媒体报道整体趋势来看，10月29日到30日媒体报道数量激增，在11月2日出现媒体报道数量最高峰。

在媒体报道内容方面，媒体报道以公交车打捞、公交车坠江原因、车辆位置三类信息为主。此三类信息与事故发生后最关键的救援和事故原因调查直接相关，所以媒体主要报道此类新闻。而在所有报道中，媒体关注度最高

的是公交车打捞出水（见图4），与11月2日出现的信息量峰值相符，关于
此次事故原因的关键信息得到了最广泛的关注。

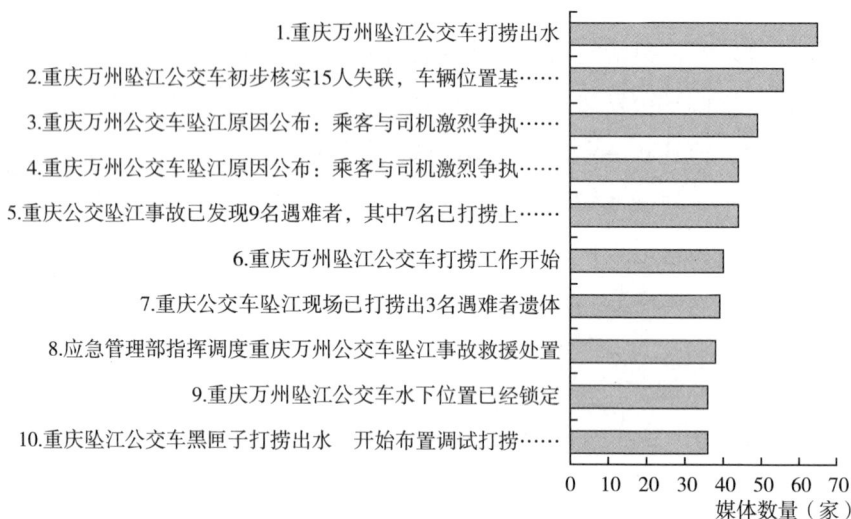

图4　参与相关话题报道的媒体数量

资料来源：知微。

五　大城市及事件发生地网民参与度高

（一）整体情况

重庆万州公交坠江事故的舆情发酵以微博为主要阵地。在近30天的微
博热点事件中，重庆万州公交坠江事故的事件影响力位于第4。可见，微博
网民对该事件关注度与参与程度很高（见图5）。

（二）用户性别

从性别来看，参与该事件讨论的微博用户以男性居多，约占八成。某种
程度可见，男性微博用户占据在微博中讨论该事件的主导地位（见图6）。

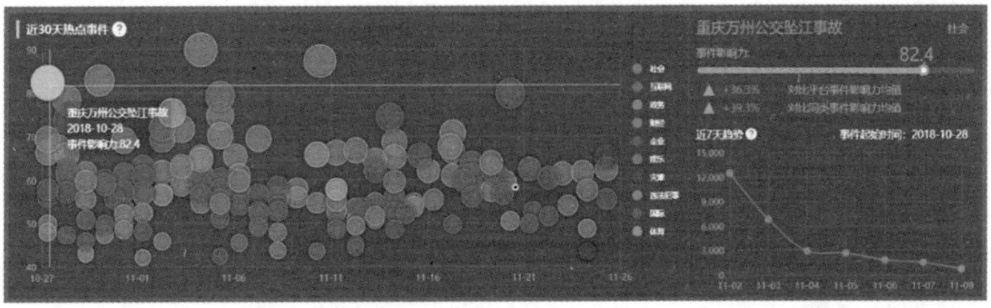

图5 30天内热点事件

资料来源：知微。

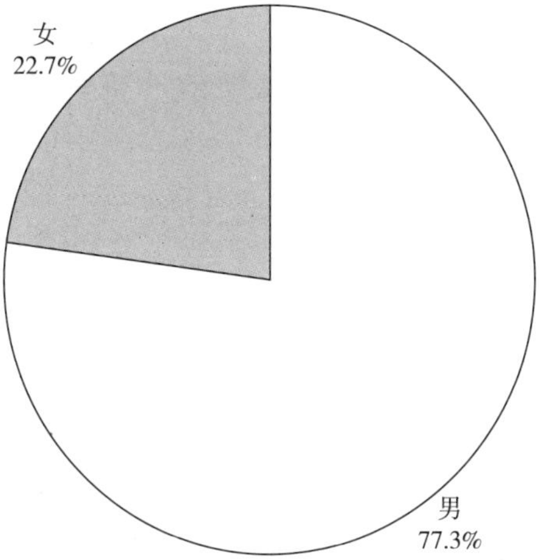

图6 "重庆万州公交坠江事故"性别比例

资料来源：知微。

（三）用户活跃度

在参与重庆公交坠江事件讨论的微博用户中，有62.9%的用户平均发博量集中在0~0.2条/天（见图7）。和30天来热度排名第一的舆情事件（2018中国国际进口博览会）相比，高出约10%。这说明除了意见领袖、大V外，大量平时不常使用微博的用户也参与了该事件讨论。可以说，该事件引发了全民讨论。

"重庆万州公交坠江事故"中，用户的平均
发博量集中在0（条/天）~0.2（条/天）区间中

区间	数值
0~0.2	62.9
0.2~0.4	15.0
0.4~0.8	12.3
0.8~1.5	6.1
1.5以上	3.6

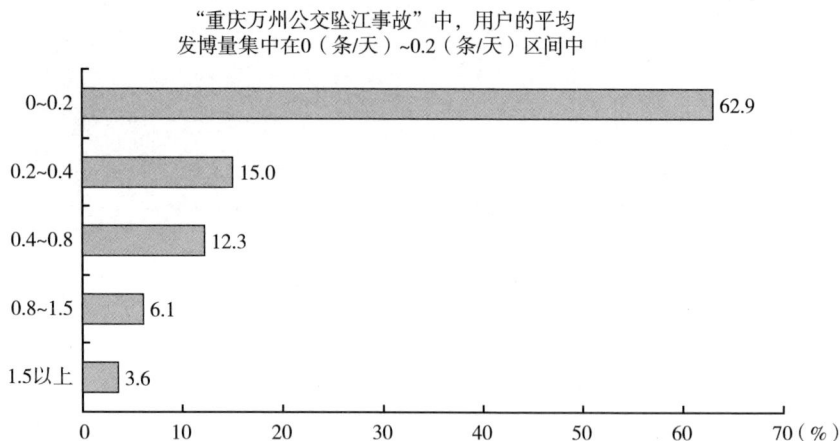

图7　"重庆万州公交坠江事故"用户活跃度

资料来源：知微。

（四）用户地域

除事发地重庆及其周边地区外，北京、广东、浙江、江苏等省市的网民也积极参与了微博讨论。

从参与该事件的所有微博用户的地区分布来看，广东网友数量最多，其次为临近事发地重庆的四川，北京、浙江、江苏等省市紧随其后。

北京、广东、浙江、江苏等地，传媒业发展较为领先，信息传递较为迅速，同时汇聚了各类精英人物，而这类人物与意见领袖具有很大的重合性。

重庆是事故发生地，四川临近重庆，积极参与该事件讨论的网民也不少，这与用户信息获得的便利性有关。事发地用户更容易在最短的时间内获知信息。

六　意见领袖仍以传统媒体为信源

11月2日，"@头条新闻"微博公布了重庆公交车坠江原因，该条微博转发量超过15万，评论数近25万。

（一）微博意见领袖以加 V 用户为主

虽然微博给每个人都提供了成为意见领袖的可能，但从数量和质量来看，以加 V 实名认证人士即传统精英为主（见图 8）。在"@头条新闻"这条微博转发量前十的微博中，有 8 条来自加 V 认证用户，另外还有一条来自大 V"（@papi 酱）"的小号。可见，该微博意见领袖的主体多是加 V 认证的名人，微博意见领袖正由"匿名化"或半"匿名化"逐渐走向"实名化"。

图 8　重庆公交坠江原因微博的转发情况

资料来源：新浪微博。

（二）意见领袖职业分布广

在职业上，重庆公交坠江事件的意见领袖有媒体从业者、作家、企业家、娱乐明星等。媒体人接近信源，媒介素养高，善于运用新媒体，很容易脱颖而出成为意见领袖。"@头条新闻"的这条微博转发量前十的用户，有资深媒体人"@神得强Steven"等。此外一些社会名流，例如企业家、作家、娱乐明星等也纷纷加入微博意见领袖的行列。在这次重庆公交坠江事故中，企业家"@孙宇晨"、作家"@管鑫Sam"、明星张译都发挥了意见领袖的作用。

除此之外，该事件中还有一些用户成为意见领袖具有偶然性。例如时尚博主"@HODI"，该用户仅有3万多粉丝，却有8000以上的二次转发量。原因在于该用户在"@头条新闻"发布后的4分钟内进行了转发，时效性促使其微博获得了广泛的曝光。

（三）传统媒体是微博意见领袖的重要信源

草根意见领袖虽然时效性强，但是关注度与影响力似乎不够。而传统媒体的微博传播效果则远远超过草根意见领袖的微博。

以"重庆公交坠江"为关键词在微博进行搜索，搜索结果中热门微博均为传统媒体的微博，例如"@央视新闻""@成都商报""@新民晚报新民网"等。

可见，此次事件中，媒体自身的权威性、真实性和影响力得到广泛认可，传统媒体仍发挥着重要的信源功能。

七 网民情绪较为负面

重庆公交坠江事件中不仅存在公交车司机与乘客的冲突，还涉及社会对女司机的刻板印象，因此网民的情绪较为负面（见图9）。

网友一度对女司机进行谩骂，事故原因公布之后又对错误引导舆论的媒体进行谴责，例如"xx 报纸出来道歉！"。同时网友认为涉事乘客"害人害己"并对其进行了谴责，对公交车司机的行为表示不解："为啥往右边打方向盘？"还有网友认为车上的其他乘客太过冷漠，没有及时制止争吵才造成悲剧。例如"什么原因让人们不敢伸张正义？人人只想着明哲保身？"

此外，该事件中出现大量人员伤亡，网友亦表达出了悲伤、惋惜的情绪。例如"盼出事时车上人越少越好！""家属心都要碎了"等。

情感属性

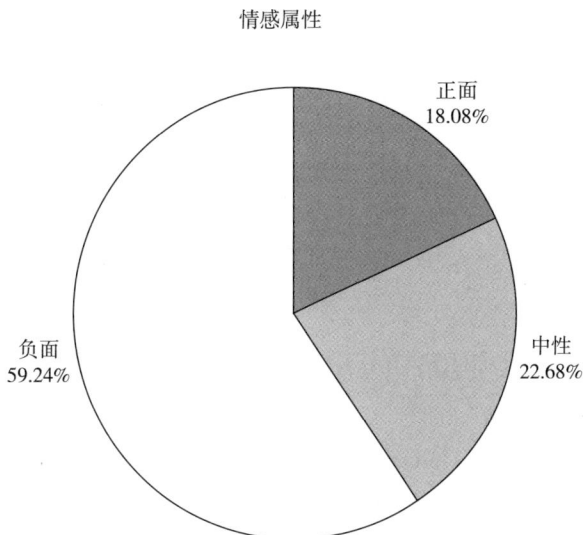

图9 "重庆大巴车坠江"网民情感属性

资料来源：清博舆情。

另外，网友对该事件也表现出了一些正面的情绪，主要是对救援队的关心，让打捞人员"注意安全"。还有对遇难者的祈福，如"愿逝者安息"。

中性的情绪则表现为对事件的理性分析，表示要"吸取教训，并且立法，车闹也该接受法律的制裁"，以及"要这么判定责任，以后打公交司机的会层出不穷，反正我认为打人女乘客主责"。

从时间上看，从事件发生当天10月28日至11月17日，网民基本呈现负面情绪。正面情绪不多，主要集中在事故发生到事故原因公布期间，表现为对救援情况的关心以及为事故人员祈祷（见图10）。

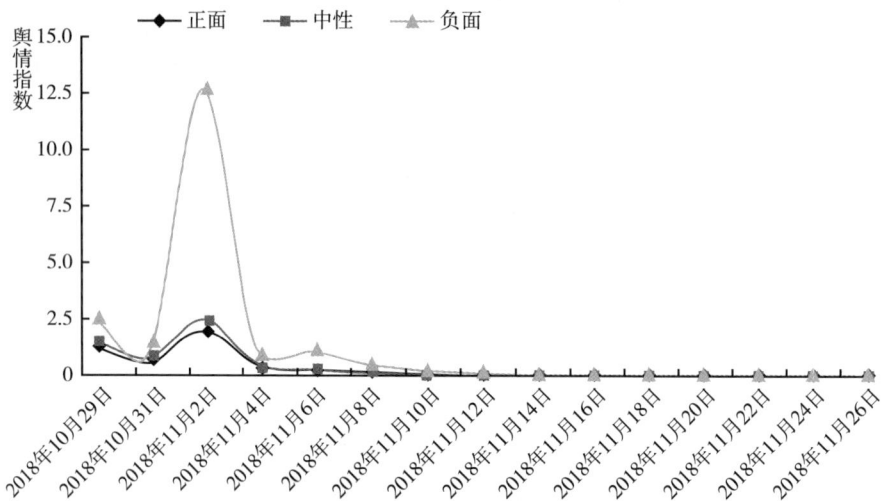

图10 "重庆大巴车坠江"网民情感走势

资料来源：清博舆情。

八 政务官博的正面引导至关重要

据新浪微热点（wrd.cn）数据，从10月28日10时至11月2日期间，舆论历经多次反转，前有"女司机"躺枪，中有公交司机被造谣，后有涉事女乘客被口诛笔伐；网络传播敏感信息占比一度达到90%的高点。而政务官博对案件、救援进展的密集通报，对舆论关切的及时回应，对击破谣言、正面引导舆论起到了重要作用。

从图11、图12来看，事发两小时左右，"@平安万州"就发布了警情通报，确认当地发生公交车坠江事故。此后，"小轿车女司机穿高跟鞋逆行导致惨剧发生"的不实消息被媒体报道，随后涉事女司机迅速被"负面标签化"，信息量急速增长。当日17时46分，"@平安万州"发布二次通报，认定事件由公交车突然越过中间实线导致，而非网传女司机逆行造成，信息量攀升至最高峰。29日0时许，"@万州发布"发布70多艘救援船连夜搜救的信息后，受到网友关注。当日下午，"@重庆发布"发布消息称初步核实15人失联，车辆位置基本确定，信息量不断增长，于30日7时达到高峰。

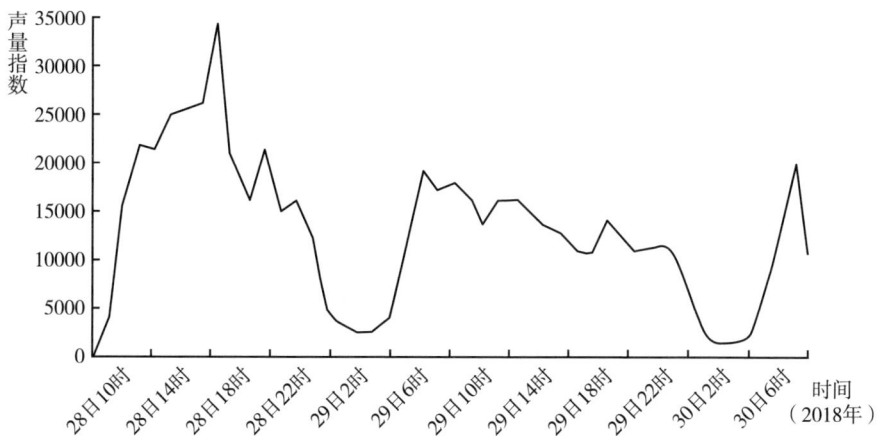

图11 重庆公交车坠江事件敏感信息趋势

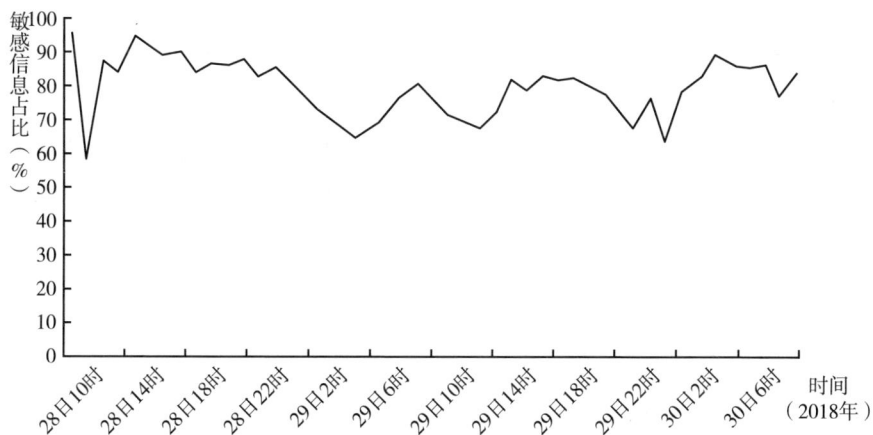

图12 事件声量及敏感信息趋势

资料来源：微热点。

相关部门的具体措施有：10月28日10时许，重庆公交坠江事发两小时内相关部门就在微博报道案件。事发三小时交通运输部领导与重庆市交通局指导组织开展救援工作。14时31分，"@中国消防"发布最新搜救情况。17时46分，"@平安万州"第二次通报案件情况，认定事件由公交车突然越过中间实线导致，而非网传女司机逆行造成。该条微博破除了谣言，对舆

215

论进行了正确的引导，舆论负面情绪也减少。10月28日18时37分，"@公安部交通安全微发布"等政务官博发布的"公安部派工作组赴重庆指导救援处置"获得网友认可，敏感信息占比持续下降。10月28日19时，20多艘救援船只开展救援打捞行动，其他救援力量陆续抵达万州。10月29日0时25分，"@万州发布"发布"70多艘救援船连夜搜救，蛙人救援队、水下机器人、吊船等专业打捞力量正全力开展工作"，对救援行动进行报道，体现其对此次事故的重视以及对人民的认真负责。10月29日16时42分，"@重庆发布"发布："初步核实15人失联，车辆位置基本确定。"10月30日7时48分，潜水员捞出一具遗体交给武警。10月30日10时20分，"@重庆发布"发布："重庆万州坠江公交车打捞深潜设备到位，潜水员正下潜勘测。"10月30日，警方已经解除对涉事私家车女司机邝某的控制。10月30日16时45分，"@重庆发布"发布："共发现9名遇难者遗体，已打捞上岸7名。公交车视频监控记录仪已被发现。"11月1日1时39分，"@重庆发布"发布："23时28分涉事公交车打捞出水，已发现的遇难者遗体打捞完毕。"11月2日上午，多个政务官博"@公安部打四黑除四害""@万州发布""@平安万州""@平安重庆""@公安部交通安全微发布"等迅速通报重庆万州公交车坠江事故原因，形成新媒体宣传矩阵，传播官方声音。通报内容详尽，事故原因、侦查过程、救援善后工作一一囊括其中，且宣传方式丰富，除文字介绍外还附涉事公交车内黑匣子视频，还原事发现场，可信度高。

九 事件激起广泛的道德与法律层面的讨论

一位女乘客在坐公交车时错过了1站，致使其余14个人错过了后半生，围绕这起事故的原因和责任定性，网友展开了讨论。从词云图来看，"事故原因""规则""公共安全""规定""责任""文明""部门""要求"体现了网民对提高规则意识的呼吁与对此次案件责任追究的关注。

有网友认为是女乘客不负责任的巨婴行为，让整车乘客陪葬，如网友"@半瓶墨"留言："这泼妇，自己坐过站了，还要发疯，真是害群之马！

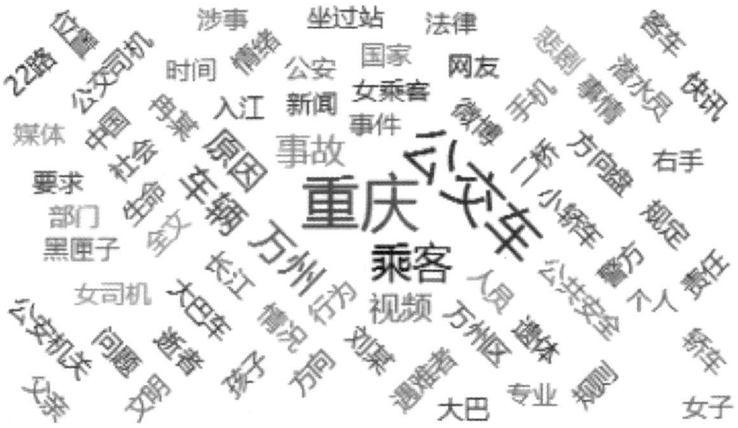

图13　事件报道内容的词云

资料来源：百度。

挺心疼这司机的，莫名其妙被骂，死后还要被判互殴；心疼整车的人"；
"@火星的守护者"留言："该死的女泼妇，害死了十几条生命。"

有观点指出司机在此事中也有不可推卸的责任，如网友"@大胖傻子_荞"留言："司机的义务呢？难道不应该先刹车或变道保障乘客安全？"也有自媒体持此观点，如知名法律博主头条文章作者"@上海滩小律师"认为，"他是一个大巴司机，正在开车过江，这时候面对打闹的乘客，还真就要忍住，天大的委屈等过江了，车停下来再处理，这就是司机的责任，这么多乘客的生命在你手里"。

还有网友认为公交车上其他乘客的冷漠也是导致悲剧发生的重要原因。如网友"@向内行走inside"认为，"车上的其他十多人呢？是不是冷漠是冷漠者的葬礼？"也有自媒体持此观点，财经博主"@金税三期时代的愤青"认为，"反而围观乘客的无动于衷我认为是值得我们批判的。遇到风险程度加大的时候，一定要有人站出来，阻止风险的加大，明知风险已经到来，但还是无动于衷，是否说明大多数人内心的懦弱与冷漠"。

此外，对如何避免类似事件再次发生，有网友提出建议，如网友"@今年要考上人大新传公共传播"留言："我认为，治本之策是更新公交系统。比如改革公交到站提醒措施（多加 LED 灯、提高广播音量、多个座位旁设置下车铃按钮、完善和普及新媒体提醒手段如百度地图公交）、拓展临时换线提醒渠道来及时到位提醒潜在乘客、加装司机与乘客隔离设施等等"；网友"@榴莲班长民宿"认为，"北京的公交车上除了司机外还会有安全员或者售票员，各司其职，而且驾驶室设置玻璃门，正常乘客是够不到司机和他的方向盘的。如果车上除了司机能再有一个工作人员，想必许多坏情绪都不会对着司机一人了"。

关于责任定性，还有部分自媒体对观点进行了完善，认为公交车司机、女乘客与车上其他乘客三者都有责任。独立评论人、《人生三段论》的作者、微博签约自媒体"@老徐时评"说："一个巨婴乘客，一个被激怒失去理智的司机，一群未能及时出手制止悲剧发生的人。这场悲剧，女乘客为自己的愚蠢付出代价，司机为自己的冲动付出代价，全车乘客为自己的冷漠付出代价。付出了 15 个生命，只是这个代价太大了！"知名法律博主"@陈建亮律师"说："视频中的女乘客的行为，已经严重危害公共安全，触犯《刑法》第 115 条。这司机也有不对的地方，如果有乘客与司机发生争执，应该把车停在路边之后处理事情或者报警。而作为公交车公司，应该把公交车驾驶位全部隔开。最后，我们作为公交车上的乘客，看到有其他（她）乘客与司机争吵或攻击司机，千万不要事不关己坐在那儿看热闹。"

部分网友与自媒体就赔偿问题提出了自己的看法，如网友"@七月份的尾巴 ioio"留言："我比较关心的是其他乘客家属可否向保险公司、公交公司、司机家属、打人乘客刘某家属提起民事赔偿"；网友"@鱼二丸丸"留言："作为一个低调的律师，解说一下重庆万州大巴坠江事件赔偿问题，遇难者的赔偿按照责任比例，一部分由公交车公司承担，一部分以肇事女乘客的遗产为限承担"；知名心理咨询专家"@雷明"认为，"这个女乘客干扰司机驾驶，造成重大事故！她就算已经死亡，她也应该承担民事赔偿责任吧？用她名下的财产（遗产）赔偿无辜死去的其他乘客"。

部分新闻媒体对坠江事件发生原因发表观点，认为规范司机行为是当务之急，方向盘上掌控的是人命，而如何把涉事女乘客这类人对公共安全的威胁降到最低将是需要解决的重要问题。

"澎湃新闻"在"坠江教训：公德要彰，规范司机应对也是当务之急"中说："文明的养成需要很长时间，公民素质的提高也非一朝一夕所能完成。但是这样惨重的代价谁都不愿看到，或许只能从规范司机行为入手，才能更快更好地提高乘车文明。""中国青年网"在"重庆公交坠江反思：方向盘上有人命！"中说："重庆公交坠江事件，是完全可以避免的人为之灾。当然，无理取闹的各色'乘霸'，已经成为主要祸害。司法再不出手，恐人人自危。""新京报"在"重庆公交坠江竟因'司乘打架'，公交失控缘于心智失控"中说："如果'垃圾人'只是害自己，那我们可以不去理会，可是他们常常会绑架一车人，这就构成了对公共安全的威胁。如何把'垃圾人'对公共安全的威胁降到最低，是这起坠江事故留给人们的最大问题。"《人民日报》在"我们是否需要一场文明自省？"中发表言论："一方面，我们需要通过诸如诚信黑名单等制度规范倒逼规则意识与法治思维的提升；另一方面，我们依然需要不断唤醒我们古已有之的善意与良知，用德治荡涤社会风气、推进社会文明。"

十 境外媒体较少报道

在谷歌以"重庆万州公交坠江"为关键词搜索后得到相关文本，并对这些文本进行词频分析。在删除"重庆""公交""公交车"这三个最高频词后得到词云图。可以看出谷歌中搜索出来的结果，主要涉及事件主要人员（司机、乘客、女司机）、救援（打捞、救援、遇难者……）、媒体（新华网、新闻网……）、事件原因（互殴、争执、原因、真相……）这四个方面的内容（见图14）。

对在谷歌搜索英文内容后得到的文本进行词频分析，在删除"bus""chongqing"这两个最高频词后得到词云图。可以看出与中文搜索结果相似的地方在于，均有与事件（plunge, yangtze, river, driver, woman, passenger）、事件原因（fight, causing, footage）、救援（location, recovered）有关的内容

图14　谷歌搜索相关中文文章摘要的词云

资料来源：谷歌。

（见图15）。而媒体方面，这里面只出现了新华社一家媒体。由此可见，境外媒体更多的是关于事件本身的描述，并且在高频词中没有出现女司机这一人物；对于事件整体上属于事实性的报道。

图15　谷歌搜索相关英文文章摘要的词云

资料来源：谷歌。

移动互联时代共享交通舆情的
特征、应对与启示

——以滴滴顺风车事件为例

黄彪文[*]

摘　要：　2018年5月郑州空姐搭乘滴滴顺风车不幸遇害，8月乐清女孩再次遇害，滴滴公司遭政府部门约谈并整改，9月停止夜间服务再次引发争议……这一系列的舆论事件不仅使滴滴顺风车在2018年成为人们讨论的焦点，更在其中考验着企业危机应对、政府交通管理、公民公共参与等问题上的博弈和智慧。

　　短短数月之间，滴滴公司从曾经获得无数赞誉的"共享经济范本""互联网＋"创新企业，成为广大消费者以及政府部门声讨的对象，背后是移动互联网技术带来的声望沉浮。本研究以两起滴滴顺风车乘客遇害事件为例，分析共享出行舆情事件的演变特征、讨论焦点以及当事主体的危机应对，进而为减少类似事件的发生提供对策建议。滴滴事件可以说是移动互联时代共享出行的一个启示录，它提醒我们：技术变革能够给生活带来便利，给企业平台带来巨大利润；但如果只是依赖技术带来的红利，而不重视交通出行最基本的安全体系和信任机制建设，技术便会呈现消极的一面，类似的悲剧也可能继续上演。

---

[*] 黄彪文，北京交通大学传播系副教授，博士，硕士生导师，主要研究方向为公共传播、舆情研究、健康传播等。

关键词：　滴滴顺风车　共享出行　舆情分析　危机应对

一　滴滴顺风车事件事实回顾

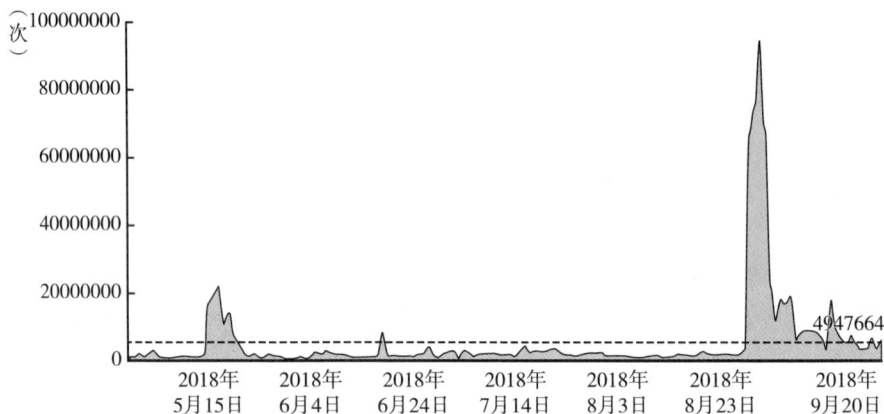

图1　百度平台"滴滴"关键词的探索热度变化趋势

资料来源：百度指数"滴滴"2018年4月25日至2018年11月23日。

（一）共享经济下"一路狂奔"的滴滴

2012年，曾任职阿里巴巴的程维创办了小桔科技，开始提供网络叫车服务。到2013年11月底，公司已经覆盖全国32座城市，注册用户达到1000万。2014年5月，产品正式更名为"滴滴打车"。

2015年，滴滴在抢占第一市场份额的补贴战中胜出，滴滴打车与快的打车合并。同年9月，滴滴快的更名为"滴滴出行"，推动业务多元化发展，并融资30亿美元，得到腾讯、阿里巴巴和Apple等全球知名投资者的认可。

2016年，滴滴以换股方式收购Uber中国。至此，滴滴占据了中国网约出租车市场份额的99%，网约专车市场的87%，成为国内最大的网约车平台。

滴滴在短短几年内从无到有，一路狂奔，成为互联网共享经济下交通出行的"独角兽"①。

（二）危机预警：平台管理不力　投诉事件频发

2018 年 4 月 1 日，博主"孟婆在修行"发文称遭到滴滴快车司机的性骚扰，而滴滴公司在后续的调查中却反问她是不是给过一些性暗示。

4 月 5 日，成都网约车司机嫌定位不准，迟到后还大骂乘客、强迫其下车。乘客向滴滴客服投诉后没有结果。

2018 年 4 月 28 日 23 时 13 分，认证信息为"上海她商信息发展有限公司董事长"的用户@张桓连发两条微博，称司机迟到，自己想要取消订单，却被突然出现的司机无缘无故暴打一顿。

29 日，张桓在其个人微信公众号上发文章《张桓：我被滴滴司机打的左眼软组织塌陷》，指责滴滴出行平台司机管控不力，处理问题拖泥带水，遮遮掩掩想小事化了，建议微博公开道歉，并称将卸载滴滴，"贱卖"滴滴的所有投资，该文阅读量很快达到 10 万 +。

29 日 10 时 27 分，滴滴官微回应，向张桓致歉、表示愿意垫付医疗费用。当天下午，有媒体报道称，滴滴公布了事件背景和过程，但与张桓的描述并不一致，比如根据张桓的描述，是司机接错人后不取消订单致使自己无法再叫车。而滴滴公布的信息认为，司机在接错人后提出取消订单并不收费用，但乘客表示要举报司机，并带有侮辱性词汇，由此才导致冲突升级。此外，司机当时还曾投诉该乘客醉酒。

29 日傍晚，张桓再次表示，"看到滴滴公关的一些泼水脏文，坚定了我的决心，我今晚会公布被打视频，以及滴滴的谎言"。30 日，张桓在微博表态：已经找到滴滴快车司机嫌疑人。爆料涉事司机非北京户口，不符合北京网约车要求，并暗指滴滴通过媒体发公关文，雇佣网络水军意图给自己

---

① 《迄今为止最深度最完整的"滴滴出行"成长路径分析》，https://36kr. com/p/5042193. html，最后检索时间：2020 年 9 月 9 日。

"洗白"。

就在双方各执一词、事件进一步升级之际，5 月 2 日 20 时 46 分，滴滴官微突然宣布双方达成和解。5 月 3 日张桓也确认了这一消息。

此次事件中，从舆情出现到滴滴首次回应，只隔了 11 小时 14 分钟；从滴滴找到嫌疑人并与当事人和解，只用了 4 天时间，应对迅速。虽然中间存在各执一词以及雇佣水军等嫌疑，但舆情的热度较小，事件的负面影响被减少到最低。不过，这也从一个侧面反映出，滴滴在司机、乘客、客服等管理上一直存在问题，类似的事件却并未引起管理层的重视。

（三）危机爆发：郑州空姐乘坐滴滴顺风车遇害事件

也就在张桓事件平息后的第三天，2018 年 5 月 6 日凌晨，21 岁的祥鹏航空空姐李某搭乘滴滴顺风车时被司机杀害。5 月 7 日下午，死者父亲报案。5 月 8 日早上，死者遗体被找到。

5 月 9 日 19 时 30 分，河南都市频道报道了"空姐遇害"事件，很快事件在网上发酵，澎湃新闻等多家媒体继续跟进报道，滴滴被推上了舆论的风口浪尖。

5 月 10 日，@祥鹏航空通过微博发布声明称，经郑州警方通报确认，祥鹏航空员工李某是在 2018 年 5 月 5 日晚从驻勤酒店搭乘网约车前往市区途中不幸遇害。

5 月 10 日中午，滴滴首次发文道歉："对郑州顺风车乘客遇害感到万分悲痛和愧疚"，并承认对此事负责。根据蜜蜂舆情云平台的监测，从 5 月 10 日 00：00 至 5 月 10 日 14：00，全网相关信息量达 25516 条。其中新闻达 192 篇，客户端推送 187 条，微博 24573 条。[①]

道歉后，滴滴采取了事后被人广为诟病的一个公关行为：20 时 09 分，滴滴官微再次发声明，承认涉事人是滴滴公司的顺风车司机，并表示愿意悬

---

① 《空姐乘滴滴顺风车遇害事件舆情分析》，https：//kuaibao. qq. com/s/20180513A08B0500? refer = spider，最后检索时间：2020 年 9 月 9 日。

赏 100 万元寻找犯罪嫌疑人，同时公布此人的全名、身份证号、电话及照片。此悬赏行为引来不少网友的反感，称其有作秀嫌疑。

5 月 11 日 17 时 13 分，滴滴发布整改措施：从 5 月 12 日零点起，顺风车业务在全国范围内下线，停业整改一周；除顺风车以外的其他平台业务，对注册司机进行全面审查（此时滴滴前两份声明被删）。

5 月 12 日凌晨 4 时 30 分许，警方在疑犯弃车跳河地打捞出一具尸体，经 DNA 检验，郑州警方确认，该遗体正是杀害空姐的犯罪嫌疑人刘某华，至此"5·7"故意杀人案正式告破。

案件虽然告破，但对于滴滴的指责和反思并没有结束。5 月 14 日，北京海淀法院法官姜楠通过整合案例，披露了近年来滴滴出行车主的犯罪情况。据不完全统计，过去四年里，媒体公开报道及有关部门如法院处理过的滴滴司机性侵、性骚扰事件，至少有 50 起，几乎每个月都有①。

（四）危机顶峰：乐清女孩乘坐滴滴顺风车遇害事件

如果说郑州空姐遇害事件在许多公众眼中只是不法分子借助滴滴平台犯罪的个案，那么乐清女孩遇害事件则让滴滴的危机达到前所未有的顶峰。2018 年 8 月 24 日，浙江温州乐清一名 20 岁女孩赵某在搭乘滴滴顺风车的时候被司机强奸杀害，而这距郑州空姐事件仅三个月。

24 日 13 时 30 分，遇害女孩赵某确认上车；14 时 14 分，赵某向好友发出"救命"短信，之后失联；15 时到 16 时 42 分之间，好友多次联系滴滴客服，要求提供车牌号立案，但得到的都是"没有权限""等待一小时"等机械式回答；之后，滴滴公司称需要提供介绍信以及两名民警的警官证等手续，民警于 18 时 04 分通过邮件发送至滴滴公司，随后才收到滴滴公司发来的车牌及驾驶员信息；次日凌晨 4 时，作案者钟某被警方抓获并承认，在 14 时 50 分对受害者实施了犯罪行为。

---

① 《北京市海淀法院网披露滴滴出行车主犯罪情况》，http://news.youth.cn/bwyc/201805/t20180514_11620382.htm，最后检索时间：2020 年 9 月 9 日。

8月25日，滴滴第一时间发文道歉，称负有不可推卸的责任，愿意按照法律规定的相关人身伤害标准给予3倍赔偿。

8月26日11时03分，滴滴公司再次官方声明，宣布27日零时起全国下线顺风车业务，并免去顺风车总经理和客服副总裁的职务。

关于此次事件的更多信息被披露，网友@豆豆-lin叙述，案发前天乘坐犯罪嫌疑人的车就差点被害，而滴滴客服并未对这一投诉进行任何处理；此外，被免的滴滴顺风车事业部总经理黄洁莉曾称：顺风车是"一个非常有未来感、非常sexy的场景"；被害人在遇害前还向犯罪嫌疑人转账9000元。平台监管不力、整改措施不到位、价值观扭曲是公众质疑滴滴的矛头所在。

8月27日，交通部以"平台公司应当将自责落实到行动上"一文痛批滴滴出行接二连三发生顺风车司机杀害乘客的恶性事件，忽视安全管理、缺乏依法经营意识、对乘客安全缺乏责任心，对滴滴公司提出明确的整改要求。

8月28日晚，在"8·24"温州女孩遇害四天后，滴滴出行创始人兼CEO程维与滴滴出行总裁柳青终于通过微博道歉，"在逝去的生命面前，我们没有任何借口，再次向所有人郑重道歉"，并在用户认可前将顺风车业务无限期下线。

9月4日，滴滴宣布启动安全大整治；9月5日，交通部等10部门组成的检查组进驻滴滴公司开展全面检查工作。9月7日，程维发内部信坦承安全指标体系存在盲点，并喊出了"All in安全"的口号，宣布成立安全指挥部。

9月8日至14日，滴滴宣布暂停深夜11时至清晨5时的网约车服务，原因是系统升级。但这也导致部分地方出现打车难、黑的士坐地起价等现象，关于滴滴公司垄断的议题被进一步讨论。

9月27日，交通部在新闻发布会上通报对滴滴的调查结果，指出网约车、顺风车业务存在公共安全隐患突出，应急管理技术薄弱、效能低下，企业平台诚信严重缺失等九大隐患。

（五）动辄得咎：漫长的信任重建之路

2019 年 11 月 6 日，经过 435 天以后，滴滴顺风车在滴滴出行 App 公布了最新产品方案，同时宣布将于 11 月 20 日起，陆续在哈尔滨、太原、北京、南通等 7 个城市上线试运营。滴滴在公布这一消息时称：怀着敬畏之心重新出发，我们希望顺风车承担为社会大众出行创造价值的责任，为广大用户提供安全、经济、友善、环保的出行方式。

新的产品方案针对用户普遍关心的安全准入问题做了重点回复，在新的方案中，平台将引入失信人筛查机制，并积极探索与第三方信用产品企业合作方式，以便进一步提升用户准入门槛。

不过，试运营方案中的一个细则却让滴滴陷入了意外的次生舆情中：滴滴顺风车试运营规定每天服务时间为 5：00～23：00，对女性乘客开放服务的时间则为 5：00～20：00。这种专门针对女性的运营规定，很快就在网络上形成舆论热点。一些网友用"女性只能白天打车"来评价该规定，认为这实际上是剥夺了女性夜间乘车权益，是一种性别歧视。

当天，滴滴柳青发微博表示：消费者的批评悉数收到，之所以在试运营时间上男女有别，主要是基于安全考虑，自己作为资深女白领，也觉得现在的这款产品对女性用户不太好用，恳求大家给产品调整更多时间。滴滴官方微博随后也发布：对所有用户提供服务时间均调整为 5：00～20：00。

滴滴的故事还远没有结束，顺风车业务更是成了滴滴危机黑洞，滴滴公司却又不得不以此来证明自己，滴滴公司要重新获得消费者的信任，还有很长一段路要走。

二 郑州空姐与乐清女孩遇害事件舆情特征分析

（一）舆情波峰不断　微博声量最大

根据知微数据，综合微博、微信和网络媒体平台，本次"乐清女孩乘坐滴滴顺风车遇害事件"的事件影响力指数为 80.1，"郑州空姐搭乘滴滴顺风车遇害"事件的影响力指数也达到79.1，高出全部事件的影响力指数平均值30%以上，在滴滴历史热点负面舆情事件中位列前两位。且关联事件"滴滴全国下线顺风车业务"（75.8），"交通运输部、公安部等约谈滴滴"（72.2）影响力也普遍较高（见图2）。可见，三个月内两起乘客遇害事件，让滴滴公司陷入前所未有的危机之中，直接导致了滴滴顺风车全国下线，也让网约车出行安全成为公共讨论的焦点议题。

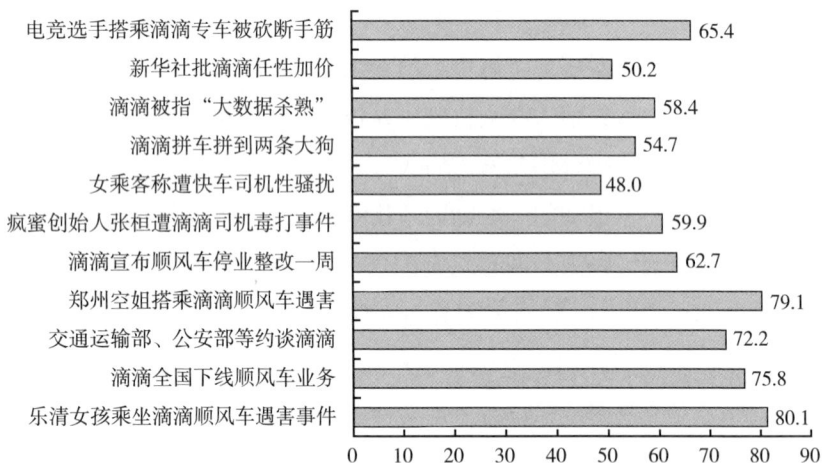

图2　滴滴热门负面舆情事件热度

资料来源：知微。

滴滴空姐遇害事件发生在5月6日，而舆论高峰却主要集中在5月10日至12日三天，案发后涉事司机信息被起底、滴滴百万悬赏等也起到助推舆论的作用。绿岛舆情监测系统平台显示：5月10~11日，共采集到滴滴空姐遇害事件的相关文章14615篇，其中微博12593篇，微信393篇，新闻网722篇，App端827篇，纸媒4篇，论坛76篇。[1] 同样，根据蚁坊软件的数据，有关"空姐深夜滴滴打车遇害"的舆情信息中，传播量居首位的平台为微博（占据82.08%），其次是新闻客户端（占6.52%），微信公众号

---

[1]　《空姐被害舆情事件分析及处置建议》，https：//mp. weixin. qq. com/s/mU‐P8rXrz‐CXyV_ujiwFNg，最后检索时间：2020年9月9日。

只占 4.15%①。可见，虽然此次事件的传播过程，最早是由河南都市频道等传统媒体发起，但微博平台却为事件发酵提供了重要环境，微博信息直接引领整个舆论场的走势，部分大 V 账号推波助澜，引发高度关注。

而乐清女孩遇害事件虽然在一天内就迅速破案，但舆论持续的时间要比郑州空姐事件更长，除了 25 日至 27 日对事件本身的讨论外，滴滴后来多部门被约谈、顺风车下线整改也引发了多个次生舆情，一直持续到 9 月 6 日。从知微数据来看，8 月 25 日当天在舆情形成至发酵过程中就出现多次峰值波动，滴滴顺风车司机抓获破案、滴滴道歉声明、平台司机前一天遭投诉滴滴未处置、浙江运管责令暂停浙江地区顺风车业务等均引发热议，这期间众多 KOL 账号、央视财经参与报道。8 月 26 日，网民则围绕滴滴宣布下线顺风车业务、疑似武汉滴滴 QQ 群司机群聊曝光、多部门对滴滴开展联合约谈等，迎来舆情的第二波高峰。8 月 27 日，重庆等多地约谈滴滴、章子怡等明星评论滴滴顺风车、交通运输部官网刊文批滴滴等，让事件的讨论声量一直得以持续②。

互联网是有记忆的。从知微热点舆情事件库中，我们可以发现这不是滴滴第一次被爆出负面舆情。除"新华社批滴滴任性加价""滴滴被指'大数据杀熟'"等技术层面问题外，从 2016 年"电竞选手搭乘滴滴专车，被司机砍断手筋"（影响力达 65.4），到 2018 年 4 月"滴滴女乘客遭快车司机骚扰""疯蜜创始人称遭滴滴司机毒打"等，滴滴乘客与司机的暴力冲突、性骚扰事件也已早有先例③。可以说，乐清事件是在前述郑州空姐事件的延续，更是以往所有滴滴负面舆情事件的延续，其影响力和持续热度也积蓄了前述事件的势能。从中我们可以看出新媒体时代下舆论事件尽管来得快去得也快，一般只能持续 3～7 天就会被新的事件所取代，但是危机只是暂时沉寂，并不会因此而消失，可能在下一次危机事件到来时集中爆发。

---

① 《空姐深夜滴滴打车遇害》，http：//www. eefung. com/hot - report/20180517154453，最后检索时间：2020 年 9 月 9 日。
② 《乐清女生滴滴遇害舆情复盘：为何热度比空姐事件更高？》，https：//zhuanlan. zhihu. com/p/43595646，最后检索时间：2020 年 9 月 9 日。
③ 《乐清女生滴滴遇害舆情复盘：为何热度比空姐事件更高？》，https：//zhuanlan. zhihu. com/p/43595646，最后检索时间：2020 年 9 月 9 日。

（二）媒体集体发声，央媒一马当先

郑州空姐与乐清女孩两个事件之所以舆论关注度高，不仅是因为网民讨论热烈，更因为媒体的高度参与，尤其是中央媒体的报道，也体现出此次事情的影响力。知微数据显示，乐清女孩遇害事件的央级媒体参与度高达79.3%，郑州空姐遇害事件也达到69.0%（见图3、图4）。媒体在这两个事件中的态度与公众高度一致，直指企业的监管和治理问题：人民日报《人民日报评顺风车案：网络平台不能只有"资本思维"》、交通部网站刊文批滴滴《任性妄为藐视生命，更是犯罪》、新华社《滴滴命案：每个"假如"都是滴血的漏洞》、央视网《屡犯不改！细数滴滴"七宗罪"，何时能整改?》、央视

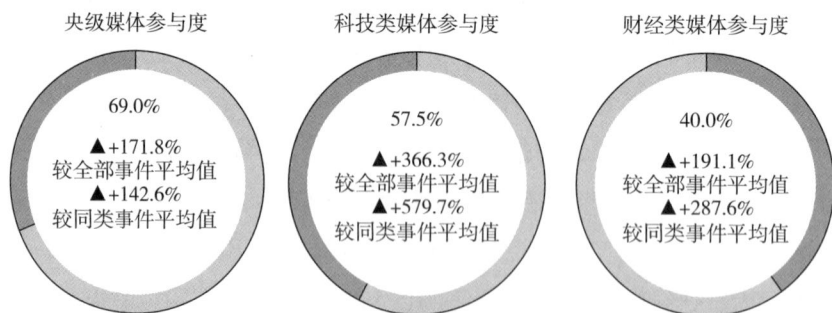

央级媒体参与度　　　科技类媒体参与度　　　财经类媒体参与度

69.0%
▲+171.8%
较全部事件平均值
▲+142.6%
较同类事件平均值

57.5%
▲+366.3%
较全部事件平均值
▲+579.7%
较同类事件平均值

40.0%
▲+191.1%
较全部事件平均值
▲+287.6%
较同类事件平均值

图3　郑州空姐遇害事件媒体参与度

资料来源：知微数据。

央级媒体参与度　　　科技类媒体参与度　　　财经类媒体参与度

79.3%
▲+212.5%
较全部事件平均值
▲+179.0%
较同类事件平均值

57.5%
▲+366.3%
较全部事件平均值
▲+579.7%
较同类事件平均值

44.0%
▲+220.2%
较全部事件平均值
▲+326.4%
较同类事件平均值

图4　乐清女孩遇害事件媒体参与度

资料来源：知微数据。

财经评论《三问滴滴，以生命的名义!》、新京报专栏评论顺风车再出命案《平台之责在不遗余力应对人性之恶》等报道均获得大量媒体转载。

主流媒体多质疑空姐遇害后滴滴的整改成效，呼吁出行平台将用户安全放在首位，加强行业监管。同时，交通部等政府监管部门也集体发声出动，几乎可以说"滴滴不是在被约谈，就是在去被约谈的路上"。

（三）媒体报道深入　网约车安全成重点

从媒体报道的主要议题来看（见图5），郑州空姐遇害事件引发了全社会对网约车安全监管以及女性安全乘车等问题的深入讨论，对滴滴的态度以负面为主。其中，24%的媒体报道追踪案件细节与进展，重点在当晚被害人李某的乘车细节、背景以及对涉事司机的追捕等。18%的媒体报道关注滴滴对事件的回应和处理，如"人民网"发文称，5月10日，针对空姐滴滴打车遇害一事，滴滴官方发布声明，称自身负有不可推卸的责任，向其家人真诚道歉。

除了对案件本身的报道外，对责任的归属探讨和反思成为媒体重点讨论的话题，质疑平台漏洞和监管比例为29%。如披露滴滴在司机信息审核上的漏洞，"中国经营网"发文称，滴滴最新回应之中所说的"人脸识别"安全措施，只有很少的一部分顺风车车主体验过人脸识别，大部分滴滴顺风车车主在接单前没有接到过滴滴人脸识别的要求。滴滴顺风车还存在注册宽松、使用随意等问题。还有媒体报道讨论滴滴在此事中具体的责任划分，"澎湃新闻"发文称，人命关天，滴滴不能一句轻飘飘的"道歉"和"配合警方"了事，无论如何，对于空姐遇害事件，家属都可以依法向法院提起民事诉讼，要求滴滴承担相应责任并进行赔偿。另有7%的媒体报道跳出滴滴公司，反思网约车安全问题，如《湖南日报》发文称，令人发指的"空姐遇害案"，再次揭开了网约车安全防范机制上存在的种种漏洞。网约车行业的有些安全保障只是"看上去很美"，是"纸糊的安全"，一捅就破。"制度性补牢"只是第一步，也是关键性的一步，只有"把安全挺在前面"，网约车才能行稳致远。

关于此次事件的一个次生舆情，是自媒体公众号"二更食堂"发布的一篇文章："托你们的福，那个杀害空姐的司机，正躺在家数钱"，其中对"空姐深夜滴滴打车遇害"进行了低俗描述，引发众怒和舆论反弹。有近10%的媒体报道谴责"二更食堂"的低俗炒作，"新华网"发文称，自媒体"蹭"热点不能丧失良知，"二更食堂"也由此被关停。

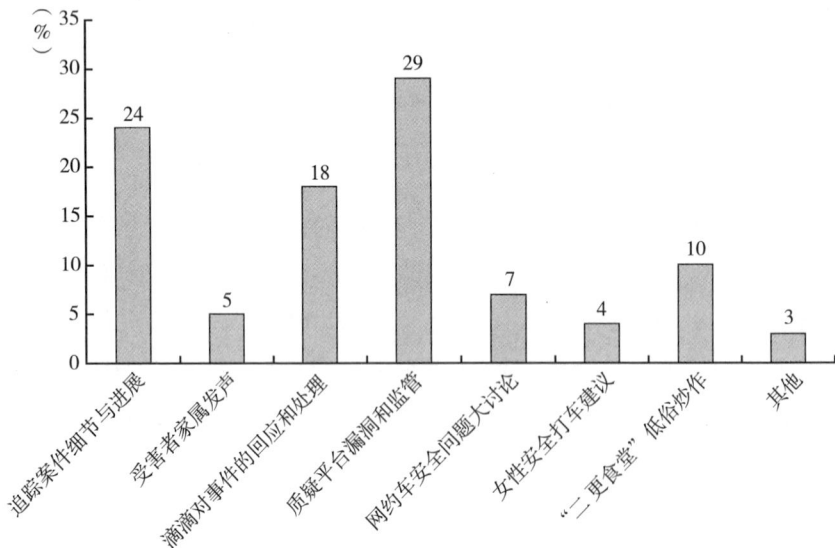

图5 郑州空姐遇害事件媒体报道议题分析

资料来源：作者整理。

其他的媒体报道则关注受害人的家属发声、科普女性安全打车知识、关注罪犯的"黑历史"、完善共享经济、出租车与网约车之争等内容。

乐清女孩遇害事件中，媒体提及率最高的九个议题分别为"指责滴滴客服""滴滴空姐事件对比""滴滴回应道歉""滴滴下线顺风车""交通运输部约谈滴滴""温州警方回应""散布侮辱性言论者被捕""浙江运管责令滴滴""发生同类事件应对方法"。

从8月25日至28日的占比分布变化情况来看，早期舆论主要聚焦于指责滴滴客服，进而指责滴滴对安全的漠视和平台责任上，而关于本次事件与此前滴滴空姐遇害事件的对比一直不断，后期更有增长之势。

滴滴在回应道歉后，虽引发了一波讨论，但舆论视线很快被滴滴下线顺风车吸引走，温州警方回应、交通运输部约谈滴滴后相关内容热度陡升。在事件发生后，网友、媒体、企业、政务官微各方纷纷宣传自救方式，同类事件应对方法广泛传播，至后期依旧有较高的占比。

（四）网民意见分析

滴滴顺风车的两次乘客遇害事件均引发大量网民关注，与媒体报道相比，网民的态度显得更加情绪化和极端，对滴滴的态度更加负面（见图6）。分析显示，在空姐遇害事件中，25%的网民言论追踪案件细节与进展，他们对案件的发生多表示愤怒和悲痛，认为应该严惩犯罪嫌疑人，呼吁加强网络约车监管，杜绝类似事件再发；同时，部分网民在转发案件相关信息时也对死者表示哀悼，希望死者家属好好生活。

20%的网民言论聚焦滴滴对事件的回应和处理；"二更食堂"作为知名大V在此次事件中被口诛笔伐，13%的网民对此言论进行讨论，网民提出知名自媒体不能为了点击量不择手段，应当守住底线。

相较于传统媒体，网民在讨论滴滴平台责任时反而更加深入，滴滴司机、法律人士、IT从业者甚至客服行业都自发参与其中，13%的网民细数滴滴平台存在的弊端，网民指出滴滴是共享经济下的产物，其优点是便利且运营门槛低，然而安全系数低，如果加大审核力度那就变成了出租车公司，滴滴也就不复存在，两者是一个悖论；还有网民呼吁滴滴移除乘客评价功能，杜绝滴滴司机对乘客的相貌、身材、声音等进行评论，保护乘客隐私。

11%的网民提出女性安全打车建议，呼吁加强国民的法制安全教育；同时网民表示应该严惩违法者，公众安全教育虽然重要，但那种只字不提严惩犯罪、提高犯罪成本的法制观令人毛骨悚然，安全教育做99%，但对施暴者做1%，这是不对的。

6%的网民对犯罪嫌疑人的身份信息进行讨论，其中媒体官微曝光该犯罪嫌疑人服用抗抑郁药物史，引发网民对犯罪以抑郁症"甩锅"表示不满；也有网民认为媒体总"喜欢"用"抑郁症"来刻画人物，导致很多人对抑郁症患者有偏见，希望不要什么事情都牵涉到抑郁症患者这个群体。

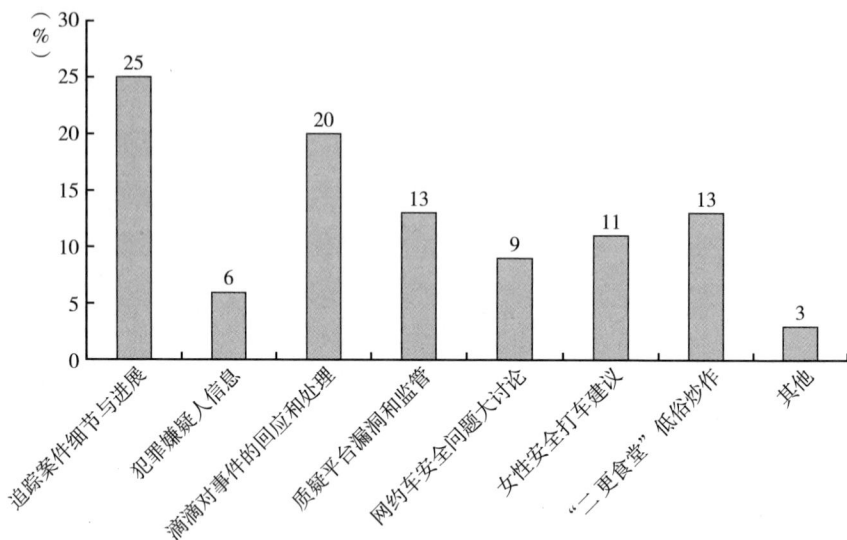

图6   郑州空姐遇害事件网民意见议题分析

资料来源：作者整理。

其他言论集中在网民臆测"凶手"另有其人、讨论地域黑行为、延伸探究共享经济利弊、关注滴滴用户掀起变更信息热潮、抨击拍摄并传播女受害人遗体照片的行为等。

在乐清女孩遇害事件中，对于滴滴、嫌犯、警方、有关部门、司机群体，网友们态度不一。

滴滴方面，网友对空姐事件更是几乎一边倒地负面批判。在前期，舆论多表示应该立即下架顺风车、平台不作为导致了恶性事件频发；而在滴滴回应后，则多认为公关推卸责任、滴滴所作所为伤害的是无辜用户、司机等，甚至掀起了"卸载滴滴"的行动。对于嫌犯，即使有媒体对其身世进行了起底，但网友还是觉得"杀人偿命、无法同情"。

针对警方的声音则在事件前期与后期有了较大变化。在早期，有部分网友认为警察不作为，对于案件没有尽力追查，且有大V@张洲发博评论警方未及时使用公权介入导致案件发生，负有主要责任，关键词"张洲评滴滴遇害事件"随后登上微博热搜榜首位，而在警方发布声明后，口碑开始转向正面；在后期，多数网友认为警察已经尽了应尽的职责，对造谣者进行谴责并要求追究其责任。

在有关部门陆续约谈滴滴后，不少网友对约谈行为进行点赞，但也有网友认为目前法律仍不健全、强奸判刑太轻、政府长期以来监管力度不够等。

对司机群体的态度，案情曝光没多久，就有网友爆出"武汉滴滴司机群"里的聊天内容，里面充斥着各种污言秽语，甚至还有对刚遇害女孩的侮辱性语言，因此引发了网友对滴滴司机素质低下的讨论。此后因为有某些滴滴司机分享自身经历而变得相对平衡。面对一次次悲剧，网友们也提出了建议：如开通一键呼救功能、推出报警系统、乘客和司机可根据性别互选、安装监控设备、规范司机审核等。

（五）关键词云分析

从两次事件的关键词云可以看出（见图7、图8），5月份的空姐遇害事件，因为被害人带有"空姐"标签，引发人们对案情本身的关注，主要的关键词如"遇害""深夜""悬赏"等都和案件本身密切相关。换句话说，5月份的空姐遇害，人们更愿意把事件归结为穷凶极恶的个案，"顺风车而非所有网约车"的知乎热评，也让人们对滴滴的平台监管依然抱有一定的信心。

图7　空姐乘滴滴顺风车遇害事件关键词

资料来源：知微。

图8　乐清女孩乘滴滴顺风车遇害事件关键词

资料来源：知微。

　　而乐清女孩遇害事件发生后，人们对滴滴的讨论远远超过了案件本身，即使滴滴道歉或宣布顺风车业务无限期下线，也已经不能平息众怒，滴滴的整个安全系统以及企业的价值观都受到质疑（见图9）。网民的态度关键词数据会永远记得，在那个炎炎夏日发生的那场悲剧，让人如此惋惜、痛心、愤怒、担忧、反思过。

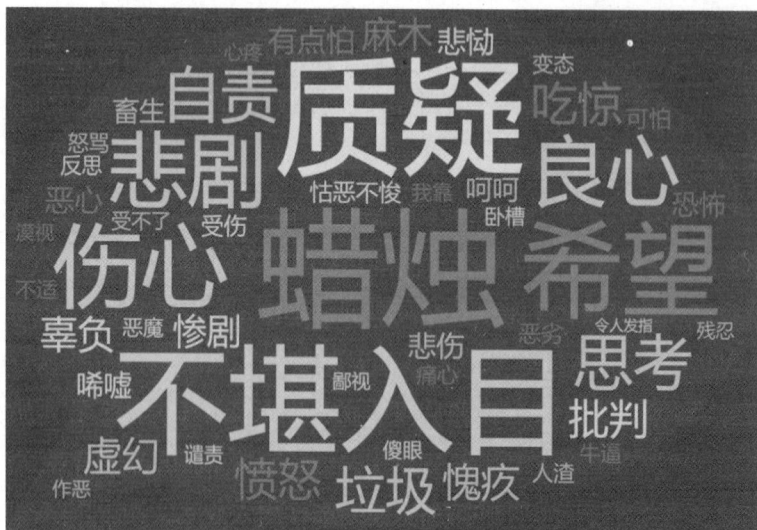

图9　乐清女孩乘滴滴顺风车事件情感关键词

资料来源：知微。

三 滴滴公司的危机应对评析

滴滴公司作为一个诞生且迅速成长于移动互联网背景下的巨头，近年来也经历过大小不断的舆情事件，在舆论应对和危机管理上并非生手，但细细分析两次事件中滴滴公司的危机传播管理，确实存在许多不当和可改进之处。

（一）百万悬赏嫌犯，危机公关弄巧成拙

中文语境下，危机中的"危险"和"机遇"是并存的，这给许多危机公关者一个想象，认为危机公关的最高境界就是"转危为机"，把危机事件当成一个可以提升自身形象的机会。然而，今天的危机，已经不是一个偶然发生的事件，而是以一种系统性方式处理由现代化本身引起的危害与不安全，因而危机（crisis）与危险（danger）不同，它是一种长期、潜在、不可逆、全球化、非个人所能承担的形式；因此，危机本质上是一种威胁性的形势、情境和状态。公关在其中能做的，只是告知真相、利益互惠和重建信任，并不是如何利用危机提升形象。滴滴在此次事件中的危机传播，出发点就是错的。

空姐遇害事件发生后，5月10日滴滴公司公开向被害人家属及公众道歉，并发布百万元悬赏，一时间"滴滴是家负责任的公司""滴滴不惜巨资悬赏抓凶"等褒奖之词接踵而至，随后"司机行凶，平台无责任""顺风车不在滴滴业务范围之内""滴滴躺枪"等辩护之词纷至沓来，从这一波操作可以看出滴滴公关团队的思路：淡化滴滴责任，化系统问题为个案。

不过，百万悬赏这一行动不仅没有为滴滴赢得理解，反而带有作秀之嫌。网民认为空姐乘坐滴滴遇害后，滴滴开展了一场"卑劣"的舆论公关，并有网民提出滴滴公司高调发布百万重金悬赏公告、配合警方办案只是幌子，维护自己形象才是目的，滴滴高层迟迟未亲自向受害者家属表态也证实了这一点。

危机之中的企业或组织尤其要认清，自己能做什么、不能做什么。百万

悬赏的做法无疑超出了滴滴的职权范围，抓捕犯罪嫌疑人是警察的首要任务，滴滴要做的是理赔和善后。在案情查明之前，涉事司机在法律上只是一个嫌疑人，而不是犯罪分子，滴滴并没有这个权力对其进行悬赏。此举不会让人认为你在诚心协助办案，而是在借机炫富。

更有甚者，滴滴在悬赏中直接把司机刘某的信息全部公布出来，这更是对公民隐私权的僭越。企业并没有权力肆意发布公民个人信息，这无异于直接告诉所有滴滴司机，"你的信息在我手上，我想拿来做什么就做什么"。

在滴滴公司百万悬赏嫌犯等做法的背后，是危机中的侥幸心理以及对责任的漠视，也是以往的危机公关套路使然。滴滴公司以往的公关行为让其相信，要么可以用删帖、雇佣网络水军等方式让大事化小，要么等待互联网热度过去后继续我行我素，缺乏责任意识，这样的想法无疑是错误的。

（二）表面道歉实则辩解，缺乏人本意识

危机发生后，在真相尚未查明以及责任归属尚不清晰的情况下，企业或组织的道歉至少应表明自身的态度，也可以表达对受害人的关怀和对亲属的慰问。尽管滴滴在两次事件后都有发布官方道歉声明，但是就空姐事件的道歉声明后被删除，就乐清事件的道歉声明被拿来对比后发现多处雷同，都被外界指责滴滴的道歉是一种套路，缺乏诚意。

以乐清事件发生后8月25日滴滴公司的道歉声明为例（见图10）。

在这份声明中，滴滴公司虽然开始就强调"深感自责和愧疚""负有不可推卸的责任"，可是接下来的大部分篇幅都试图为自身辩解。如"协助警方在14小时内迅速破案""正妥善处理后续事宜"，且不说"迅速破案"和"妥善处理"是否符合实际，在一封道歉信中用来当作对自己的工作的评价，其中的潜台词便是：我已经做了我可以做的全部。

这封道歉信中还多次使用了"无论……都……"的条件关系逻辑关联词，如"无论什么原因，我们都负有不可推卸的责任""无论法律上平台是否有责，滴滴都将……给予3倍的补偿"，表面上是在说结论——滴滴负有

对于乐清顺风车乘客遇害的道歉和声明

对于乐清顺风车乘客赵女士遇害一事，我们感到万分悲痛。在顺风车整改期间发生这样的悲剧，我们深感自责与愧疚。作为平台，我们辜负了大家的信任，负有不可推卸的责任。

在得知此事的第一时间，滴滴内部成立了安全专项组，密切配合警方开展案件调查工作，提供了乘客和车主的行驶轨迹，协助警方14小时内快速破案。同时我们也对赵女士家属进行了探望，并正妥善处理后续事宜。目前，嫌疑人钟某已被乐清警方抓获。经核实，钟某此前背景审查未发现犯罪记录，是用真实的身份证、驾驶证和行驶证信息（含车牌号）在顺风车平台注册并通过审核，在接单前通过了平台的人脸识别，但案发车牌系钟某线下临时伪造。

让我们万分自责的是，在该车主作案的前一天，有另一名顺风车乘客投诉其"多次要求乘客坐到前排，开到偏僻的地方，下车后司机继续跟随了一段距离"，我们的客服承诺两小时回复但并未做到，也没有及时对这一投诉进行调查处置，无论什么原因，我们都负有不可推卸的责任。

我们也想就"为什么没有第一时间将车主信息提供给家属"的问题做一点释疑。由于平台每天会接到大量他人询问乘客或车主的个人信息的客服电话，而我们无法短时间内核实来电人身份的真实性，也无法确认用户本人是否愿意平台将相关信息给到他人。所以我们无法将乘客和车主任何一方的个人信息给到警方之外的人，希望能获得公众的谅解。我们在接到赵女士亲属电话反馈后建议尽快报警，并在接到警方依法调证的需求后及时提交了相关信息。

再次向乘客家人以及公众道歉。我们会继续积极配合警方，同时全力做好家属后续善后工作。我们承诺，无论法律上平台是否有责，以及应当承担多少责任，未来平台上发生的所有刑事案件，滴滴都将参照法律规定的人身伤害赔偿标准给予3倍的补偿。

针对该起事件中滴滴内部责任的自查自纠进展，我们也将及时向公众公布，谢谢大家。

滴滴出行
2018年8月25日

图10　乐清女孩乘滴滴顺风车事件后滴滴公司的道歉声明

资料来源：网络。

责任和依法赔偿，实际上是在说这里的假设条件——无论什么原因（我们有难言之隐）、无论法律上是否有责（我们不负有法律责任），都是在为滴滴自身辩解。而道歉信中最大篇幅的一段"我们也想就'为什么没有第一时间将车主信息提供给家属'的问题做一点释疑"，就更加证明，这封道歉信实则是在辩解。

滴滴公司高管在两次事件发生后都未在第一时间表态，"冷冰冰"的道歉难以让人信服，如果滴滴一直没有高层出面表态承认错误，公众很难相信滴滴公司真的意识到了自己的错误。8月28日晚，滴滴出行创始人兼CEO程维与滴滴出行总裁柳青终于通过微博道歉（见图11），"在逝去的生命面前，一切的言语都苍白无力"，并在用户认可前将顺风车业务无限期下线。这则道歉虽然比前几则态度更加诚恳，也表明了滴滴彻底悔改的决心，但这已经是温州女孩遇害的四天后，更像是在汹涌民意下不得已而为之的手段。

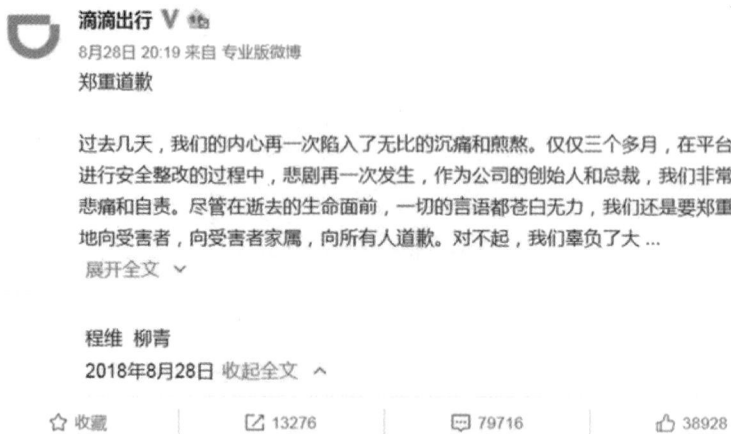

图11　乐清女孩乘滴滴顺风车事件后滴滴公司高管发布署名道歉

资料来源：网络。

尽管最后公司高管发了道歉声明，但是从危机管理的角度看，企业发生如此大的事件，程维和柳青应该尽快站出来，召开新闻发布会向公众道歉。即使在被多部委约谈后，滴滴高管也从未露面，企业给人一种冷冰冰的印象，难以让人感到对死者的尊重、对滴滴广大用户的尊重。

与道歉声明同样缺乏诚意的是和受害者家属的沟通。"空姐遇害"事件中，滴滴与被害人家属处于隔空喊话的状态，在自家的官微上进行道歉，而没有与受害者家属取得联系，受害者的父亲最后决定用法律武器控诉滴滴公司。乐清女孩遇害事件中，虽然滴滴公司吸取了前次教训，第一时间跟家属取得联系，并承诺赔偿，却被网友发现，"乐清女孩出殡滴滴派员工提营养品慰问"——竟然派两个滴滴公司的年轻员工，穿着随意参加葬礼，还带着牛奶和红色盒子的营养品，称代表公司要慰问家属，引发网络舆论的再一次反弹。网友纷纷质疑滴滴公司对生命的尊重以及道歉的诚意。

危机发生后，组织应该首先安抚受害者及其亲友的情绪，并与其建立对话机制，他们的态度会直接影响公众舆论和事件走向。在滴滴司机打人事件中，事情之所以能在短时间之内得到处理，正是因为滴滴能迅速安抚被打者张桓的情绪，做出承诺赔偿医药费，使其与平台公司、涉事司机三方和解。而在这两次事件中，滴滴公司与受害者亲属的沟通显然还很不够，与前述的百万悬赏、道歉声明、下线整改等做法相比，实在是舍本逐末。

滴滴危机公关的第二个误区，便是缺乏人本意识，在危机发生后应该以人为中心，安抚受害者及其亲属情绪，表达对逝者的尊重，弥补受害者损失。

（三）对系统问题视而不见，缺乏预警意识

任何危机的发生都不是毫无征兆的，正是滴滴公司对平台的监管不够重视，对系统长期存在的漏洞视而不见，导致了根本性危机的爆发。从事后的评估来看，滴滴公司在案发前存在的问题至少有以下几个方面。

第一，客服业务外包，投诉处理不及时。两起案件发生前，滴滴均接到过相关的投诉。空姐遇害前，曾有一起言语性骚扰投诉记录，客服五次通话联系不上嫌疑人，由于判责规则不合理，后续未对投诉做妥善处理。乐清女孩遇害的前一天，有乘客乘坐该犯罪嫌疑人的网约车就差点被害，而滴滴客服并未对这一投诉进行任何处理。案发当天，受害人朋友多次联系滴滴客服，要求提供车牌号立案，但得到的都是"没有权限"的机械式回答，由此也耽误了施救的黄金时间。

第二，司机骚扰乘客事件不断，平台监管不严。北京海淀法院法官姜楠通过整合案例，披露了近年来滴滴出行车主的犯罪情况。据不完全统计，过去四年里，媒体公开报道及有关部门如法院处理过的滴滴司机性侵、性骚扰事件，至少有50起，几乎每个月都有。

除了上面提到的乘客被司机骚扰事件外，此前还有作家六六控诉滴滴动态调价收费高、滴滴涉嫌大数据杀熟、滴滴快车司机砍断电竞选手手筋等负面新闻，都暴露出滴滴平台监管不严、运营无序的现状。

第三，顺风车准入门槛低，系统长期存在漏洞。顺风车并不归属于网约车范畴，在准入门槛、政策监管方面受到的限制比网约车少很多，滴滴顺风车在注册审核环节上是以鼓励更多车主加入为导向，存在人车不符的漏洞。

平台、司机与租赁公司的三角关系也成为安全问题频出的原因所在。按照滴滴的平台模式，司机通常挂靠于租赁公司，并不直接与滴滴公司签署劳动协议，从一定意义来说这削弱了平台对于司机的监管力度[1]。

在空姐事件滴滴的自查报告中提到，该接单账号归属于嫌疑人父亲，且正常通过了滴滴顺风车注册时的三证验证、犯罪背景筛查和接首单前须进行的人脸识别等安全措施。嫌疑人系违规借用其父顺风车账号接单。同时，滴滴原有的夜间安全保障机制不合理，导致在该订单中针对夜间的人脸识别机制没有被触发。

而乐清事件中的罪犯钟某现年27岁，来自四川，父母长年在外地打拼赚钱，是个由祖父母养大的"留守儿童"。此外，他曾向多达51家机构借款，其中以P2P网贷和消费金融公司为主，有多次逾期未缴的不良信用记录。警方透露，钟姓男子在杀害赵姓少女前，曾强迫其通过微信转账人民币9000多元，疑似财务状况十分窘迫。对此，把关的滴滴曾表示，在事件发生之前，钟某通过了人脸辨识，也确实提供了有效的个人资料作验证，此前亦没有犯罪记录。

---

① 《相欣：滴滴顺风车事件，一颗共享经济结下的恶果？》，https://tech.qq.com/a/20180512/011184.htm，最后检索时间：2020年9月9日。

第四，整改无力，处置滞后。空姐事件后，滴滴下线了顺风车业务，并在 5 月 11 日的公告中提出："（对）运营及客服体系全面整改"，仅仅一周后顺风车业务就再次上线，在 5 月 16 日、31 日以及 6 月 13 日公布的整改措施中，滴滴便再未提到任何有关于运营、客服体系整改的相关内容。

两次事件本来都是针对顺风车业务的，滴滴公司的处置滞后，缺乏壮士断腕的决心，整改不彻底，以致未能及时止损，让危机蔓延为对整个公司的信任危机。

如果说危机这个词中还含有"机遇"的意涵在其中的话，以上的四点都是危机爆发前给滴滴公司的四个机会，哪怕滴滴公司在其中一个方面能够及时预警，将问题改善，可能都不会导致两条（甚至更多）生命的逝去，也不会让企业陷入前所未有的危机之中。

（四）利益为先的价值观，缺乏安全意识

空姐事件后，舆论的一个焦点议题是滴滴公司究竟应不应该为此事负责，毕竟顺风车业务量如此之大，发生这样的极端案例也属正常，滴滴只是一个平台，无法杜绝所有案件发生。滴滴的危机公关也是以此为出发点来开展的，可是后来的舆情监测表明，公众质疑滴滴的焦点，并不在于滴滴是否应该负平台责任，而是滴滴本身的价值观。按照学者胡百精提出的危机管理"事实—价值"模型，是否有平台责任属于事实层面的问题，质疑企业价值观则属于价值范畴，滴滴急于在事实上澄清，出发点就错了。

首先，滴滴顺风车的价值观导向——主打社交化属性，成为犯罪行为的温床。被免的滴滴顺风车事业部总经理黄洁莉曾称：顺风车是"一个非常有未来感、非常 sexy 的场景"。为了实现这一点，滴滴顺风车自推出以来，就被官方定位为社交取向的共乘平台，标榜提供车主和乘客一个"半私密社交空间"，甚至给予一定的艳遇暗示，如"第一次见面，为啥给我免单？""早晚连我都要成为你的""10 分钟换一辈子"等暧昧广告语。同时双方可以通过相互评价、聊天等方式，进一步认识交友，其他用户可以随意查看这些标签。而滴滴不阻止车主给乘客打具有性暗示的标签，并且标签无法消

除，这成为车主犯罪的诱因。

正如王志安所说，滴滴的设计逻辑，将钟某这种心怀不轨的人挑选了出来，而滴滴开放的乘客信息，又给犯罪分子提供了寻找猎物的充分机会。可以这么讲，滴滴顺风车的设计逻辑，必然导致性犯罪的频繁发生。①

其次，滴滴公司的发展导向——自身利益和快速增长，让其变得更加自大和毫无敬畏心，忽略了安全出行这一最根本的前提。正如程维和柳青在道歉信中自省的："在短短几年内，我们靠着激进的业务策略和资本的力量一路狂奔，来证明自己。"希望滴滴今后真的可以"不再以规模和增长作为公司发展的衡量尺度，而是以安全作为核心的考核指标"。

最后，资本力量的驱动，让滴滴迷失了自己。2016 年 8 月，程维和柳青联合发布了《我们的征途是星辰大海》的内部员工信，在信的结尾两人写下了一句热血沸腾的话："让出行更美好，让司机受人尊敬，打造世界顶级科技公司！"这几年滴滴的确打败了众多对手，做到市场第一，估值超过 600 亿美元，即将上市，受到资本热捧，只可惜的是，滴滴却忘了初心，迷失了自己。

9 月 8 日至 14 日，滴滴宣布暂停深夜 11 时至清晨 5 时的所有网约车服务，原因是系统升级，但这也导致部分地方出现打车难、黑的士坐地起价等现象。有网友认为这是滴滴在"刷存在感"，甚至在跟消费者宣战，由此关于滴滴公司垄断的议题进一步被讨论。尽管系统升级需要一定时间，但连续一周停止夜间服务的做法必定对公众的出行产生巨大影响，这种欠缺人性化的考量，依然体现出滴滴公司根深蒂固的企业文化，可以说，资本的天然冷漠，在两次事件中体现得淋漓尽致。

正如"央视财经评论"指出的，靠磕头不能蒙混过关，拿出钱不能摆平一切。如果滴滴只相信资本的力量，而不承担相应的社会责任，不把管理的根基打扎实，无异于沙滩上建大楼，盖得再高也会垮掉。

---

① 《王志安：滴滴顺风车的原罪》，https://zhuanlan.zhihu.com/p/43131971，最后检索时间：2020 年 9 月 9 日。

四　滴滴顺风车事件对共享出行行业的启示

"顺风车"是滴滴出行旗下的热门服务之一，与专车或出租车不同，它透过数据媒合车主及乘客，主打"顺路共乘、共同分摊车费"的共享经济，自 2014 年推出以来，以低于出租车、快车的低廉价格，新鲜的乘车方式而受到欢迎，也大大改变了人们的出行方式。2016 年 6 月，滴滴顺风车披露了运营一周年的成绩单：平台共运送 2 亿人次出行，总行驶里程达到 29.96 亿公里，使用乘客数突破 3000 万人，覆盖城市已经达到 343 个。

可以说，在滴滴各类网约车服务中，顺风车这种 C2C 的模式是最接近"共享经济"的出行方式，如果剔除网约车业务，滴滴实际上只能算是一个超大型的汽车租赁平台，或者只是搭载了互联网叫车平台的传统出租车公司。而郑州空姐与乐清女孩的事件，不单单是对滴滴公司的巨大打击，也给"共享出行"蒙上了一层阴影。

（一）企业：明确共享经济平台的责任归属

移动互联时代的共享经济平台大大改变了服务提供者、平台与消费者之间的关系，从而导致三者的责任归属模糊，这是共享出行亟待解决的问题。首先，平台与服务提供者不再是严格意义上的雇佣关系，比如顺风车司机并不是滴滴公司的雇员，两者之间更恰当的是"联盟"关系，滴滴司机作为符合资格的个体，以自我雇佣的方式接入平台、为消费者提供服务；其次，平台与消费者也不是简单的消费关系，滴滴并不是出租车公司，乘客在滴滴系统上完成交易，但滴滴并不提供实际的出行服务；再次，服务提供者与消费者也不是单纯的买卖契约关系，与实物商品不同，这时服务的方式是由平台定义的，并需要由平台来保证服务的品质，在消费者眼中，我乘坐的是滴滴网约车，而不是私家车，平台的管理和品牌信任等天然蕴含其中。

服务提供者、平台与消费者三者关系改变了，一旦发生纠纷，其中的责任归属就变得更有争议。比如司机不是出行平台的雇员，既可能获得收益也可能遇到风险，平台无法为他们负责，那么平台如何吸引并留住司机？又如，当我们打车遇到问题时，我们该归咎于这个服务提供者（司机）个人，还是平台？

互联网共享平台究竟应该承担何种责任和义务，在郑州空姐和乐清女孩事件之前实际上是并不明晰的。很多时候，滴滴这样的企业倾向于认为自己仅是对接了服务提供者与消费者：一方面，对服务提供者，它把平台与服务提供者的关系设计为联盟关系；另一面，对消费者，它认为服务出现问题时，平台仅需承担对服务提供者的管理责任。比如从一个小细节看，在司机打人事件中，滴滴在声明中称为被害人"垫付"医疗费用。"垫付"这一说法某种程度上就反映了滴滴公司把自己放在对接平台而不是主要责任人的角色上，但消费者显然并不这样认为。

在传统的线下交易市场，我们熟悉的优质服务范例多是：出现问题时商家全力弥补顾客的损失。而在互联网共享经济中，一旦出现问题，平台似乎并不认为是自己违背了与消费者之间的服务契约。实际上，从滴滴以往的纠纷案件处理来看，虽然司机并非平台雇员，但通常会先得到平台公司的支持，毕竟从纯粹的商业利益的角度讲，平台需要专业和热情的服务提供者（司机），然后才能围绕自身平台形成一个良好的生态，让自己从中获利。滴滴顺风车的半社交平台的定位也正是基于此。

因此要解决共享出行的问题，首先必须明确平台公司的责任。本研究认为，尽管平台公司与服务提供者并不是传统意义的雇佣关系，也无法规范所有司机的个人行为，但平台应该负有审核责任、监管责任以及安全保障责任。应该明确规定，一旦因为平台的审核漏洞或投诉处理不及时等导致纠纷，平台应该承担相应的法律责任。网约车平台由于涉及人身安全等重大问题，不能像互联网内容平台那样经常采用"避风港"原则（在发生著作权侵权时，平台不必为其用户上传的内容承担责任），而应该负有严格的审核和监管责任。

当下平台与服务提供者之间的联盟关系尚未演化到一个合理的平衡点[1]。随着线上线下的融合，互联网上的服务交易平台对服务提供者、对消费者应承担什么样的法律责任，是滴滴顺风车事件背后应该深入探讨的问题。

（二）政府：提升顺风车的准入门槛和标准

交通运输部官网在乐清女孩乘滴滴顺风车遇害事件后的评论文章中提到，保护乘客生命安全，最关键的措施就是事前防范，既需要企业的责任担当，更需要政府的有效监管，这也是国务院保留出租汽车（包括网约车）"三项行政许可"的重要原因之一。而目前从有关部门颁布的网约车和小客车合乘的相关条例来看，对于顺风车驾驶员的要求标准和准入门槛显然不及网约车。

如《网络预约出租汽车经营服务管理暂行办法》规定，拟从事网约车经营的车辆需安装具有行驶记录功能的车辆卫星定位装置、应急报警装置；并对网约车驾驶员做出了明确规定：取得相应准驾车型机动车驾驶证并具有3年以上驾驶经历，无交通肇事犯罪、危险驾驶犯罪记录，无吸毒记录，无饮酒后驾驶记录以及无暴力犯罪记录。

《北京市私人小客车合乘出行指导意见》对驾驶员的要求则低了很多，如驾驶员应有1年以上驾龄，身体健康；在合乘中应当依法自律、安全驾驶；所选择的线路应当符合顺路便行的原则。

市场经济是法治经济，任何市场主体都要在法治轨道上运行、在法治框架内运营，特别是涉及生命安全的运营行为，绝不能游离于法治之外。提高网约车尤其是顺风车的准入门槛以及服务标准势在必行。

（三）坚持共享方向，完善"共享出行"的保障机制

共享经济的初衷是所有权与使用权分离，激活闲置资源，使其得到充分

---

① 方军：《滴滴事件：互联网共享经济平台的责任边界》，https：//www. lieyun wang. com/archives/436593，最后检索时间：2020年9月9日。

利用。毫无疑问，共享出行本身是存在社会价值和正向意义的。过去几年里，风头强劲的共享经济凭借对社会资源价值的充分挖掘、提升资源利用效率、降低企业运营和用户交易成本的优势成为最具创新性的商业模式，更催生出了诸如滴滴、Uber、Airbnb 这样的"独角兽"公司。

多数人都沉浸在共享经济为生活所提供的便捷享受中，比如网约车比传统出租车价格更加低廉，顺风车比黑车更安全，民宿公寓比连锁酒店更具个性化和人情味。而当危害到民众人身安全的问题逐渐显露时，人们对于共享经济模式应该进行重新思考。

在这次事件中，滴滴有着不可推卸的责任，全民讨伐也是应该，但问题是，难道讨伐的结果就是要求滴滴顺风车下架，或者卸载滴滴吗？对于交通出行行业来说，最需要的是破除垄断，提高服务质量和安全性，而不是让行业倒退，回到出租车时代。把顺风车一竿子打死，结果只会让出租车的拒载议价更加泛滥，让那些本可以通过严格管理加以制约的黑车卷土重来。

在共享出行成熟过程中，规则与保障机制需要进一步完善，不该唱衰共享经济本身，更不该一味地谴责平台在具体规则制定、风险控制等方面的缺失。可以给滴滴公司提供参考的是，Uber 公司早期在安全处理方面也曾犯过类似错误，因流程与分级不合理等问题导致耽搁，之后便从技术方面开发更多安全功能，包括实时给亲友分享行程状态、一键 SOS、隐藏司乘电话号码等。一旦被乘客投诉性骚扰，Uber 司机将被立刻下线与封号，客服接线时均可看到该司机此前的客诉记录。在 Uber 系统里，司机车牌号并未被设置为查询流程复杂的隐私信息。

通过这两条宝贵的生命，我们希望包括滴滴公司在内的所有共享出行企业重新拾起对生命的敬畏心，然后用最严苛的标准提高顺风车的质量，最大限度地提高顺风车的安全性，同时对整个行业做出巨大补偿和推进，甚至打破一头独大的垄断局面。通过互联网数据和人工智能等技术手段加强对交易双方行为的审核与干预，尽可能将可避免的风险排除掉，并在遇到紧急情况时及时响应、妥善处理，以保障公众的生命财产安全。

　　滴滴事件告诉我们，无论是共享出行还是传统出行，交通出行的首要需求是安全性，其次是便利性，再次是经济性，最后才是建立在此基础上的社交、营销等因素，若没有安全作为基础，后面的信任便无从谈起。从企业、法律、政府等各方面加强网约车的行业规范，加强行业监管，完善整个产业链，增强出行安全，这些都比在享受共享经济带来的方便时一味斥责它来得更重要。

道路交通安全事故热点舆情分析

——以无锡高架桥侧翻事件为例

黄彪文　屈鹏宇*

摘　要： 本文以无锡高架桥侧翻事件为例，分析道路交通安全事故中的舆情特征、信息发布、危机应对等。研究发现，事故发生后，无锡市政府及相关部门可谓高度重视、反应迅速、救援有力、追责坚决；但是在信息发布和舆论管理上，却存在"官方微博滞后发声、未能及时掌握话语权""回避焦点议题、致使谣言滋生""忽略情绪管理、舆论引导陷入误区"等问题，给政府形象造成了次生危害。今后在道路交通安全事故的舆情应对中，应该加强风险预警，注重危机中的"人祸"部分；坚持动态发布，有结论给结论、没结论给态度；制定关键信息清单，有效合理回应外界关切；注重情绪管理，引导理性讨论。

关键词： 无锡高架桥侧翻　事实—价值模型　舆情分析

　　道路交通安全事故是指由路桥损坏、坍塌、信号故障等原因引起的重大交通事故，或是由交通事故引起的道路受损、拥堵等二次灾害。与一般的交

---

　　* 黄彪文，北京交通大学传播系副教授、博士、硕士生导师，主要研究方向为公共传播、舆情研究、健康传播等；屈鹏宇，北京交通大学语言与传播学院新闻传播学硕士研究生，主要研究方向为舆情研究、公共传播、计算传播。

通事故相比，此类事件由于破坏力大、处置难度高、影响范围广，通常都会上升为社会关注度较高的公共事件，从而考验交通及相关政府部门的危机应对能力。

近年来，由路桥损坏进而影响交通安全的事故数量不断增多。2012年8月24日，黑龙江省哈尔滨市三环路群力高架桥引桥发生塌桥事故，四辆货车跌至地面，致3人死亡、5人受伤，官方调查认为是车辆严重超载引发高架桥匝道倾覆。2017年1月12日，郑州农业路沙口路高架桥一处在拆除施工中的桥面发生坍塌事故，造成1人死亡，8人受伤。2019年5月，浙江在四天内接连发生两起重大道路交通安全事故，先是5月15日，甬金高速嵊州段K73+600处，一辆装载着钢卷的集装箱卡车，撞向了高速公路的桥墩，使得承载高速公路路面的桥墩当场被撞得多处开裂，桥墩的底部混凝土被撞碎，里面的钢筋都呈裸露状态。5月18日晚22时，一辆半挂车因超过限高，将位于杭州市江干区庆春路与秋涛路交叉口的过街天桥刮倒，整个天桥桥梁被撞落在地。所幸两起事故没有造成人员伤亡，事发后也迅速得到处理，避免了舆情的进一步发酵。

2019年10月发生的无锡高架桥侧翻事件可以说是近年来最典型的一起道路交通安全事件，其影响力大、舆情热度高、各方参与广。因此，本文以无锡高架桥侧翻事件为例，分析道路交通安全事故中的舆情特征、信息发布、危机应对等，以期为今后此类道路交通安全事故的危机应对提供一定的启示。

一　事件回顾

2019年10月10日18时10分，江苏省无锡市312国道K135处、锡港路上跨桥出现桥面侧翻事故。本次事故中，有3辆汽车被压于桥下（其中一辆仅为停放车辆，车内无人），共造成3人死亡、2人受伤。事故发生后，道路通行受阻，后方车辆大量积压拥堵。救援人员及车辆第一时间赶到现场，开展救援和事故处置工作，江苏消防总队启动应急预案，出动8个消防中队，动用大型机械作业车辆清理现场。

图1 10月11日，在江苏无锡高架桥侧翻事故现场，施工机械在破拆侧翻高架桥段

资料来源：新华社。

事件发生后行车记录仪的画面立即被上传到网上，获得了网友的高度关注，事件发生的原因也引发了多方猜测，其中很大一部分声音认为事件是由桥梁自身质量问题导致的，甚至把焦点转移到桥梁施工建设方和设计方。

10月11日，事故调查工作正式启动，同时成立事故调查组，并邀请5名专家，全面开展事故调查。

10月24日，交通运输部例行新闻发布会上公布初步调查结果，根据无锡和交通运输部相关专家调查，事故中侧翻桥梁体完整，设计符合设计期相关规范要求，初步分析为半挂牵引车严重超载导致桥梁侧翻。

2020年1月28日，事故调查报告公布，查明事故的直接原因为两辆重型平板半挂车严重超载、间距较近（荷载分布相对集中），偏心荷载引起的失稳效应远超桥梁上部结构稳定效应，造成桥梁支座系统失效；梁体和墩柱之间产生相对滑动和转动，从而导致梁体侧向滑移倾覆触地；涉事的两家货车同属于无锡成功运输有限公司所有。这一报告也证实了此前的初步分析结论。

另调查报告显示，12 人因涉嫌重大责任事故罪，被公安机关采取刑事强制措施；17 名交通部门负责人被处理，其中无锡市交通运输局党委委员、副局长宋良栋被建议给予政务警告处分。[①]

二 舆情发展特征

（一）事件影响力及媒体参与情况

无锡高架桥侧翻事件发生后不久，来自行车记录仪以及现场民众拍摄的照片、视频等信息迅速在网络空间被传播，引起了大量网民的关注。尤其是大桥侧翻瞬间的动图，具有较强的视觉冲击力，被网友和自媒体争相转发，使得舆论被迅速引爆。10 月 10 日晚 9 点至 11 点，在事件发生后的三个小时左右，舆情就达到顶峰。根据知微事见的数据，无锡高架桥侧翻事件的影响力指数较大，达到 81.7，高于 94% 的公共事件，高于 95% 的社会类事件，在微博、微信、网媒的热度值也分别达到 87.6、88.9、69.2，均高于大部分的社会事件，足见其影响力（见图 2）。

数据显示，有 95 家媒体参与报道此次事件，其中央级媒体的比例最高，占到 58.6%，其次为财经类媒体（占 20%）。《新京报》、央视新闻、中国新闻网、澎湃新闻等媒体第一时间在微博平台发布了消息，并持续跟踪事件发展进行报道。可见，此事件舆情虽然一开始是因网友关注而爆发，但后续随着专业媒体的跟进讨论，已经成为传统媒体和新媒体共同关注的社会公共事件。

从媒体的报道角度看，主要集中在对于事故原因的探寻以及后续的追责和补救措施。其中，超载成为一个焦点，媒体对于这一被初步认定为事故原因的关键点进行了多方面、深层次的追问与讨论。在媒体报道最多的 10 条

[①] 《无锡桥面侧翻致 3 死事故调查报告公布：17 名官员被处理》，http://www.bjnews.com.cn/news/2020/01/28/680823.html，最后检索时间：2020 年 10 月 10 日。

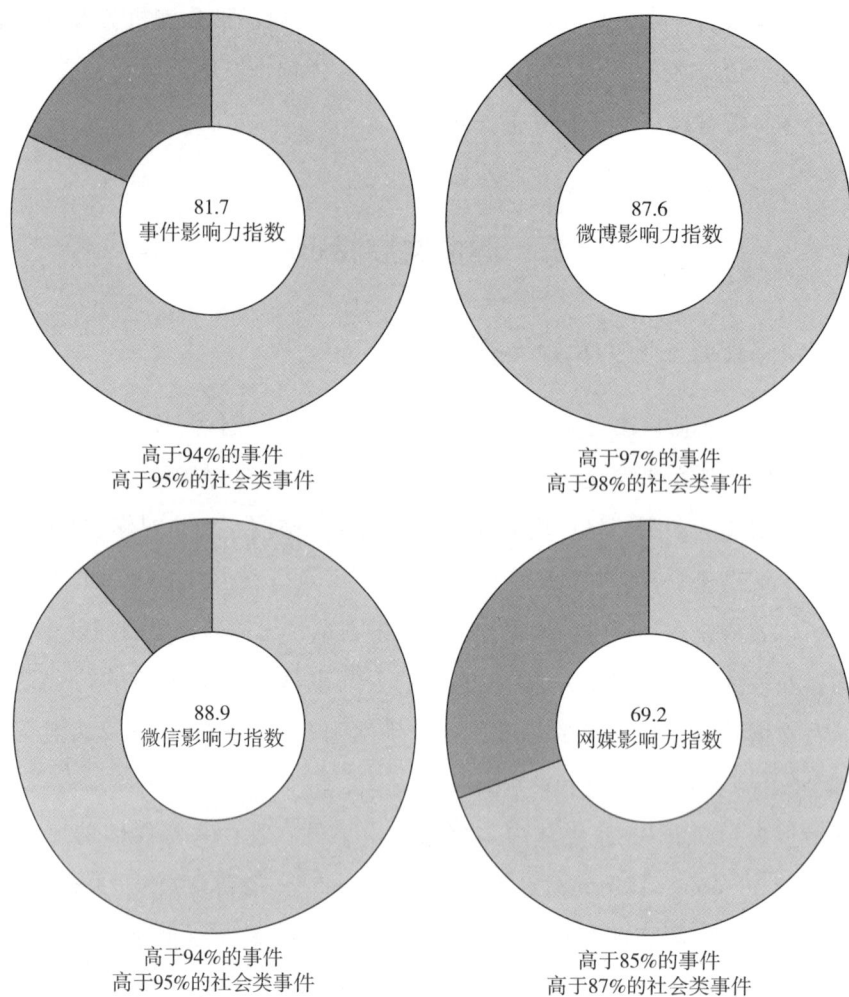

81.7
事件影响力指数

高于94%的事件
高于95%的社会类事件

87.6
微博影响力指数

高于97%的事件
高于98%的社会类事件

88.9
微信影响力指数

高于94%的事件
高于95%的社会类事件

69.2
网媒影响力指数

高于85%的事件
高于87%的社会类事件

图2　"无锡高架桥侧翻事件"在各网络平台的影响力

资料来源：知微事见。

新闻标题中，涉及超载及事故原因的就占到一半以上，更是有57家媒体以"追问无锡高架桥侧翻事故"为题进行新闻报道（见图3）。

　　在对网络平台中对于此事件的讨论进行高频词抓取进而绘制成的词云图中，我们可以发现，讨论的重心集中在事故本身的伤亡情况以及事故原因上，"无锡""高架桥坍塌""事故""伤亡""侧翻""超载""江苏""车

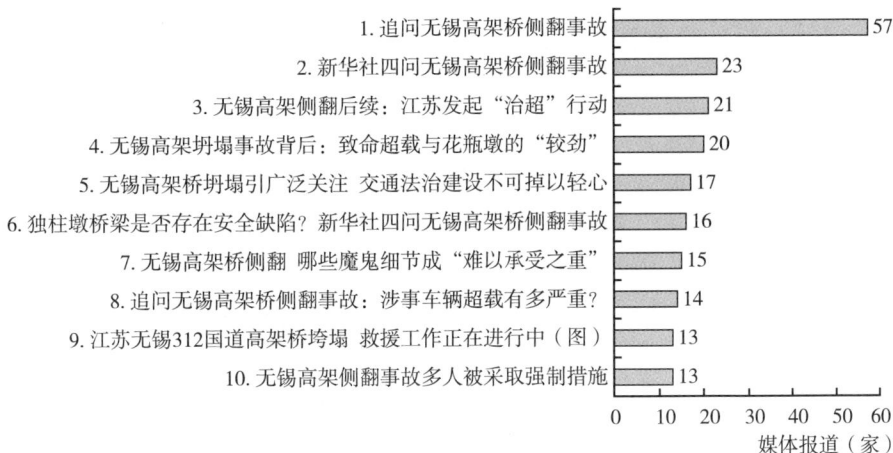

1. 追问无锡高架桥侧翻事故 —— 57
2. 新华社四问无锡高架桥侧翻事故 —— 23
3. 无锡高架侧翻后续：江苏发起"治超"行动 —— 21
4. 无锡高架坍塌事故背后：致命超载与花瓶墩的"较劲" —— 20
5. 无锡高架桥坍塌引广泛关注 交通法治建设不可掉以轻心 —— 17
6. 独柱墩桥梁是否存在安全缺陷？新华社四问无锡高架桥侧翻事故 —— 16
7. 无锡高架桥侧翻 哪些魔鬼细节成"难以承受之重" —— 15
8. 追问无锡高架桥侧翻事故：涉事车辆超载有多严重？ —— 14
9. 江苏无锡312国道高架桥垮塌 救援工作正在进行中（图） —— 13
10. 无锡高架侧翻事故多人被采取强制措施 —— 13

媒体报道（家）

图3　媒体对于"无锡高架桥侧翻"的报道角度

资料来源：知微事见。

辆""救援"等成为高频词，如图4所示。可见，各方的讨论以厘清事故客观事实和追问事故原因为主要导向。另外，事故造成的伤亡及后续的救援情况也被较高频次地提及，体现出灾难事故讨论中"人本化"的一面。

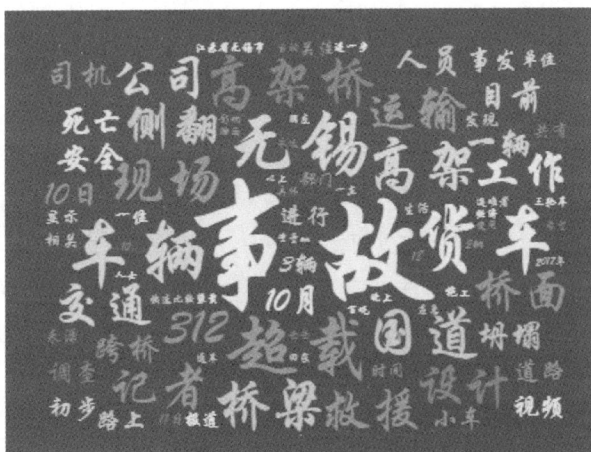

图4　无锡高架桥事件媒体报道高频词词云

资料来源：知微事见。

（二）舆情热度及持续度

无锡高架桥侧翻事件持续期间平均传播速度为 60 条/小时，峰值传播速度达到 898 条/小时，舆情热度持续了 10 天左右，主要集中在 10 月 10 ~ 12 日事故发生的前三天，关键节点如表 1 所示。

表 1　无锡高架桥侧翻事件走向时间线

时间	事件走向
10 月 10 日 18:10	江苏无锡 312 国道 K135 处、锡港路上跨桥出现桥面侧翻
10 月 10 日 18:27	微博网友发文称"312 国道和 228 省道交汇处桥断了"并@ 无锡交警
10 月 10 日 18:28	@ 无锡交通广播发文【突发！312 国道锡港路上跨桥垮塌】
10 月 10 日 19:00	微博上出现对桥梁工程质量的质疑，出现"豆腐渣工程"的猜测
10 月 10 日 19:43	人民网发布快讯《无锡一高架桥坍塌　多辆小车被压　伤亡情况不明》
10 月 10 日 21:30	网络上出现不实报道，进一步引起网友对事故原因的猜测，后文章被删除
10 月 10 日 21:50	@ 交通发布发文，首谈高架坍塌事故直接原因可能为货车超载
10 月 11 日 4:18	@ 无锡交警首次发布绕行提醒，提示经事故路段的车辆选择绕行
10 月 11 日 5:33	@ 新华视点报道无锡高架桥侧翻事故致 3 人死亡。证实事故系超载所致
10 月 11 日 5:37	@ 无锡发布首发事故通报，确认事故造成 3 人死亡，2 伤
10 月 11 日 10:51	@ 央视新闻称侧翻的桥梁大部已被清理出现场，今天清理工作将完成

资料来源：人民网舆情数据中心。

舆情监测表明，此次事件主要经历了三个高峰。

第一个高峰是事故发生当晚的几个小时内，舆论声量最大。事故发生不久后，来自现场的音视频信息就在微博上广泛传播，既包括三轮车"死里逃生"的惊心一刻，也有行车记录仪以"第一视角"拍摄的现场瞬间。这些直观的第一手资料激发了大量网民的讨论。讨论的焦点先是集中在事故的场景还原、伤亡情况，随后转移到事故原因的探讨上。

在这期间，一些谣言及旧闻甚嚣尘上，如每日经济新闻的报道《无锡高架桥坍塌：设计单位为苏交科　工程仅用 22 个月》称，该工程的总体设计单位是江苏省交通科学院有限公司（现名苏交科集团股份有限公司），312 国道无锡段扩建工程于 2003 年 9 月开工建设，2005 年 6 月建成通车，

2005 年 11 月工程交工验收，该项目工程质量经无锡市交通工程质量监督站评定为优良等级，用时 22 个月。建设期间任无锡市代市长、市长的毛小平已于 2011 年 12 月被免职、次年 4 月被开除党籍。针对媒体报道，苏交科于次日早间发布公告，澄清事故路段与本公司承担总体设计的路段非同一处地点，上述媒体报道不属实。

另一篇阅读量 10 万 + 的是发表于 2017 年 4 月、题为《无锡的快速内环高架还能用多久?》的文章，作者是一名为袁雪成的高中语文老师。该文担心无锡的高架路任由卡车行驶的安全隐患，提到"一旦载重卡车压坏高架桥，必定是灭顶之灾"。虽然文章里谈到的内环高架和事故发生地外环高架有所不同，但文中所述超载车辆失控对高架桥的危害竟然一语成谶。市民多年前也通过拨打市长热线等方式反映过当地有大量货车在快速内环高架行驶的现象，但并没有引起相关部门的足够重视。

此外，《环球时报》几年前的一篇旧文《如何识别能把桥压塌的大车?快看! 能救命》被网友重新翻了出来，文中展现出我国一些超重型卡车对公路极强的杀伤力和破坏力，重点提到如何识别和躲避那些更容易压垮桥梁的大货车、避免事故。这说明，灾难与事故情境下，一些有用的避险常识及应对技巧能得到广泛的传播。

在无锡高架桥坍塌后多家媒体纷纷发布了消息，引发社会关注。然而在事故发生 9 个小时后，中央广播电视总台记者现场连线政府值班热线，对方却表示不知详情，而宣传部门负责人电话持续无人接听，后多家媒体以"值班热线表示不知详情、市政府新闻办微博只字未提"为题进行转发（见图 5），对于此类突发事件，当地政府有关部门在突发消息获取以及响应方面均未体现出时效性，从而引燃了不少网友的负面情绪，导致舆情进一步发酵。

艾英戈、金德（Shanto Iyengar & Donald R. Kinder）在 1987 年出版的《至关重要的新闻：电视与美国民意》中提出了新闻的铺垫效果，即"通过唤起对某些问题的注意，并忽略另外一些问题，影响观众对政府、总统、政治和公职候选人进行评价的标准"。铺垫效果旨在指出大众传媒中的信息在受众决策层面具有累积影响。在此次事件中，官方没有第一时间发布相关信息，没有掌握好舆论场的议题设置权，而大量"负面信息"或谣言在舆论场域中酝酿发展并广泛传播，使得公众的认知首先倾向于质疑政府及道路工程质量，给后续的舆情应对增加了额外的难度。

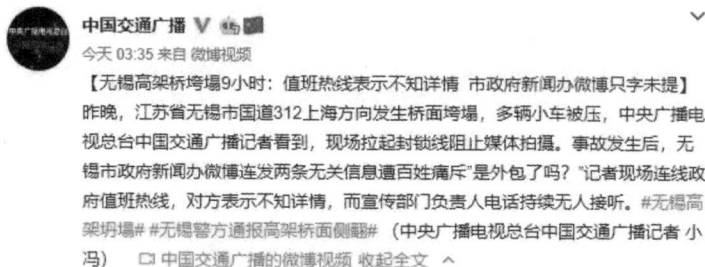

图5　媒体质疑政府"值班热线表示不知详情　市政府新闻办微博只字未提"

资料来源：微博截图。

第二个高峰是11日上午，以无锡市人民政府新闻办公室官方微博正式发布事故通报为节点（见图6）。10月11日凌晨4时18分，无锡市公安局交通警察支队官方微博首次发布了绕行事故路段的提醒；5时37分，无锡市人民政府新闻办公室官方微博"无锡发布"正式发出了情况通报，并称经初步分析，上跨桥侧翻系运输车辆超载所致。事故发生后，江苏省、无锡市第一时间启动了应急响应机制，全力开展事故救援处置工作。交通运输部专家组已赶赴现场指导事故调查，无锡市也已成立事故调查组。尽管无锡政府相关部门的信息发布和应急处置及时消解了一些谣言和猜测，使得事件的真相逐渐浮出水面，但部分网友也表示："关键时刻，政务微博应及时发声，不能若无其事，更不能顾左右而言他。"

第三个高峰出现在12日下午5时许，无锡官方微博账号@无锡发布公布了对于事故的后续处理通报：已成立交通事故调查组，全面开展事故调查，包括肇事司机、车主、运输企业法人代表以及货物装载码头负责人和管理人员等依法被采取强制措施。在官方公告之后，各类媒体如央视财经

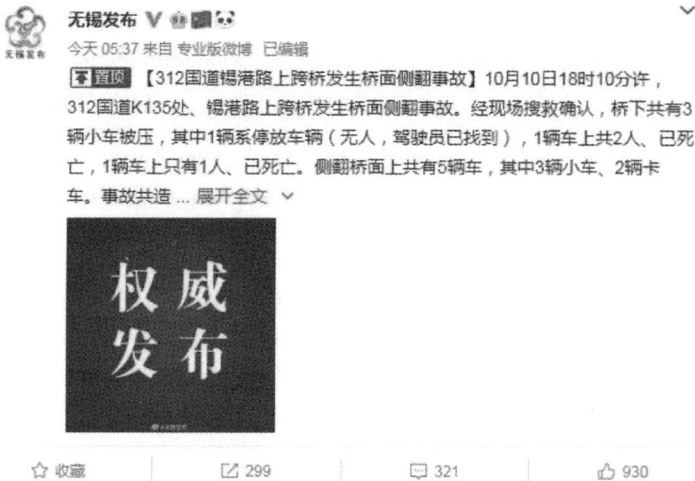

图6   无锡官方次日凌晨发布事故通报

资料来源：微博截图。

《经济新闻》节目、上观新闻等均对此通报及事件发展进行了报道。后续报道主要集中于事故追责及事故现场的进一步处理，高频率的信息发布和集中的媒体报道，在一定程度上引导了受众的理性讨论，随着事实信息的确定，这一事件逐渐趋于平缓，各界的关注度也逐渐下降。

（三）网民参与情况

从地域分布情况来看，江苏网民的参与度最高。这主要是因为事件发生在江苏省无锡市，接近性更高。此外，由于地缘上的便利条件，江苏的网民不仅对这一事件更感兴趣，可以亲历现场，带来更多的现场信息，而且将线下地理位置上的接近转化为线上积极的讨论。

此外，来自广东、北京、上海、浙江等地区的网民参与度较高。这可能是因为：第一，这些地区整体的经济水平较高，媒介产业较为发达，聚集着大量媒体从业者，这些主体在一定程度上"设置"了短期内媒体讨论的话题，无锡高架桥侧翻是一个社会性的事件，参与讨论的门槛低，加上媒体从业者的关注，很容易在经济发达的地区引发广泛参与；第二，一线城市和沿海地区的网民较多，尤其是青年网民，对于社交媒体的使用和网络讨论参与更加积极，容易在一个公共事件下形成浮现社群（emerging community）。

从参与讨论的网民的性别分布来看，男性微博网民参与讨论的比例为79.8%，明显高于女性的20.2%。这可能是因为男性用户更积极参与到交通事故类以及工程质量类的社会事件中来。无论是对超载货车还是工程质量的讨论，男性网民的知识储备和日常经验都更丰富，也在此事中更有话语权。

（四）意见领袖参与情况

对参与话题讨论的微博数据进行收集与整理，我们发现互动量最高的几条微博均来源于中央级媒体的机构账号，主要的内容是对于事故现场整体情况的描述与介绍，以及现场的伤亡情况等信息，如@央视新闻，这些媒体扮演了事实提供者的角色，有助于网民更深入地了解事件的来龙去脉。

此外，一些微博大V纷纷针对这次事故在情感层面上发表言论，表达对事故中伤亡者的悲痛与祝愿。如@李小璐super璐发布微博"愿平安（祈祷）？"；@回忆专用小马甲发布微博"（祈祷）？"来表达祝愿和祈祷；如@张雪峰老师的微博称"生命不能重来、悲剧不能再上演"；@绯小废废发布微博"#无锡高架坍塌##感# 无妄之灾!!! 愿平安!!!"。另外，有一些意见领袖从追问事故原因角度出发，参与了对事故原因的讨论。

总体看来，意见领袖在无锡高架桥侧翻事件中从不同角度共同推动了舆情的变化发展。这其中既有从事实层面出发，为讨论提供事实依据的；也包括从情感角度为事故的受害者进行惋惜和祈祷；更有站在理性角度追问事故原因以及后续措施的言论。不过，从态度倾向来看，无论是媒体机构还是个人意见领袖，在一开始的救援工作和政府反应上持较为负面的态度，但随着真相的查清和及时处置，意见领袖及网民的态度有所缓和。

三 政府危机应对及传播管理分析

（一）事故处置应对

在事故的处置应对上，无锡市政府及相关部门的工作可谓反应迅速、处置得当，尽量把事故对人民生命财产造成的损失降到最低。事故发生后，江苏省、无锡市第一时间启动应急响应机制，无锡市委书记、市长率领公安、应急、卫健委、交通运输、市政园林、公建中心等部门领导，火速赶到事故现场，紧急部署并调集相关大型装备、专业力量，全力开展事故救援处置工作。

在事故真相和追责方面，事故发生的第二天相关部门就正式成立事故调查组，对车主、肇事车辆、路面情况、货车所属运输单位等情况进行调查，并对车主、肇事驾驶员、运输公司法人代表等依法采取强制措施。事故发生后36个小时，经过连夜清理，事发路段基本恢复正常，也得出了初步调查结果——事故由大货车严重超载所致。

一方面，政府重视、反应迅速、救援有力、追责坚决，可以说在事故处置应对上，无锡市政府及相关机构的表现值得肯定。不过，另一方面，在信息发布和舆论管理上，此次无锡市政府却存在诸多问题，给政府形象造成了次生危害。

（二）危机传播管理评价

此次事件中，无锡官方没能掌握互联网时代下的传播规律，面对危机，在前期没能及时有效地处理，反而"顾左右而言他"，造成后续的一系列连锁反应。以下从信息发布的时效性、谣言及焦点议题回应、网民情绪疏导等三方面来进行分析。

1. 官方微博滞后发声，未能及时掌握话语权

在无锡高架桥侧翻事件中，官方发声的速度明显晚于媒体报道的速度。@央视新闻、@中国之声、@人民日报等均在事发后1小时30分左右发布

了微博进行现场情况的报道。而最早发布消息的政府官方账号是无锡市公安局锡山分局的微信公众号"平安锡山"，这一公众号于 20 时 59 分发布了事故通报，但这距事故发生约有 3 个小时，而且是一个地方公安局的微博账号，级别较低，难以代表整个市政府的态度（见图 7）。

平安锡山 2019-10-10

警方通报

今天傍晚6：10左右，312国道上海方向K135处、锡港路上跨桥出现桥面侧翻，经现场初步勘测，桥下被压小车3辆（其中一辆系停放车辆，无人）。目前救援人员及车辆已到现场，救援和事故处置工作正有序开展。

图 7　无锡官方最早发布的事故通报

资料来源：微信截图。

11 日凌晨 4 时左右，@无锡交警发布了相关路段的绕行提醒。凌晨 5 时 37 分，无锡市政府新闻办微博账号@无锡发布在微博中正式发布了事故通报，并设置为置顶微博，此时距事故发生已有将近 12 小时。

客观来说，官方能在 12 小时内发布信息已属不易，相比起以前来说已经算非常及时了。但是在新媒体时代，危机下的信息发布已经不能再按以前的"黄金 48 小时"原则，甚至发布的速度必须以分秒计。作为最接近事发地的当地官方部门，无锡相关部门应该第一时间向社会公布事故情况和当时掌握的第一手信息，而不是跑在各类媒体之后。互联网时代，人人都可以成为"记者"，这就更加需要政府部门在信息发布中不断提速，这既是政府部门向社会及时公布信息的责任，也是维系公信力的手段。

此外，此次事故发生在十一假期之后，惨烈的事故现场与一片祥和喜悦的国庆氛围形成了鲜明的对比。不够及时的信息发布在一定程度上挑动着民众的情绪变化，为后续的舆情处理带来更大难度。

政府部门往往是此类道路交通安全事故的第一信源，也是民众最依赖的对象。如果在这类社会性事件中，媒体及公众先于官方报道了事故现场的情况，在一定程度上会引发网民的焦虑。在这种情境下，如果官方的回应再显迟滞，很可能进一步加剧网民的焦虑和不确定感，造成各方猜测、质疑和批评。

2. 回避焦点议题，致使谣言滋生

政府在第一时间失去了话语权，在后续的舆论发展中要对公众最关切的问题做出回应，才能将舆论拉回到正确的方向和轨道。但是，此次事件中，无锡市政府的信息发布只以片面的告知为主，对媒体和网友提出的问题视而不见，使得舆论引导陷入危机"黑洞"之中。

事件发生后，有网友质疑高架桥是"豆腐渣工程"，同时也有网友表示"桥梁是经过验收的、评级为优良"。这说明，网民将讨论的焦点从事故救援转移至事故原因上。尽管事故原因尚在调查中，但是关于高架桥的建设情况、修缮情况、建设方、施工方、工程质量等数据，政府部门都有现成的材料。关键问题就在于，政府并没有看到公众关注的焦点，也没有做针对性的回应。

政府对关键议题没有回应，导致谣言的滋生和传播。本次事件中，互联网也出现了"已有19人死亡""救援现场公安局长戴400万手表""四车总重400余吨压垮高架桥"等谣言。这几条消息尽管被互联网联合辟谣平台发文驳斥，两名在微信群中发布"救援现场公安局长戴400万手表"等消息的男子也受到法律惩罚，但是，舆论场就像一个装满水的容器，当你没有在关键问题上发声，自然就会有别的声音填充进来，辟谣的效果永远无法弥补谣言的伤害。

在这一过程中，专业媒体参与进来，发挥了舆论引导的积极作用。如《中国交通报》官微首先发布了相关的报道，将事故原因指向大货车超载。这一报道成为《人民日报》、央视新闻等综合性媒体后续报道的消息来源，也推动了其他媒体对于大货车超载问题的关注和追问。也正因媒体较为理智的讨论，网民们并未被情绪裹挟，加上与官方后续的调查结果，大货车超载是事故主要原因才成为舆论的共识。

本次事件中舆论普遍关注点还集中在大桥设计和大型卡车改装问题上，有网友发出无锡高架桥与上海高架桥的造型对比，认为无锡高架桥的设计存在缺陷。有网友称"这种高架桥属于单柱式桥墩梁式桥，优点是单柱墩，比较经济，缺点是受力不尽合理，单侧超载容易造成倾覆，当年哈尔滨高架匝道倒塌也是这种单柱墩结构，现在新建的高架已经不允许了"。

《新京报》还刊发了《五问无锡高架桥侧翻事故：问题只在超载?》的文章，对舆论焦点问题进行了汇总，包括"当地应对是否得力?""问题只在超载车辆?""设计、施工方到底是谁?""超载通行没人管?""该怎么避免类似事故再发?"等，都是民众高度关注的典型问题（见图8），但是在政府的信息发布中，并没有对这些问题作积极的回应。

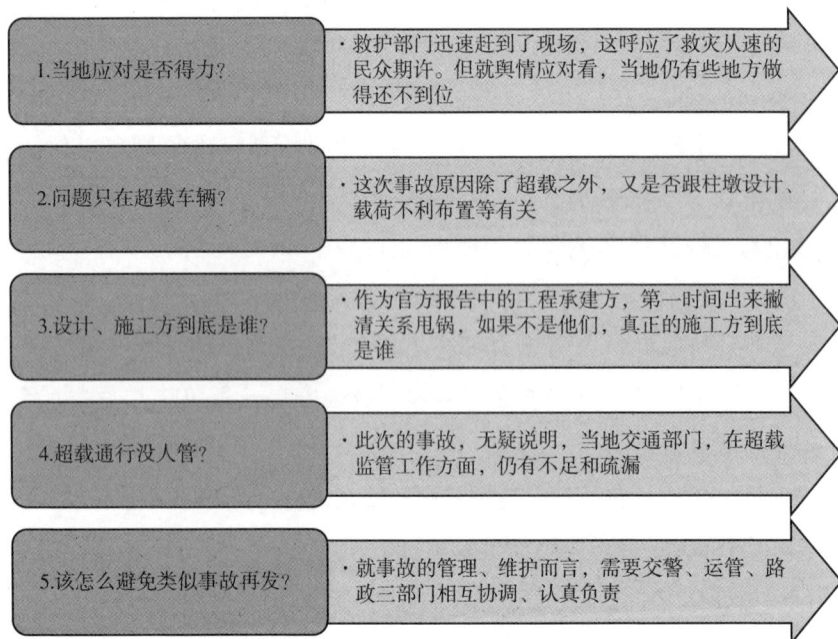

1.当地应对是否得力?	· 救护部门迅速赶到了现场，这呼应了救灾从速的民众期许。但就舆情应对看，当地仍有些地方做得还不到位
2.问题只在超载车辆?	· 这次事故原因除了超载之外，又是否跟柱墩设计、载荷不利布置等有关
3.设计、施工方到底是谁?	· 作为官方报告中的工程承建方，第一时间出来撇清关系甩锅，如果不是他们，真正的施工方到底是谁
4.超载通行没人管?	· 此次的事故，无疑说明，当地交通部门，在超载监管工作方面，仍有不足和疏漏
5.该怎么避免类似事故再发?	· 就事故的管理、维护而言，需要交警、运管、路政三部门相互协调、认真负责

图8　新京报报道《五问无锡高架桥侧翻事故：问题只在超载?》

3. 忽略情绪管理，舆论引导陷入误区

舆论引导不单单是事实信息的发布，对情绪的安抚和管理同样重要。学者胡百精认为，危机传播管理可以借鉴哲学的"事实—价值二分法"，分为在事实层面的真相查证和利益互惠，以及价值层面的信任重建和意义分享。① 不过在危机应对中，危机主体往往更加关注事实信息的输出，忽略了情感和价值的重要性。

对于价值和情绪的重视，本质上是对"人"的重视。在事故发生后，无锡市政府新闻办官方微博并没有及时发布与事故相关的情况说明，却先后发布了两条与事故无关的微博，一条为《昨起，无锡全面执行房贷利率新政》和一条为《非全日制=本科生#非全日制研究生就业遭歧视#，你怎么看?》的博文。随后，被网友批评并反问："是被外包了吗?"从政府微博运营的角度，我们当然能够理解，这两天信息可能都是在事故发生前编辑好并设置定时发送的，当大家的关注点都集中在事故救援时，自然忘了原来的微博设置；但是从舆情管理的角度看，事故发生后公众和网民的情绪都处在一个非常悲伤和痛惜的状态，"@无锡发布"作为政府信息发布的官方平台，不应该发布与事故完全无关的话题。

此次事故中不幸丧生的三位遇难者，其中两位系母女，事发地距离其住处仅两公里，母亲跟往常一样下班后接女儿去娘家吃饭；另一位遇难者是单亲父亲。重达数百吨的桥面砸下的瞬间，桥下的车辆顷刻就被吞没在灰尘当中，这种画面给人造成的震撼极大。意见领袖和网民们纷纷表达了对遇难者的哀悼和对伤者的祈祷，这种在日常生活中天降横祸影响家庭命运的情绪，特别能引起普通人的共鸣——因为你无法确定，下一个被压在桥下的是不是你。

尽管事故发生后，无锡市政府及相关部门尽最大努力救治伤员，在次日凌晨4点就把第二位伤员送到医院，但是在政府的信息发布中，却没有对遇难者表现出足够的关怀，对遇难者的沉痛哀悼和生命至上的理念，并没有作为前提在事实信息前首先说明，这是此次危机传播管理中的最大问题。

---

① 胡百精：《公共关系学》，中国人民大学出版社，2008，第295页。

四 道路交通安全类事件的舆情应对建议

回到事故本身，从这次事故暴露出的问题来看，显然有很多监管的地方需要"亡羊补牢"。无论是超载卡车控制以及治超工作的不足，还是桥梁设计方面的可能缺陷，或是对周边建材厂货运的安全管理，都需要全方位排查和定期维护，必须对多行路段、桥梁严抓限超，严格落实治超工作，杜绝类似事件的发生。本研究仅从信息发布和舆论引导的角度，对道路交通安全类事件的舆情应对提出相应的建议。

（一）加强风险预警，注重危机中的"人祸"部分

政府或相关组织在面对危机时，往往问的第一个问题是：天灾还是人祸？对危机事件的定性似乎意味着应对处置的两个方向——前者归咎环境，后者侧重追责。但是，近年来发生的危机事件，尤其是道路交通安全类事件，往往都跟人和系统缺陷有关系。例如2018年的"10·28重庆公交坠江事故"，系乘客与司机激烈争执互殴致车辆失控；2020年的"7·7日贵州安顺公交坠湖事故"，是公交司机自杀式攻击所致……可见，"天灾/人祸"这样的二分已经无法适应今天的危机传播管理，应该予以摒弃，不管是天灾还是人祸，都应该更加关注危机中"人祸"的部分。

道路交通安全事故虽然是各种因素汇集的偶发情境，但是大部分事故在发生前已有预兆。本次事故发生后，2017年一篇题为《无锡的快速内环高架还能用多久？》的微信公号旧文被大量转发，文中对无锡的内环高架桥的安全隐患进行了分析。"这次事件最让人无法释怀的是，它似乎更像是一场早已被警示和预言的事故。"一则网民的评论道出了这个事件迅速被引爆的关键。

据调查，312国道是无锡市区最主要的一条干线公路，承担了往来于上海、苏州、常州、南京的大量过境交通和货运交通。事故路段周边聚集了大量物流货运停车场。在事故发生前，这条高架通车已有14年左右。据媒体报道称，超载运输在这里是常态。"大型货车实在太多，而且许多都严重超

载，睡在床上连床都是摇晃的。""超载的大货车真是马路杀手。晚上很多大货车呼啸而过，大家一直议论迟早出大事。"①

在许多组织看来，危机中的舆情管理主要是危机发生后的应急响应，但实际上，危机预警才是应对危机舆情的第一步，甚至是最重要的一步。只有及时发现可能会酿成危机的隐患与风险，主动排查，建立应急预案，才能临危不惧，将损失降到最低。

（二）坚持动态发布，有结论给结论、没结论给态度

此次无锡市政府的信息发布最被人诟病的一点是不够及时、没有第一时间掌握话语权。不难发现，无锡官方是在经过现场调查、紧急救援、充分收集各方信息以后做出的信息发布，起到权威信源的作用。但是在信息传播速度越来越快的今天，第一时间提供详细信息才能将话语权牢牢掌握在自己手中，抢占舆论高地，提升政府部门的公信力，便于事件的后续处理。

事故发生后 9 小时，有记者联系当地政府值班热线，却被告知不知详情，与此同时，当地宣传部门负责人电话一直无人接听。这说明，当地政府部门缺乏危机处置的技能，未能掌握社交媒体环境中舆论引导的基础能力。无论是真的后知后觉，还是基于谨慎的考虑，面对公众所关切的，处理上要有更快速度和更高透明度。及时采取应急措施，积极协同媒体发布信息，清晰且详尽地回应群众期许，才是避免加深误解和掌握舆论引导主动权的有效途径。

面对突发性的社会事件，官方部门应迅速及时地向社会通报已被证实的消息以及后续措施，而不是"一问三不知"或"默不作声"。这些"不作为"很有可能会引起舆情波动，导致网民质疑政府部门的公信力。及时、动态地发布信息也是满足民众知情权的要求。对于此类社会关注度较高的事件，政府的信息发布应该遵循"有结论给结论、没结论给态度"的

---

① 《追问无锡高架桥侧翻事故》，http：//www.xinhuanet.com/legal/2019 - 10/12/c_ 112509
7028.htm，最后检索时间：2020 年 10 月 10 日。

动态发布原则，避免因公众长期处于"信息真空"状态而导致谣言四起的局面。

"有结论给结论、没结论给态度"也是以人为本的信息发布原则的体现。这里的态度，往往包括了：对于遇难者的哀悼和生命至上的理念、全力挽救生命的态度，对于事件发生以后承认自身问题、主动担责的态度，对于事件相关原因公开彻查、绝不姑息的态度，作为一个市民或个体感同身受的态度，等等。这是在危机传播管理中，达到事实与价值平衡的关键。

（三）制定关键信息清单，有效合理回应外界关切

道路交通安全事故的信息发布，其核心内容有一定的规律性，公众关注的焦点也主要集中在影响、处置、原因、追责等方面，相关的问题和发布要点如表2所示。

表2　道路交通安全类事件的核心信息清单

主要内容	问题示例	信息发布要点	发布主体
事件情况及影响	事件的发生经过如何？	时间、地点、主体、客体、情境等关键信息；核心是要提醒大家注意绕行，避免更大的拥堵	政府新闻发言人或宣传部门领导，事件严重时可由应急领导小组的负责人来发布
	事件造成的损失如何？	对道路安全的影响、经济损失、社会影响等，核心是对人的影响	
救援工作及处置应对	目前的救援工作进展如何？	成立事故应急小组、领导亲赴现场指挥、投入的消防救援人员及机械设备等；核心是第一时间迅速救援	交通运输、消防、公安、应急、卫健委、市政园林、公建中心等部门的相关负责人
	涉事车辆及相关人员情况如何？	掌握车辆及相关人员的信息，视情况发布	
事故原因	事故为何会发生/原因是什么，工程质量、超载、酒驾、社会报复等	不要妄下结论，但又不能不回应；可以这样回答：网友提到的原因我们都有采纳，一定会从各个方面调查，还公众真相	最好邀请第三方专家来发布，或事件调查委员会的核心负责人
	工程质量是否存在问题？是否存在腐败问题	工程设计方和施工方等信息公开，但对工程质量一开始不做评判，待进一步的调查结果	

续表

主要内容	问题示例	信息发布要点	发布主体
事故责任	是否存在监管缺失？	不管有没有存在监管缺失，事故发生了政府相关部门都有责任，要深刻反省	主管领导以及事故调查小组的负责人
	如何处理事件相关责任人？	成立事故专项调查小组，小组成员组成除了政府交管部门外，还有第三方和意见领袖，保证结果公开公正；对相关责任人严惩不贷	
相关谣言	死亡人数/信息封锁/官员腐败/救援二次伤害/生物化学危害等常见谣言	根据舆情监测提前收集这些信息，在发布会上予以一一澄清	政府新闻发言人

不仅在发布内容的准备上需要提前设计，在发布主体上也要有明确分工。如在事件通报、谣言澄清和记者提问上，需要政府新闻发言人等媒体经验较丰富的宣传部门人员负责；救援情况应该让交通、公安等相关部门的负责人来介绍；在涉及事故原因、工程问题时，应该让比较有公信力的专家学者或者研究机构来发布，保证公正性和权威性。值得一提的是，一把手领导也要勇于亮相，在关键问题和责任担当上表明态度，展现政府的重视和决心。

不难发现，此次事件中无锡官方的回应不够成熟，对核心信息的判断有些本末倒置，甚至出现了一些与网民争执的情况，这对于危机舆情的处理来说是不利的。政府部门应该与媒体和公众一起探寻事故真相，二者之间是合作而非对抗的关系。

五 注重情绪管理 引导理性讨论

移动智能媒体时代，网民获得了前所未有的话语权，甚至在很大程度上影响了舆论和事件走向。但是网民的意见和表达又往往过于情绪化，从而使事件发展更接近"后真相"的状态。"后真相"作为 2016 年牛津字典的年度词，用来形容"客观事实在形成舆论方面影响较小，而诉诸情感和个人信仰会产生更大影响"的情形。① 后真相时代下的信息传播带上了浓厚的情绪色彩，情绪裹挟真相式的传播极易使网络讨论偏离理性轨道，背离讨论初衷。因此，民众应该多方获取信息，打破情绪枷锁和"信息茧房"的限制，汲取各类信息的合理之处，综合比对，形成自己对于事件的理解；而政府在信息发布中也应该针对网民的情绪进行安抚，在价值和情感上与网民形成共鸣。只有进入网民的公共讨论中，要传达的信息才能被看到。因此政府在进行信息发布中，也需要运用一些感性、直接、通俗、接地气的词语，避免用太多的专业术语。

除了情绪管理之外，政府也要积极引导网民理性地进行公共讨论，否则容易陷入众声喧哗的误区。具体来说，要让网民达到五个理解：理解事故发生后的轻重缓急、理解事故调查取证的艰难过程、理解科学结论认定的周期、理解整改措施落实的长效周期、理解现实中的诸多困境。理性参与公共讨论，不仅能够更好地解决事件本身，也有助于引导个体积极参与公共空间的建设，且有利于舆论发展和政府形象传播，推动社会和谐发展。

参考文献

李媛荣、杨刚：《政府如何引对连续公共危机探析——无锡接连陷舆论风波为例》，《新闻前哨》2020 年第 4 期。

《无锡高架桥侧翻，哪些"魔鬼"细节成"难以承受之重"？》，https：//mp. weixin. qq. com/s/sWJLN7LHa8fe33tGBKitaw，最后检索时间：2020 年 9 月 20 日。

《无锡高架桥面侧翻事故舆情聚焦与应对分析》，http：//yuqing. people. com. cn/n1/2019/1012/c429781 - 31395432. html，最后检索时间：2020 年 9 月 20 日。

《无锡高架桥侧翻事件舆情分析与策略》，http：//www. centuple. cn/xinwen/xingyezixun/44. html，最后检索时间：2020 年 9 月 20 日。

《无锡高架桥坍塌事件舆情观察》，https：//baijiahao. baidu. com/s？ id = 1647376546379666982&wfr = spider&for = pc，最后检索时间：2020 年 9 月 20 日。

① 胡泳：《后真相与政治的未来》，《新闻与传播研究》2017 年第 4 期。

《无锡高架桥侧翻事故处置的思考与启示》, http：//yuqing. people. com. cn/n1/ 2019/1018/c429781-31408405. html, 最后检索时间：2020 年 9 月 20 日。

韦瑜佳、陈梦甜：《基于网络节点重要性排序的较大交通事故影响因素》，《科技创新与应用》2019 年第 21 期。

殷一丁：《如何实现从专题新闻网页到融合新闻的跨越——从澎湃新闻的"无锡高架桥垮塌"事件报道谈开去》，《媒体融合》2019 年第 11 期。

李媛荣、杨刚：《政府如何应对连续公共危机探析——无锡接连陷舆论风波为例》，《新闻前哨》2020 年第 4 期。

海 外 篇

海外媒体对我国交通建设
报道情况概要

刘晓燕　孙理想*

摘　要： “一带一路”建设自提出以来取得了举世瞩目的成就，但同时也面临日益艰巨的挑战。海外媒体的相关报道是海外大众了解项目建设和中国文化的窗口，对其进行探索研究有助于改进项目建设对外传播的方式方法、更加全面深入地了解“一带一路”的现状与未来发展、更好地树立国家形象。通过分析海外媒体对我国交通建设的媒体报道情况，本研究发现：新华社和《南华早报》是我国在海外宣传交通建设的主要力量；规模较大的媒体机构情感倾向中性，情感极端化的报道多出现在自身报道数量少的媒体机构。最后，本文从丰富报道方式、拓展报道视角、加强媒体合作和坚定共赢信心

---

* 刘晓燕，北京交通大学语言与传播学院副教授、硕士生导师，清华大学新闻传播学博士，美国普渡大学联合培养博士生，主要研究领域为新媒体、社会网等，主持教育部人文社科基金青年项目1项，在《新闻与传播研究》《现代传播》等期刊发表学术论文10余篇；孙理想，北京交通大学语言与传播学院硕士研究生。

四个方面对我国海外报道提出相关建议。

关键词： 海外　媒体　报道　"一带一路"　交通建设

一　"一带一路"建设基本情况

（一）研究背景

"一带一路"（The Belt and Road，缩写 B&R）是"丝绸之路经济带"和"21 世纪海上丝绸之路"的简称，2013 年 9 月和 10 月中国国家主席习近平分别提出建设"丝绸之路经济带"和"21 世纪海上丝绸之路"的合作倡议。

经过七年多的努力推动，"一带一路"合作范围及合作领域日益扩大，成为我国参与世界开放合作、促进全球共同发展繁荣的重要举措。截至 2019 年 11 月底，中国已累计同 137 个国家和 30 个国际组织签署了 199 份政府间合作文件，商签范围由亚欧地区延伸至非洲、美洲、南太、西欧等相关国家。各国政府根据本国国情，积极与"一带一路"经济体进行项目合作，例如与欧盟"容克计划"、俄罗斯"欧亚经济联盟"、蒙古国"发展之路"等众多发展战略实现对接。中国与"一带一路"沿线国家贸易额占外贸总额的比重逐年上升，由 2013 年的 25% 提升至 2018 年的 27.4%[①]。

我国在城市发展、能源合作、电信基础设施建设等方面，都与沿线国家展开了一系列项目合作。越南永新一期项目 1 号机组在 2018 年初投入商运，这是中国企业在越南首个采用 BOT（建设—运营—移交）模式投资的电力项目，每年可提供约 80 亿千瓦时发电量，满足当地 125 万居民的用电需求。

[①] 《"一带一路"这六年——贸易畅通篇》 ［EB/OL］，https：//www. yidaiyilu. gov. cn/ydylcylznzd/cjc/102468. htm，2019 - 09 - 06。

巴基斯坦最大的水电站项目尼鲁姆－杰卢姆首台机组 4 月实现并网发电，被赞为巴基斯坦"三峡工程"。中俄合作的亚马尔液化天然气项目三条生产线全部竣工，比计划提前了一年，"冰上丝路"穿越北极，彰显了中国高端制造的能力①。

（二）"一带一路"中我国参与的交通建设情况

"一带一路"是一张宏伟的合作蓝图，包括一个个具体的工程建设项目，而基础设施联通是实现互联互通的重中之重。七年来，我国和沿线国家一起，在航空、港口、铁路等领域展开大量合作，成效显著。交通基础设施"多点开花"，为多个国家互联互通提供了坚实基础，也为人民生活赢得了巨大改善。

航空方面，空中丝绸之路建设加快，已与 126 个国家和地区签署了双边政府间航空运输协定。港口方面，阿联酋阿布扎比码头、马来西亚关丹深水港码头正式开港，尼日利亚莱基深水港开工，瓜达尔港具备完全作业能力，汉班托塔港二期工程主体完工。数据显示，我国港口已与世界 200 多个国家、600 多个主要港口建立航线联系，海运互联互通指数保持全球第一。海运服务已覆盖沿线所有沿海国家，涉及希腊比雷埃夫斯港、斯里兰卡汉班托塔港、巴基斯坦瓜达尔港等 34 个国家 42 个港口的建设经营。中国与沿线国家的港口连通度明显高于其他交通设施连通水平，其中我国与韩国、印度、印度尼西亚三个国家港口的运输交流最为频繁②。

铁路方面，中老铁路、中泰铁路、雅万高铁、匈塞铁路等项目扎实推进。中欧班列表现突出，线路主要分布在德国、俄罗斯、哈萨克斯坦、塔吉克斯坦、波兰、白俄罗斯等 15 个国家和 49 个城市。2011 年，中欧班列全年开行 17 列、年运送货物总值不足 6 亿美元；到 2018 年，累计开行数量突破 12000 列，年运送货物总值达 160 亿美元；国内开行城市 56 个，运行时

---

① 《2018 "一带一路"大事记：共建"一带一路"发生了这些重大变化》［EB/OL］，http：//www. yidaiyilu. gov. cn/xwzx/gnxw/76799. htm，2019－01－09。

② 《"一带一路"这五年：互联互通交出亮丽成绩单》［EB/OL］，https：//www. yidaiyilu. gov. cn/xwzx/gnxw/67936. htm，2018－10－06。

间最多压缩 135 小时，费用下降 30%①。到 2019 年，全年开行 8225 列、同比增长 29%，发送 72.5 万标箱、同比增长 34%。中欧班列由提升开行数量向提升开行质量转变，陆海新通道海铁联运班列全年发送货物同比激增 163%②。交通建设扎实推进，为高质量共建"一带一路"打下坚实基础。但不可否认的是，在涉及海外的宣传方面我国才刚刚起步，要使"中国方案"真正赢得国际认同，传播的作用不容小觑。

二 海外媒体报道特点及相关文献综述

海外媒体的报道是海外民众了解项目建设和中国文化的窗口，小到交通建设，大到国家形象都会在报道中得到体现。中国高铁"走出去"作为中国"一带一路"对外建设和发展的重要项目，在国际上引起了巨大关注。对于中国的"高铁外交"，各国媒体褒贬不一，在很大程度上引导和构建了海外民众对于中国高铁不一样的认知。虽然近年来中国的国际形象有所改善，但综合国力的增强并不能直接转化为国家形象的提升，一些负面的国际舆论由来已久。李希光等学者在 1996 年通过对美国主流媒体描绘的中国形象进行分析，提出美国"妖魔化中国"的观点③。周萃、康健发现"疑虑与担忧"这一媒介框架广泛存在于美国主流媒体对于"一带一路"建设的报道中，认为对美国国家利益的维护是形成这一媒介框架的最关键因素④。

然而并不是所有海外媒体都持偏见和敌视态度，不能一概而论。刘艳婷通过对《雅加达邮报》近三年来涉华报道文本的内容和框架分析，发现在

---

① 《数说"一带一路"成绩单》［EB/OL］，http：//www.yidaiyilu.gov.cn/jcsj/dsjkydy1/79860. htm，2019-02-18。

② 《2019，"一带一路"这样走过》［EB/OL］，http：//www.yidaiyilu.gov.cn/xwzx/gnxw/114748. htm，2020-01-07。

③ 肖欣欣、刘鉴强：《中美传媒在相互"妖魔化"吗？——中美主流媒体记者、专家学者对话录》，《新闻记者》2001 年第 3 期。

④ 周萃、康健：《美国主流媒体如何为"一带一路"构建媒介框架》，《现代传播》（中国传媒大学学报）2016 年第 6 期。

两国互动密切的经济、军事、文化方面，印尼媒体塑造的中国形象比较正面，对中国的偏见较少。而在南海问题等政治领域、社会认知领域，印尼媒体塑造的中国形象较为负面，对中国的偏见很深①。郑华、李婧对美国两家主流媒体《纽约时报》和《华盛顿邮报》在 2013 年至 2015 年间 25 篇与"一带一路"高相关度的报道进行分析，发现美国媒体对"一带一路"建设进行报道时积极、中性、消极的观点并存，体现了较为复杂的看法②。

海外媒体同时也反映出海外民众、媒体机构甚至是国家层面对于我国的交通建设的印象、立场和态度。翟峥将《人民日报》和《纽约时报》进行比较，发现《人民日报》的报道对中美关系前景充满乐观，美国形象以正面为主；《纽约时报》里的中国问题缠身，着重强调中美关系紧张③。相比而言，王梦雪对印尼华文媒体《国际日报》关于"一带一路"的报道做了定性的内容分析，认为该报彰显了中国和平崛起的态度及中印友好合作的信念，对中国形象的塑造起到积极作用④。文卓君对葡语国家主流媒体关于"一带一路"的报道进行研究，发现其对于"一带一路"建设的报道数量有限，关注度并不高。但从内容分析的关键词来看，葡语国家主流媒体对"一带一路"建设的评价较为客观⑤。大体来讲，不同海外媒体眼中的中国国家形象复杂而矛盾，与我国自我建构的国家形象有一定差距。但对相关报道的分析中，对英文尤其是美国媒体的论述最为充分，亚非拉美区域其他语言的国家则是相对容易被忽视的对象。

大多数文章是从总体分析中国的形象塑造，从某一方面着手进行探究并不是学者们关注的焦点。对于交通建设方面，大部分是以高铁为代表的中国

① 刘艳婷：《"一带一路"背景下中国国家形象的互动建构》，暨南大学硕士学位论文，2017。
② 郑华、李婧：《美国媒体建构下的中国"一带一路"战略构想——基于〈纽约时报〉和〈华盛顿邮报〉相关报道的分析》，《上海对外经贸大学学报》2016 年第 1 期。
③ 翟峥：《中美两国在对方主要媒体中的写照——对〈人民日报〉和〈纽约时报〉1998 年报道的对比分析》，《美国研究》2002 年第 3 期。
④ 王梦雪：《印尼〈国际日报〉对"一带一路"报道的分析》，《传播与版权》2015 年第 10 期。
⑤ 文卓君：《葡语国家主流媒体对"一带一路"的报道分析》，《读书文摘》2016 年第 6 期。

海外高铁项目报道研究。欧卓莹[1]以东南亚地区的中国海外高铁报道作为主要研究对象，选取中泰高铁进程受阻与雅万高铁进程缓慢两个案例，分析东南亚媒体的报道和利益相关者议题呈现。李宛蔚将《泰晤士报》《日本时报》《印度时报》三家媒体以及《中国日报》所构建的中国高铁品牌形象进行对比，发现中外媒体的报道都体现了中国高铁发展迅速，但中国媒体构建的是一个技术先进、自主创新能力强、竞争力强的高铁品牌形象，而外国媒体构建的是一个不安全、技术多抄袭、竞争力不足的高铁品牌形象[2]。较长时间跨度的系列报道也能够对交通建设项目产生中长期的、综合的、宏观的社会效果，对后续的项目合作产生影响。分析海外媒体报道对于改进项目建设对外传播的方式方法、处理与海外媒体的关系、树立更好的国家形象具有积极的作用。

三　研究方法

本研究使用谷歌新闻（Google News）进行检索，共抓取到 2000 篇报道数据，时间设置为近五年内。研究通过随机抽样的方式，抽取的样本容量为600 篇报道，进行分析。编码员剔除其中页面缺失、不符合内容条件的报道，采用李克特量表，按照负面到正面（1 至 5 分）进行评分，分析国外媒体对中国交通建设的报道倾向和情感态度。抓取的关键词有：China & traffic、transportation、railway（high-speed railway）、trainhighways、waterways、aviation airports、airlines、bridge、subway、bus、public transportation、ride-hailing。一方面，通过现有的资料了解中国交通建设海外发展现状及其与国家形象间的联系；另一方面，比较海外不同媒体的报道框架，对其分别构建的中国交通建设形象进行分析。

---

[1]　欧卓莹：《利益相关者理论视角下的中国海外高铁项目报道研究》，广东外语外贸大学硕士学位论文，2019。

[2]　李宛蔚：《国家形象视野下中国高铁品牌研究》，华中科技大学硕士学位论文，2016。

四 海外媒体报道情况概述

（一）海外媒体报道情况总体分布

各个媒体的发布数量按占有面积大小和颜色深浅来表示，颜色越深，面积越大代表发布报道数量越多，如图 1 所示。

可以看出，排名前三的海外报道媒体分别是新华社（XinHua）、《南华早报》（*South China Morning Post*）和路透社（Reuters）。

新华社全称为新华通讯社，是中华人民共和国的官方新闻机构。新华社是中国最大、最有影响力的媒体机构，也是世界上最大的新闻通讯社。新华社是隶属于国务院的部级机构，是人民日报社之后全国排名最高的国家媒体机构。新华社是中文媒体的主要新闻来源之一，还同时使用英文、法文、西班牙文、俄文、阿拉伯文和葡萄牙文发稿，在向世界讲述中国故事、传递中国声音方面具有首屈一指的作用。

《南华早报》始于 1903 年，是一份香港英文报纸。内容覆盖海峡两岸以至全亚洲，其报道具有权威性。2015 年 12 月，阿里巴巴集团控股有限公司与南华早报集团达成协议，收购《南华早报》以及南华早报集团旗下的其他媒体资产。由于整合资源的需要，该报目前在英文网站上提供有价值的资讯，中文网站于 2016 年 9 月 9 日关闭。

路透社是世界上最早创办的通讯社之一，也是目前英国最大的通讯社和世界前三大的多媒体新闻通讯社，路透社提供新闻报道给报刊、电视台等各式媒体并在 128 个国家运行。路透社由德国人保罗·朱利叶斯·路透（Paul Julius Reuter）1850 年在德国亚琛创办，次年迁往英国伦敦。它素以快速的新闻报道被世界各地报刊广为采用而闻名于世。

（二）主要媒体报道情况

在报道数量排名前 24 的媒体占比情况中，新华社（26.91%）、《南华

Xinhua 新华社

Bloomberg 彭博社

Nikkei Asian Review 《日经亚洲评论》

Asian Times 《亚洲时报》

Caixin Global 财新环球

CNBC 美国消费者新闻与商业频道

Forbes 《福布斯》

Quartz 石英

CNN International 美国有线电视新闻网

GCR 《全球建设评论》

Washington Post 《华盛顿邮报》

TechNode 动点科技

The Straits Times 《海峡时报》

Simple Flying 纯飞行

China.org.cn 中国网

Tech Crunch 嘎吱科技

World Highways 《世界高速公路》

Financial Times 《金融时报》

The Waterways Journal 《水路杂志》

BBC News 英国广播公司新闻频道

Abacus 算盘

CGTN 中国国际电视台

CAPA CAPA-航空中心

Daily Mail 《每日邮报》

That's Online 在线

The Diplomat 《外交学者》

Voice of America 美国之音

KrASIA 亚洲氪

Asia One 亚洲第一站

The New York Times 《纽约时报》

Wall Street Journal 《华尔街日报》

Vox 沃克斯

CNA 亚洲新闻台

South China Morning Post 《南华早报》

Reuters 路透社

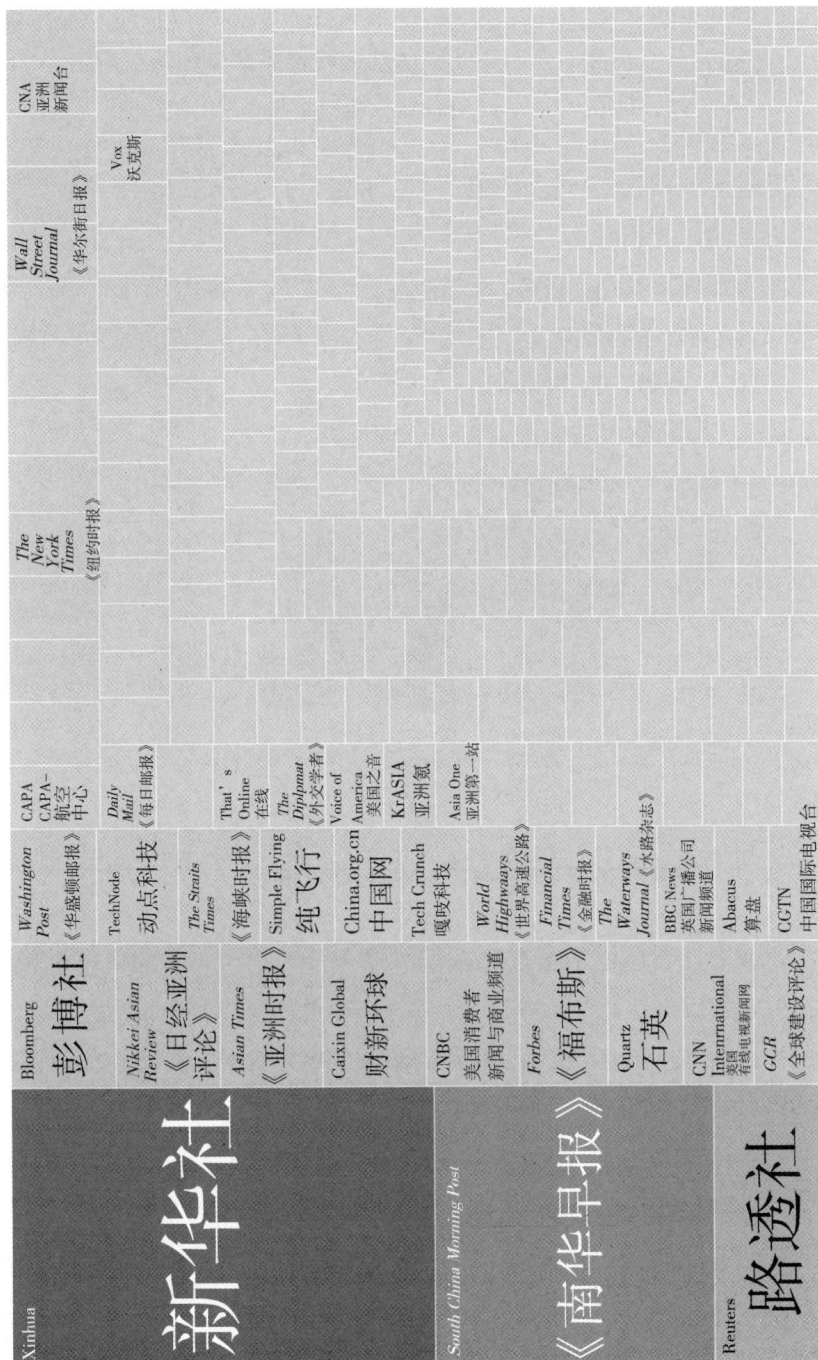

图 1　全部媒体报道情况分布

早报》（17.86%）和路透社（6.97%）三大媒体占据海外媒体报道总量的
51.74%，超过一半，是最主要的海外媒体新闻报道来源，如图 2 所示。

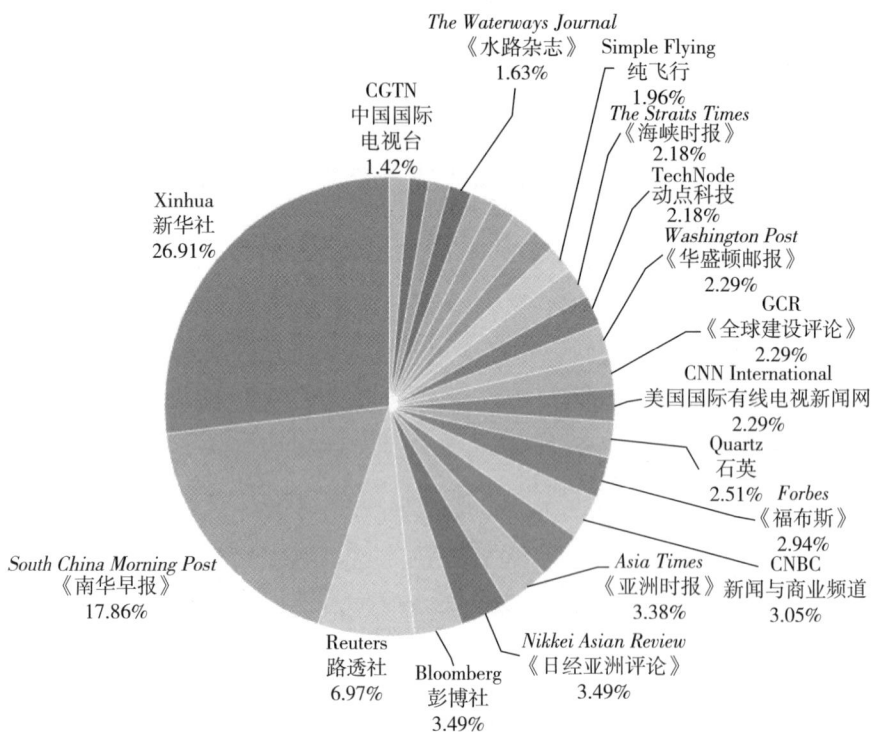

图 2　报道数量排序前 24 名媒体的占比情况

其中，新华社和《南华早报》基本可以划分为中国自身的媒体机构，
仅新华社一家的报道数量占比就超过全球媒体报道总数的 1/5。

路透社是国外报道中国交通建设情况最多的媒体机构，但报道数量距国
内的媒体仍有较大差距。

如图 3 所示，平均值显示单个媒体在五年内的平均报道数量是 38.25 篇。绝
大部分媒体的报道数量均在 30 篇以下，大量的交通建设新闻被我国媒体或是国
外少数大型的媒体所报道。在搜集的 2000 条数据中，报道数量超过平均值的媒
体仅有新华社（247 篇）、《南华早报》（164 篇）和路透社（64 篇）。报道篇数
在 30 以上的有彭博社（Bloomberg）32 篇、《日经亚洲评论》（*Nikkei Asian Review*）

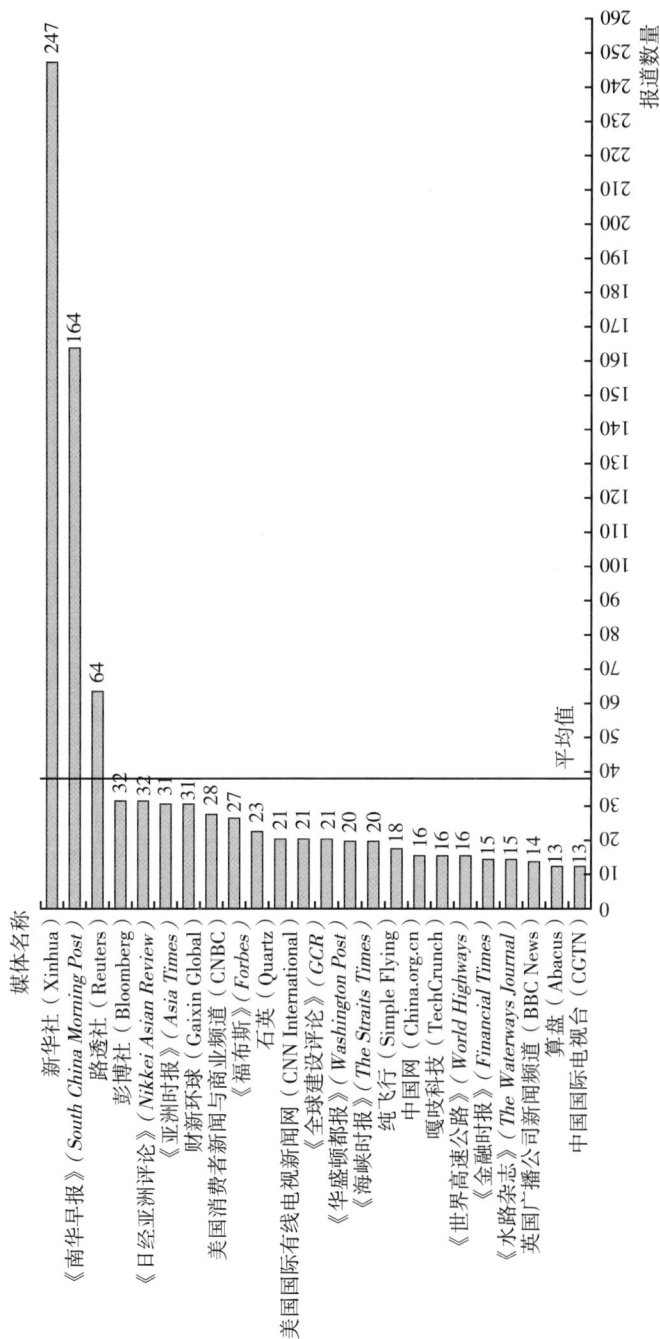

图 3　排序前 24 名媒体报道数量情况

32 篇、《亚洲时报》（*Asia Times*）31 篇和财新环球（Caixin Global）31 篇。

彭博社即彭博新闻社，是美国的跨国大众传播媒体公司，在全球拥有约 130 家新闻分社和约 2000 名新闻专业人员，提供新闻、全球商业和金融数据。成立于 1981 年的美国彭博资讯公司总部位于纽约市曼哈顿中城，是全球最大的财经资讯公司。

《日经亚洲评论》从属于《日本经济新闻》，《日本经济新闻》简称为《日经》或《日经新闻》，是日本具有相当影响力的全国性的大报纸之一，创刊于 1876 年 12 月 2 日。而出版该报的日本经济新闻社，则负责算出东京证券交易所的日经平均股票价格（Nikkei225），是全球主要的股市指标之一。该社同时是一间综合媒体集团，经营东京电视台、TVQ 九州放送、日经 CNBC、英国《金融时报》以及日经广播电台。

《亚洲时报》是一家总部位于香港的英语新闻媒体出版集团，从亚洲的角度报道政治、经济、商业和文化，亚洲时报在线的前身是一份以香港为基地的印刷品新闻刊物，在亚洲金融危机之后转战到网络上出版。

财新环球是中国最具影响力的金融媒体集团财新传媒的一部分。财新传媒是中华人民共和国的一家提供财经新闻及资讯服务的民营全媒体集团，由前《财经》杂志总编辑胡舒立于 2009 年 12 月发起创建。

五　海外媒体报道倾向及情感态度分析

（一）综合情感态度分析

经过对数据的进一步整理，对抽样调查所得到的 185 家媒体评分进行加总，可以大致看出对外传播正向信息的媒体排名。以上是情感态度加总大于 10 的媒体列表，大多数海外媒体报道数量为 1~2 篇，故在图中无显示。初步统计得出排名前三的媒体分别为新华社（Xinhua）、《南华早报》（*South China Morning Post*）和路透社（Reuters），所得总分分别为 174 分、116 分和 35 分（见图 4）。这说明在海外媒体报道环境中，新华社、《南华早报》

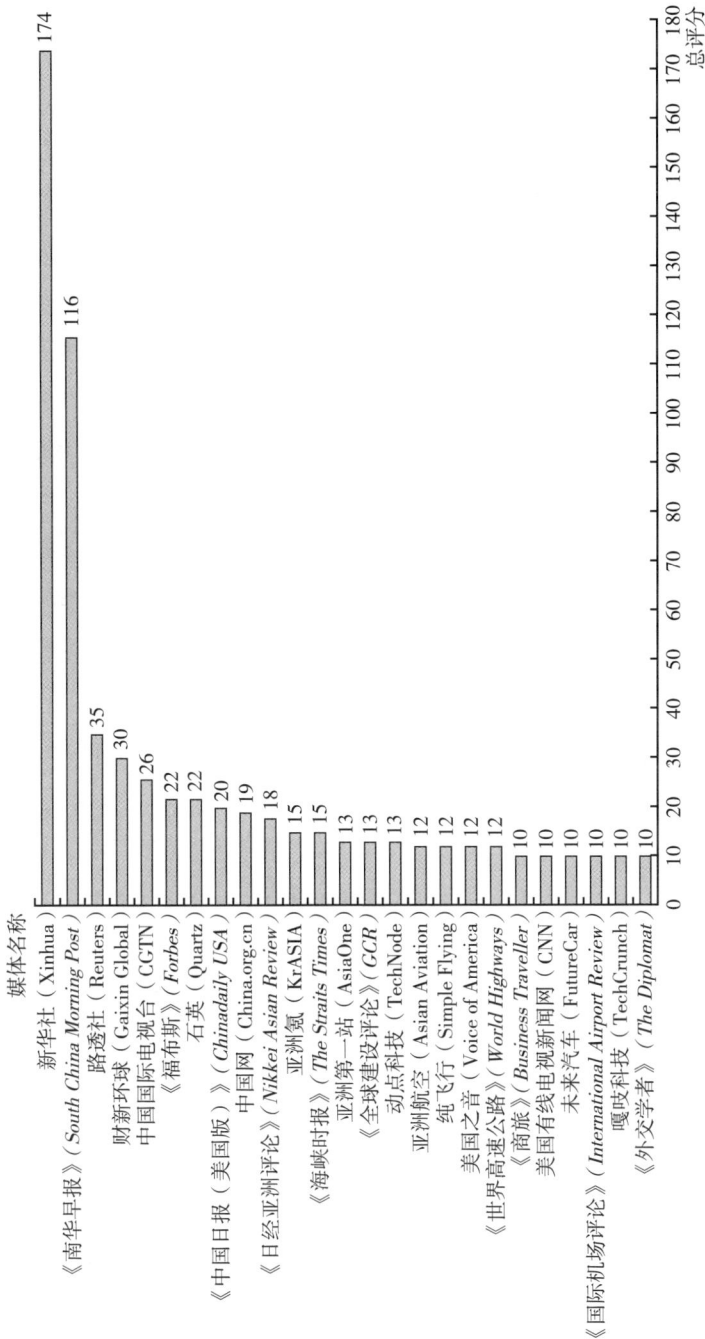

图 4　综合情感态度

和路透社这三家媒体对我国交通建设的报道总体上进行了大量正面宣传，而海外报道情况中宣传的案例大多数出自这三家媒体。

（二）各媒体情感态度分析

对各媒体分别进行报道数量统计，通过"媒体情感态度平均得分＝媒体总得分/媒体报道数量"进行媒体的情感态度分析。由图5可明显得知，平均得分最高的两家媒体分别为中国国际电视台（CGTN）和新华社（Xinhua），均为我国媒体面向海外的窗口，在正向宣传中起到积极作用，平均情感态度得分高达4.33分和4.14分。海外媒体对中国交通的报道情感态度微偏向负面，但总体上趋于中立。平均得分最低的三家媒体均为美国媒体机构。

在整体报道数量的基础上加入情感态度平均得分指标，对各媒体报道数量进行进一步可视化分析。如图6所示，方格大小代表报道数量的多少，方格颜色深浅代表情感态度平均得分高低，颜色越深则表明该媒体报道情感态度越偏正面，越浅则表明该媒体报道情感态度越偏负面。研究发现，报道数量多的媒体情感倾向中性，而情感极端化的情况往往出现在只发出一篇或两篇报道的媒体机构当中。

六　报道主题分析

通过补全抓取数据中空缺的标题内容，并使用Wordart词频云生成器对新闻报道的标题进行统计，生成词云图。删除词云图中的默认词"China""China's""Chinese"后发现，以高铁为代表的轨道交通（"Railway""Train""Track"）作为中国制造的名片备受外国关注（见图7）。外媒在报道时对中国新兴的事物表现出浓厚兴趣（"New""First"）。例如近年来兴起的网约车平台滴滴打车（"Didi""Uber"）、中国的"航空领域"（"Airline""Airport"）报道数量同样位居前列。在公路、桥梁、港口等其他各类基础设施的建设中我国也持续发力（"Bridge""Highway""Port"）。

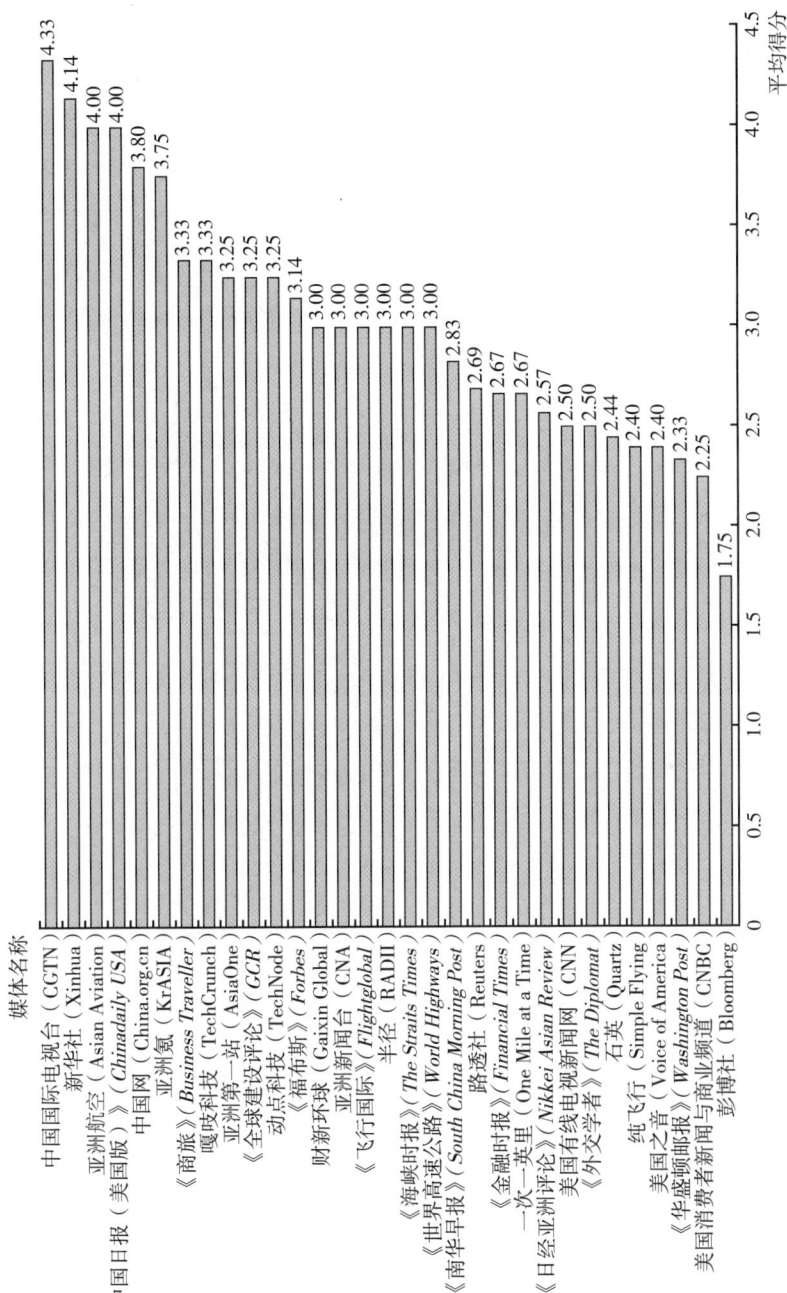

图 5　各媒体情感态度分析

媒体名称

中国国际电视台（CGTN）　4.33
新华社（Xinhua）　4.14
亚洲航空（Asian Aviation）　4.00
《中国日报（美国版）》（Chinadaily USA）　4.00
中国网（China.org.cn）　3.80
亚洲氢（KrASIA）　3.75
《商旅》（Business Traveller）　3.33
嘎吱科技（TechCrunch）　3.33
亚洲第一站（AsiaOne）　3.25
《全球建设评论》（GCR）　3.25
动点科技（TechNode）　3.25
《福布斯》（Forbes）　3.14
财新环球（Caixin Global）　3.00
亚洲新闻台（CNA）　3.00
《飞行国际》（Flightglobal）　3.00
半径（RADII）　3.00
《海峡时报》（The Straits Times）　3.00
《世界高速公路》（World Highways）　2.83
《南华早报》（South China Morning Post）　2.69
路透社（Reuters）　2.67
《金融时报》（Financial Times）　2.67
一次一英里（One Mile at a Time）　2.57
《日经亚洲评论》（Nikkei Asian Review）　2.50
美国有线电视新闻网（CNN）　2.50
《外交学者》（The Diplomat）　2.44
石英（Quartz）　2.40
纯飞行（Simple Flying）　2.40
美国之音（Voice of America）　2.33
《华盛顿邮报》（Washington Post）　2.25
美国消费者新闻与商业频道（CNBC）
彭博社（Bloomberg）　1.75

平均得分

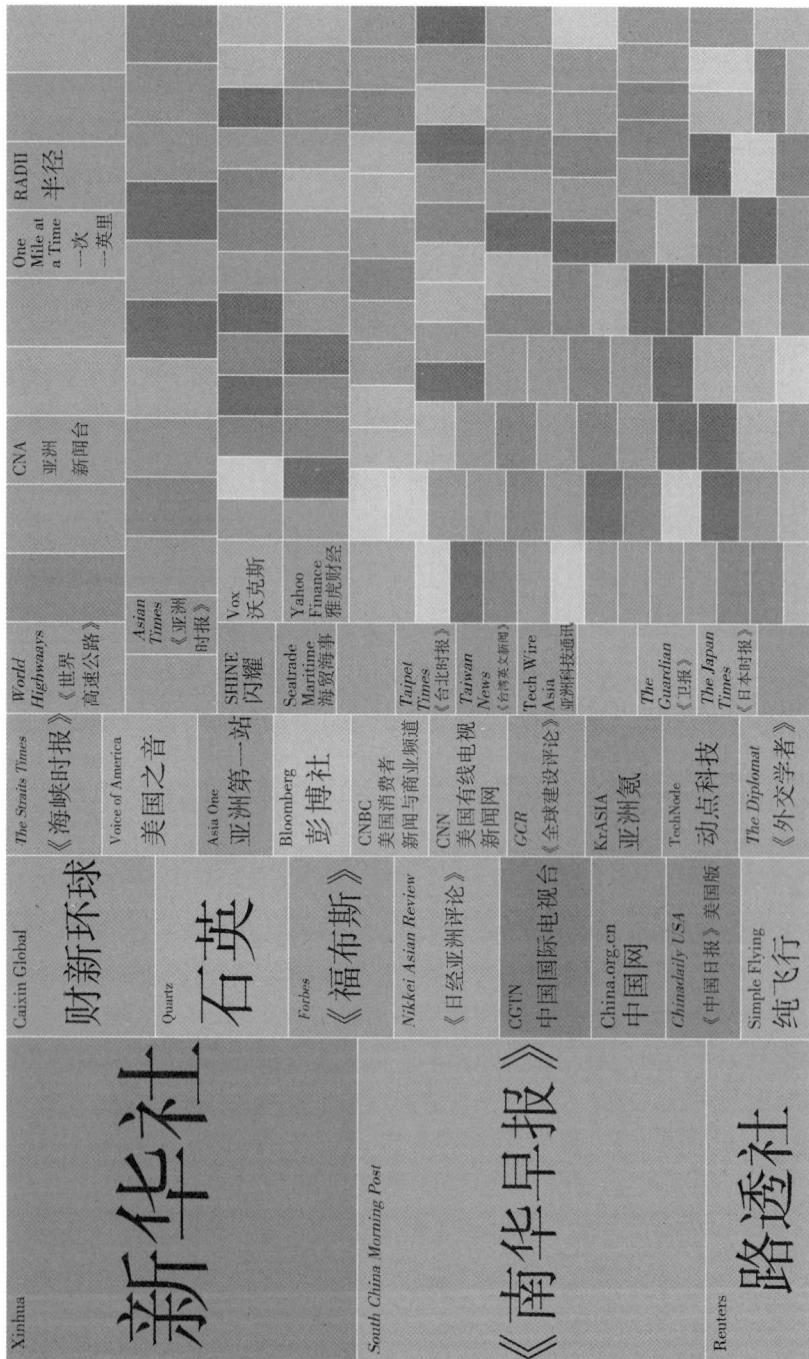

图 6　整体报道数量及情感态度分析

图7 报道词频统计

七 总结与建议

（一）丰富报道方式

从数量上来看，交通建设相关报道大多数是我国媒体的主动宣传。新华社和《南华早报》是我国交通建设在海外宣传的主要力量。欧卓莹曾提出需要有不依赖媒介机构的"去中介化"传播方式，使中国的对外传播不完全受海外媒体的限制，从而与海外民众搭建沟通桥梁并增强联系。① 而实际上研究发现我国在对外传播的媒体层面并未受到过度限制，报道发表数量远

---

① 欧卓莹：《利益相关者理论视角下的中国海外高铁项目报道研究》，广东外语外贸大学硕士学位论文，2019。

超其他海外本土媒体，缺乏的是海外民众的主动关注与深入了解。实际上我国的对外宣传已经取得了长足的进步，国际环境下已出现越来越多的中国声音。然而需要注意的是，报道数量多并不意味着能有效传播到海外民众的心里。研究发现，目前我国的英文报道方式单一，以简报快讯为主，篇幅较短，缺乏深入报道。虽然报道页面比较简洁但整体缺乏趣味性，内容不够具体深入。在海量信息充斥的当今社会，如果没有足够深入或者吸引眼球的新闻报道，我国媒体的英文报道是很难从海外众多媒体信息的竞争中脱颖而出的。因此，我国政府、企业、媒体应积极探索，把更多报道的方式方法结合到交通建设的对外宣传当中，使中国交通建设的海外形象更加丰满。

（二）拓展报道视角

从情感态度上来看，新华社和《南华早报》等媒体的情感态度呈现积极正面的特点，而其他海外媒体情感态度偏向负面。总体上呈现一种除了我国媒体之外其他海外媒体都持有负面评价的不利情况。研究发现，我国媒体在海外的宣传角度较为单一，大多以政府视角进行报道，缺乏西方媒体常用的个体叙述视角。报道涉及的人员、机构和引用的观点大多来自国内，积极主动的报道反而容易被解读为官方的刻意宣传。即使报道数量再多，叙述角度单一也会使受众感觉到千篇一律，效果适得其反。因此，应避免呆板机械的口号性宣传，"一带一路"倡议涉及诸多国家，"一带一路"国际传播也需要多讲国际，增加全球视角。除了宏大叙事外，媒体的报道也可以考虑西方媒体常用的个人视角，从某个小人物的切身经历反映出背后更为宏大的项目建设和时代潮流，从而拉近报道与民众之间的距离。多角度的宣传将有助于明确交通建设在不同海外民众心目中的定位，让各国人民真切地感受到"一带一路"所带来的实实在在的好处。

（三）加强媒体合作

研究发现，规模较大的媒体机构情感倾向中性，而情感极端化的报道大多出现于本身报道数量少的小媒体机构。近年来，随着中国与国际社会的广泛接触，一些在海外媒体中存在已久的偏见与误解逐渐暴露了出来，我国在如何构建积极正面的交通建设形象上仍然有很大的提升空间。由于海外民众对他国的认知绝大部分来源于媒体所呈现的内容，我们要深刻地认识到各国媒体在"一带一路"国际报道中进行议程设置的影响。

首先，针对一些传播较广的负面观点，我国媒体要摆事实讲道理，主动发声正面回应，努力消除误解。对其他媒体所提出的问题进行改进和反馈，制定有针对性的宣传策略，提出相应的舆情引导方法。避免海外民众被部分媒体误导，而对项目建设甚至是"一带一路"产生抵触情绪。

其次，我国在进行交通建设的国际传播时一定要加强与各国媒体的合作。引起海外媒体兴趣并进行主动报道，实际上是进一步深化"一带一路"国际传播的要求。不仅我国媒体要着重宣传，更重要的是海外本土媒体要主动大量报道。海外民众也更加相信本土的媒体机构，不同机构的报道可以使民众听到更多元化的声音，从而对"一带一路"项目建设形成更加客观、真实的认识。除了与其他国家进行设施联通外，交通项目建设还更应该切实注重政策沟通和民心相通，通过长期的互动，促进共同体意识的形成。在消除误解的基础上，交流互动可以增进双方的友谊，进而提升海外媒体的报道兴趣。

（四）坚定共赢信心

在对外传播的过程中，海外媒体塑造中国形象、讲好中国故事是国家海外形象建设的门面工程。而海外媒体的负面评价是交通项目建设必然要面对的问题。对此我们要坚定合作共赢的信心，进行客观分析和应对。

首先，应该清楚地意识到，中国在迅速发展的过程中遭遇偏见和抹黑是正常现象。中国的意识形态和政治体制与西方国家不同，而西方国家已经在与苏联对抗的过程中形成了一套系统性叙事。此外，在某些国家，新闻报道大多受到资本、观众喜好以及记者和评论员主观想法的影响。他们对自己西方的民主自由制度充满自信，而对实行非西方制度的国家往往都抱有偏见，甚至是敌视。

其次，批判性和负面性报道是西方媒体的特征。在西方，媒体是除行政权、立法权、司法权之外的第四权力，媒体的批判和监督作用占据着主导地位。负面报道并不是只针对某个国家，而是在媒介语境中的正常现象。本国的政府和其他国家往往也出现在媒体批判的行列中。而在中国，新闻报道以正面宣传为主。文化不一样，理解和沟通也不一样。我们要结合海外的实际情况进行合理分析。有则改之无则加勉，不能草木皆兵，更不能产生敌对情绪。同时也应该意识到并非所有的海外国家都持否定态度，大多数媒体仍然坚守着底线和原则。随着项目的落实推进和中国国际传播能力的不断提升，一些西方国家正试图了解真实的中国。事实上，部分海外媒体在它们关于中国的报道中真正做到了实事求是。

总而言之，"一带一路"倡议的实施离不开沿线各国的积极参与和广泛认同，以理性的话语营造良好的舆论生态对于达成共识十分必要。我们应坚信国际舆论会持续向好，同时努力提升国际话语权，改变当前中国交通建设媒体报道不均衡的情况。为世界提供关于中国高铁的多元声音，让更多的国家和人民认识到"一带一路"交通建设的真正内涵，实现各国共赢共享发展。

海外公众对我国交通评论及态度

孙理想*

摘　要：　本报告通过调查 Google、YouTube、Facebook、Quora、Twitter
等网络平台的媒体报道情况和海外公众的评论及态度，归纳
不同平台的特点和讨论议题并进行情感态度分析。最后提出
提升宣传质量、用事实进行辟谣、不同平台采取不同措施等
三项交通宣传策略。

关键词：　海外公众　新媒体　平台　交通舆情

一　海外公众对我国交通评论及态度的重要性

中国的发展离不开世界，世界的发展也离不开中国。中国在开放中实现
了自身的发展繁荣，同时又以自身的发展促进了世界的进步。"一带一路"合作
范围以及合作领域的日益扩大意味着经济、文化、贸易等多个领域交流的增加，
及时准确地了解海外公众的意见对我国更好地进行对外宣传、更好地塑造国际
形象具有重要作用。铁路关乎国家命脉，具有高度政治敏感性和公众关注度，
无论政府还是民众，一般情况下都不愿依靠外国修建铁路。正如我们在民国时
期也曾抵制外国人在中国修筑铁路一样。除此以外更有少数国家宣扬"中国威
胁论"，使中国高铁"出海"时刻面临外部舆论环境和价值认同的考验①。

---

* 　孙理想，北京交通大学语言与传播学院硕士研究生。
① 　徐飞：《中国高铁"走出去"的十大挑战与战略对策》，《人民论坛·学术前沿》2016 年第
　　14 期。

从海外公众方面来看，对我国交通的评论和态度往往反映出公众本身的意见。意见有其基本特征和流通表达的逻辑，可能会以某种程度的知识为前提[1]。对评论和态度进行分析可以明确海外公众对我国交通建设的了解程度以及持有的立场。由于没有足够的了解或者受到一些外部因素的影响，部分海外公众本身可能带有一定的成见、偏见、定见、歧见。在改善海外公众的看法之前势必要对其整体情况进行掌握。

从媒体报道方面来看，分析海外公众的评论和态度能够对消息报道的方式方法起到建设性作用。由于海外公众是通过报道来了解我国的交通情况的，媒体如何进行报道就至关重要。一些报道能够扩大宣传效果，塑造报道对象的正面形象，而另一些报道则会招致公众反感。由于国内外文化存在差异，有些报道不能够因地制宜，报道效果适得其反，甚至与当地的文化产生冲突[2]。规避报道上的失误，打造爆款新闻等，都是以了解海外公众的评论和态度作为前提的。

从交通工程建设方面来看，及时了解海外公众的反馈可以对交通项目的实施起到监督作用。项目的落地不仅需要听取建设方的意见，更需要听取当地民众的反馈。海外公众对我国交通的评论及态度可以对一些容易产生误解和冲突的不当举措起到警示和修改作用，促使有关方面进行改进与反思，从而有助于我国更好地开展海外交通项目建设。

二　文献综述

自共建"一带一路"倡议提出以来，越来越多的国家积极响应，共建"一带一路"正在成为中国参与全球开放合作、改善全球经济治理体系、促进全球共同发展繁荣、推动构建人类命运共同体的中国方案。"一带一路"既符合中国人民的自身利益，也符合世界各国人民的根本利益。为了让世界

---

① 〔美〕沃尔特·李普曼：《公众舆论》，阎克文、江红译，上海世纪出版社，2006。
② 陈霞：《中国高铁"走出去"的困境与对策》，《现代交际》2019 年第 20 期。

各国对"一带一路"形成正确的认知和认同，顺利推进"一带一路"国家的交通建设，做好对外宣传工作至关重要。分析海外公众对我国交通评论及态度，可以揭示其关注焦点及叙述特征，更好地把握"一带一路"的国际传播空间，为"讲好中国故事"的新闻实践提供新思路。有学者以框架理论为基础，以"框架三层次"理论为方法视角，对各国媒体构建的中国高铁形象①、中国海外形象建构②和"一带一路"倡议③进行研究，呈现各国媒体的显性和隐性意图。然而以上分析都是基于报纸这种传统媒体的报道，在网络高度发展的今天具有一定的局限性。

随着社会经济的发展和科技水平的提高，互联网技术日益普及，网络终端设备日新月异。与传统媒体相比，新媒体除了运用文字、图片和表格外，还能加入视频、音频文件，让受众对事件有更加直观的感受。与此同时，新媒体能通过链接，把事件相关人物和公众意见评论等同时呈现在受众面前，将信息向外辐射延伸到其他事件。其信息量之大，涉及面之全，是传统媒体无法企及的④。互联网依托其平台优势与信息传播速度优势为大众创设了全新的信息获取渠道，社交媒体平台的崛起也为受众提供了信息发布与讨论的新场所，新媒体时代人人都可以是新闻的制造者、发现者与传播者，传播主体日趋多元⑤。新闻内容的生产者与消费者边界逐渐模糊。传统媒体不再像以前一样具有绝对优势，往往需要与意见领袖等个体争夺平台内有限的注意力。自媒体的发展也使个人的意见更容易得到广泛关注，一些个人账号的影响力甚至已经超越专业的媒体机构。然而发布消息的门槛降低往往意味着媒体从业者素质的参差不齐。不同媒体的报道并非独立客观，往往受到诸多因

---

① 习少颖：《框架理论下印度媒体对中国高铁报道的形象分析》，《新闻前哨》2019 年第 11 期。
② 陈世伦、王一苇：《媒体报道框架与中国海外形象建构——以柬埔寨主流媒体对"一带一路"倡议报道为例》，《广西民族大学学报》（哲学社会科学版）2019 年第 1 期。
③ 黄亚梅：《英国媒体关于"一带一路"的报道框架研究》，广东外语外贸大学硕士学位论文，2018 年。
④ 曹韵：《新媒体时代中国文化海外传播的新思路》，《学术交流》2019 年第 11 期。
⑤ 范宇星：《新媒体环境下交通电视新闻栏目的品牌传播》，《传媒论坛》2018 年第 1 期。

素的影响，专业机构的媒体报道和普通网民的言论常常同时混杂在网络空间当中。以上新情况的出现既是机遇也是挑战，促使我们在网络发展的现代对海外公众对我国交通评论及态度进行全面的了解。

三　研究方法

本研究以 China & traffic、transportation、railway（high-speed railway）、train highways、waterways、aviation airports、airlines、bridge、subway、bus、public transportation、ride-hailing 等为关键词，在 Google、YouTube、Facebook、Twitter、Quara 五个网络平台上抓取近五年内有关中国交通的相关报道，包括中国"一带一路"倡议中交通部分、中国高铁、中国航空、中国网约车、中国海内外港口建设、共享单车发展、中国高铁走出去、中国桥梁隧道建设、中国海外援建铁路（如蒙内铁路）、中国地铁发展建设、中国城市拥堵（城市交通）等，分析公众的反馈和评论。Google、YouTube 平台共搜集到3210 条数据，相关分析如下。

四　媒体报道概况

（一）Google：中国媒体机构报道中国交通数量较多

对中国交通有关的关键词进行检索后，在 Google 网站得到 2650 条有关报道，对相关数据进行分类筛选。如图 1 所示，各个媒体的发布数量按占有面积大小和颜色深浅来表示，颜色越深、面积越大代表发布报道数量越多。在统计的媒体中，新华社（Xinhua）对中国交通的报道占比较大，其次是《南华早报》（*South China Morning Post*）。外国媒体中以美国消费者新闻与商业频道 CNBC 和英国的路透社（Reuters）为主。

如图 2 所示，平均值表示单个媒体在五年内的平均报道数量为 50.14篇。绝大部分媒体的报道数量均在 50 篇以下，大量的交通建设新闻被我国

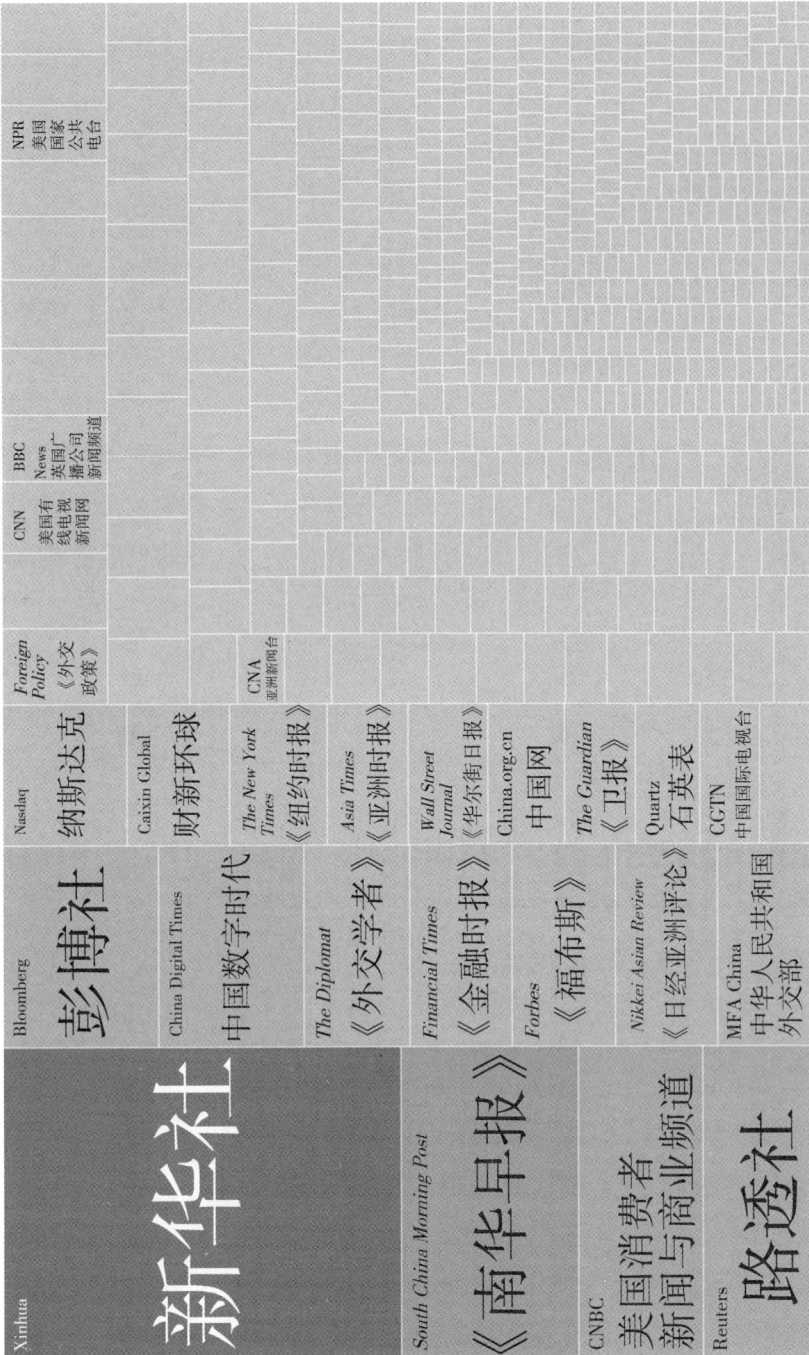

图 1　Google 网站媒体报道情况分布

Xinhua 新华社	Bloomberg 彭博社	Nasdaq 纳斯达克	Foreign Policy《外交政策》	CNN 美国有线电视新闻网	BBC News 英国广播公司新闻频道	NPR 美国国家公共电台

Caixin Global 财新环球

China Digital Times 中国数字时代

The New York Times《纽约时报》

CNA 亚洲新闻台

The Diplomat《外交学者》

Asia Times《亚洲时报》

Wall Street Journal《华尔街日报》

China.org.cn 中国网

Financial Times《金融时报》

The Guardian《卫报》

South China Morning Post《南华早报》

Forbes《福布斯》

Quartz 石英表

CNBC 美国消费者新闻与商业频道

Nikkei Asian Review《日经亚洲评论》

CGTN 中国国际电视台

Reuters 路透社

MFA China 中华人民共和国外交部

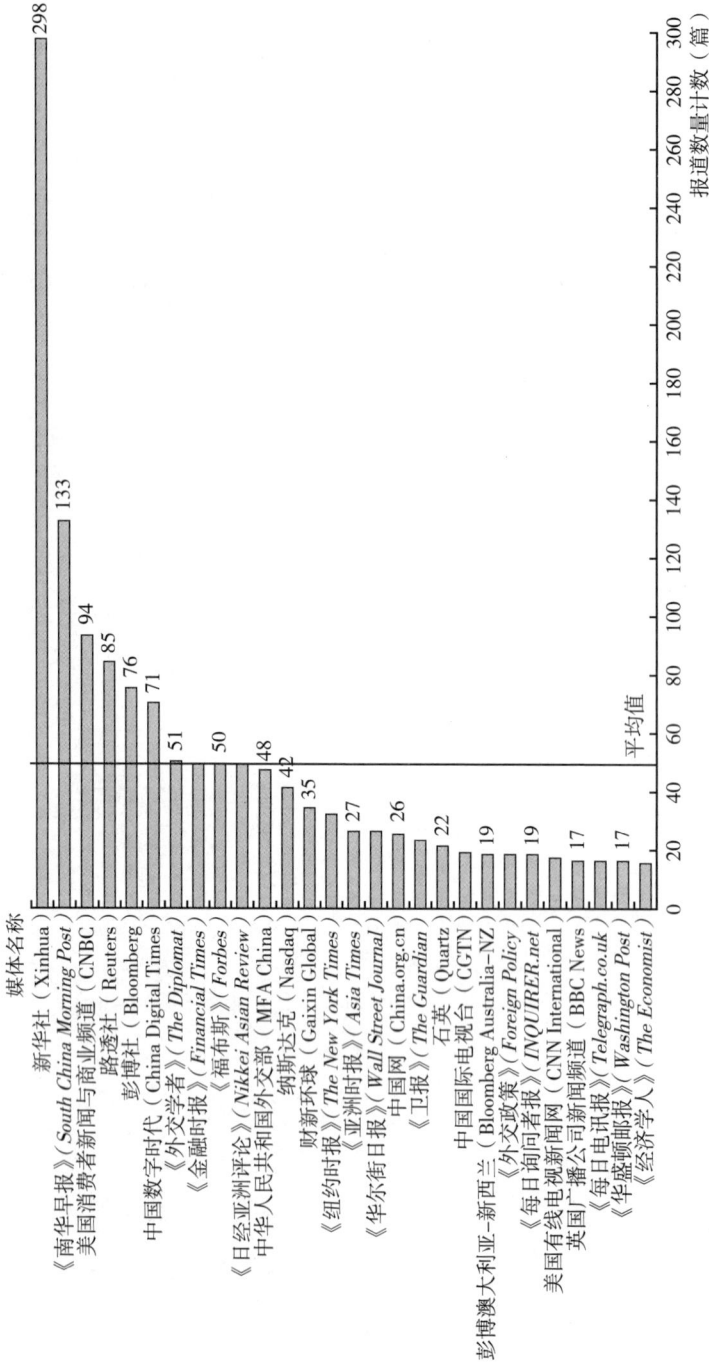

图 2 Google 网站媒体报道数量分布

媒体和国外少数几家大型媒体所报道。在搜集到的 2650 条数据中，报道数量超过 50 篇的媒体有 7 家，分别是新华社（298 篇）、《南华早报》（133 篇）、CNBC（94 篇）、路透社（85 篇）、彭博社（76 篇）、中国数字时代（71 篇）和《外交学者》（51 篇）。其中中国的媒体有两家，分别为新华社和《南华早报》，美国媒体有四家，分别是 CNBC、彭博社、中国数字时代和《外交学者》，唯一的英国媒体是路透社。由此得出海外交通新闻的报道来源多数为海外机构，但报道数量占比只有较少部分。进行海外报道的中国媒体机构较少，而报道数量却相对较多。

（二）YouTube：个人账号宣传效果不亚于专业媒体机构账号

在 YouTube 网站上进行信息提取，共挖掘到 560 条相关媒体报道。图 3 中方块颜色越深、面积越大代表相应来源发布视频数量越多。通过观察可以发现在有关中国交通海外报道中，视频发布数量的前 3 名依次为新华电视台（New China TV）、中国国际电视台（CGTN）和《南华早报》。其中新华电视台是新华社的官方 YouTube 频道，中国国际电视台是中央广播电视总台下属的新国际传播机构。由此可见，视频报道数量前 3 名均为中国媒体机构，国外机构在发布中国交通的视频数量方面普遍较少。

如图 4 所示，平均值表示单个媒体在五年内的平均报道数量为 18.82 篇，绝大部分媒体的视频报道数量在 10 个以下。新华电视台发布的视频数量最多，拉高了整体的平均值。在搜集到的 560 条数据中，报道数量超过 10 篇的媒体有 4 家，分别是新华电视台（178 篇）、中国国际电视台（54 篇）、《南华早报》（18 篇）和央视国际视频通讯社（CCTV Video News Agency）（12 篇），均为中国的媒体机构。

由此得知：海外交通新闻的视频报道来源多数为海外机构，但报道数量占比很小。进行海外视频报道的中国媒体机构较小，而报道数量相对较多。

图 5 中显示的是视频播放数量位居前列的视频来源，可以发现 YouTube 上的视频发布来源参差不齐，既有专业的新闻媒体也有个人和企业组织等。其中排名第一的是美丽的地方，视频观看量约有 2628 万次，第二名是

图 3　YouTube 网站媒体报道情况分布

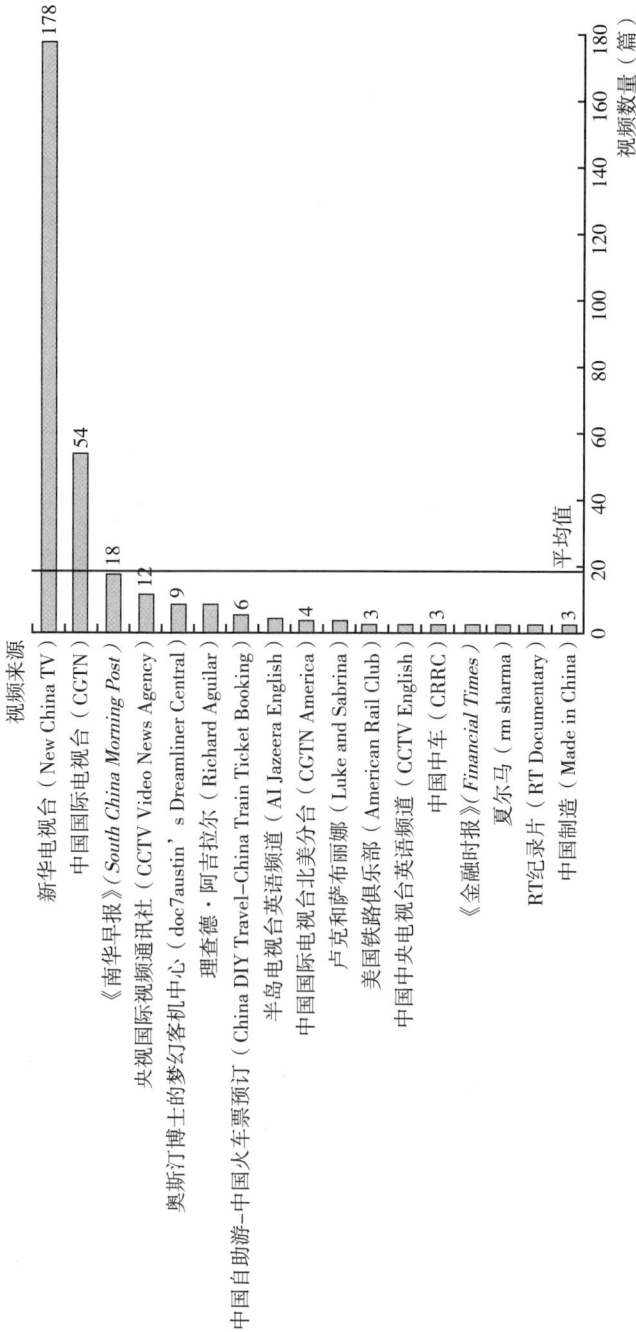

图 4 YouTube 网站媒体报道数量分布

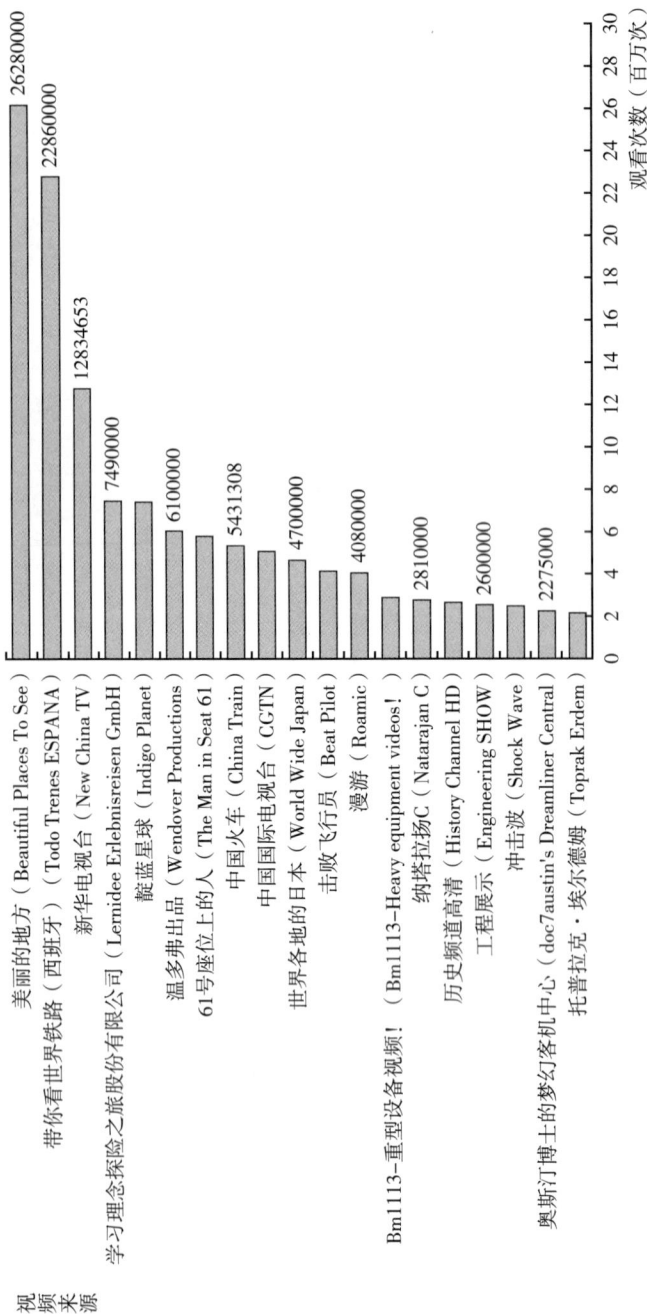

图 5　YouTube 网站媒体报道观看数量

带你看世界铁路（西班牙），视频观看量约有 2286 万次。虽然新华电视台发布的视频数量最多，但其视频的总播放量远不如前两名，约 1283 万次观看量，位列第三。排名第四的是一个德国旅行社，中文译名是学习理念探险之旅股份有限公司。

由于视频的发布时间长短也会对播放量产生影响，图 6 将视频账号中的观看总次数与视频发布总时长进行关联，查看二者的关系。观看总次数表示单个媒体账号中所有视频观看次数的总和，视频发布总时长表示单个媒体账号中所有视频发布天数的总和。散点图中的圆点大小表明账号的相关视频数量，圆点越大代表账号下相关视频的数量越多。

由图 6 可知，播放量靠前的美丽的地方、带你看世界铁路（西班牙）

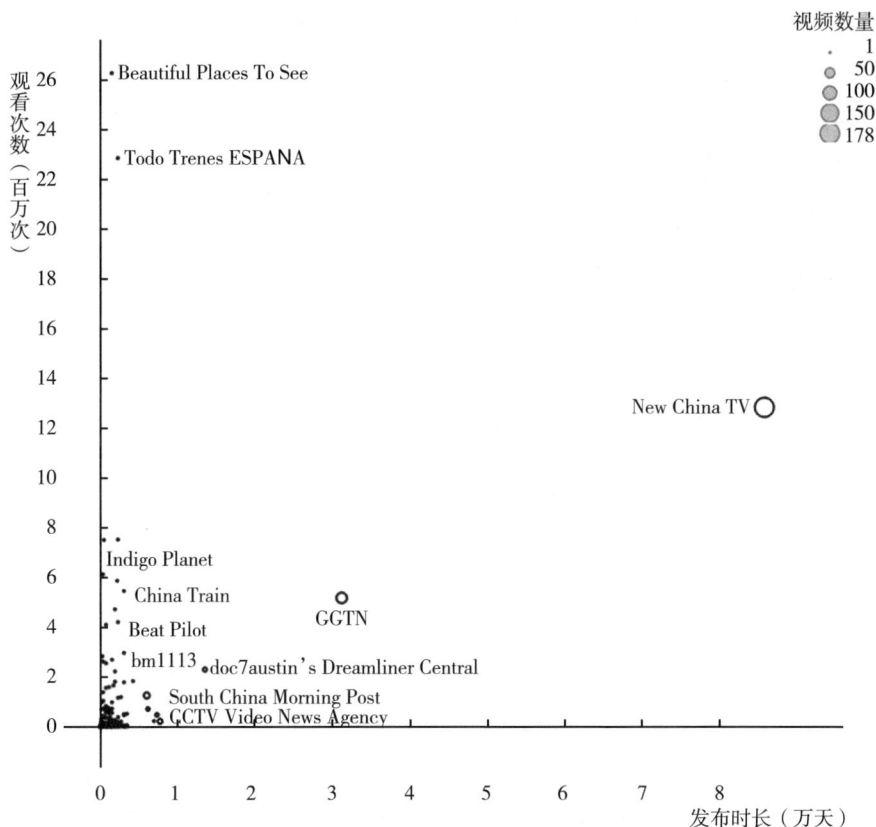

图 6 YouTube 网站媒体视频发布时间总长与观看总数关系

等均只发布了一个视频，说明零星的视频形成爆款的现象明显。新华电视台虽然发布了178个视频，但是178个视频的播放量总和却只排在第三位，说明我国媒体在海外宣传方面虽然注重数量，但在单条视频生成网络爆款的方面仍待加强。从视频存在时间总长方面分析，由于新华电视台、中国国际电视台、《南华早报》和中央电视台视频通讯社发布的视频数量较多，单个账号中所有视频加起来的发布总时长位居前列，但总播放量与海外媒体相比仍存在差距。

美丽的地方是一位个人上传者，地点定位于孟加拉国。该账号发布的唯一一个相关视频实际上是介绍日本新干线子弹头列车的。这条爆款视频并非日本官方宣传，说明在宣传效果上第三方的发布同样具有成为爆款的潜质。奥斯汀博士的梦幻客机中心（doc7austin's Dreamliner Central）也是一位个人上传者，视频内容是以乘客的视角对旅行中飞机、火车等交通方式的记录，视频中没有拍摄者本人入镜或讲话，内容相对客观。该账号从很早开始就进行了对中国交通方式的视频拍摄及发布，虽然相关视频只有9条，总时长和总观看次数却超过了《南华早报》和中央电视台视频通讯社等专业的媒体机构，说明个人账号的宣传效果不亚于专业媒体机构，同样有成为爆款的可能。

由于各账号发布的视频数量不同，将上图中视频发布时长与观看次数计算为平均值，即对账号中单个视频的存在时间与观看次数进行探究。从图7可以观察到，最大的空心圆圈为新华电视台，第二大的空心圆圈为中国国际电视台，这些中国媒体近两年以来在宣传报道上持续发力，大部分新发布的视频拉低了账号中的视频平均发布时长，在图中的情况表现为在这些账号中视频的发布时长平均集中在550天以内。图7同时也反映出零星的关于交通的视频实际上很早就在YouTube上传播，并且早期的时候有些是关于日本子弹头列车的视频。单条视频爆款与所在的媒体账号所发布的视频总量没有关系，即便媒体账号只发布了一条视频，该视频依然有成为爆款的可能。另外视频发布的时间并没有在视频播放量上起到至关重要的作用，发布时间稍微靠后的视频依然可以有较大的播放量。

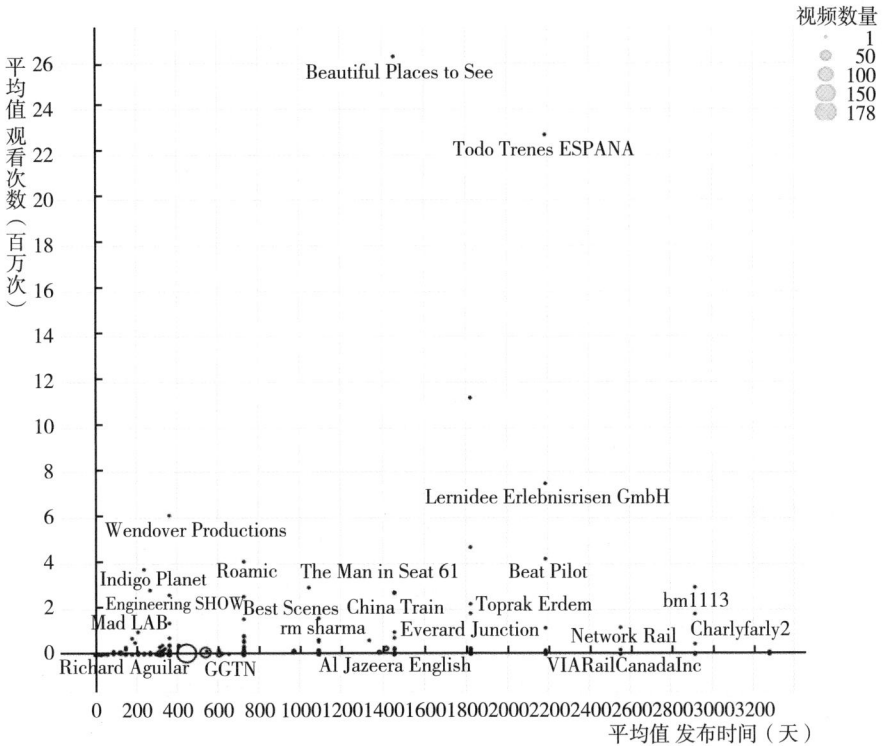

图7　YouTube 网站媒体视频发布平均时间与观看平均数量关系

对图 7 中出现的几条爆款视频进行分析。目前观看次数排名第一的美丽的地方发布的新干线子弹头列车［The Shinkansen Bullet Train（speed 320 km/h）700、N700 and N700A Series］已被该账号删除，但从视频标题来看与日本的子弹头列车相关。带你看世界铁路（西班牙）（Todo Trenes ESPANA）发布的 The world's fastest train，Circling a 574.8 KM／H TGV，标题译为世界上最快的火车，讲述的是一次火车速度实验，与中国铁路无关。学习理念探险之旅股份有限公司发布的乘私人火车穿越西伯利亚（Trans-Siberian by Private Train）是讲述乘坐火车穿越西伯利亚的旅游观光推荐视频，虽然视频里讲述了铁路尽头北京的情况，但实际上也与中国铁路无关。Wendover Productions 发布的为什么中国这么擅长修建铁路（Why China Is so Good at Building Railways）较为客观地分析了中国的铁路建设情况，然而其中也不免充斥着一些对中国政府的刻板印象。以上几条爆款视频中仅有 1 条与中国铁路有关，展现了一些刻板印象，表明一些国外媒体一直以来都在构建中国的负面形象。

（三）各国在不同平台的关键词统计

使用词频统计软件分别对两个网站统计到的各个国家的媒体数据进行词频统计分析，除去常见的 China、Chinese、Belt、Road 和无意义的冠词、介词之后，发现常见关键词如表 1 所示。

表 1　Google 平台不同国家关键词情况

国家	关键词	中文译名
中国	poverty、Xi、US、friendship、reduction、security、Hong Kong、digital、cooperation	贫穷、习、美国、友谊、减少、安全、香港、数字化、合作
美国	US、security、digital、Hong Kong、spree、initiative、global、Trump	美国、安全、数字化、香港、狂欢、倡议、全球的、特朗普
印度	poverty、spree、Xi、buying、poor、global、rise	安全、狂欢、习、购买、贫穷、全球的、上升
英国	security、Hong Kong、US、invest、spree、growth、poverty、infrastructure、Australia	安全、香港、美国、投资、狂欢、增长、贫穷、基础设施、澳大利亚
加拿大	technology	技术
日本	Japan、Pakistan	日本、巴基斯坦
新加坡	capital、reap、Singapore	首都、收获、新加坡
菲律宾	PH、security、poverty、Japan、boost	菲律宾、安全、贫穷、日本、促进

可以观察出 Google 平台的关键词总体上偏向于高铁建设背后的意识形态，涉及经济、科技、政治等方面。各个国家的媒体在报道高铁时总会与自己国家或其他国家进行联系，而美国（US）则是经常被提及的对象。中国在经济上取得的成就，例如强大的购买力（与 spree 相关）和扶贫（poverty reduction）也是关注的焦点。一些在中国媒体中强调的关键词，例如友谊（friendship）、合作（cooperation）等很少出现在其他国家的报道中。与中国媒体所传递出的友善信号形成对比，西方媒体更关注安全（security）方面的问题，偏向于保守。由于国际高铁市场的竞争日益激烈，国外媒体对中国

高铁安全性多有质疑之声①。尽管不能排除其是以自身经济利益为目的，但甬温线动车追尾事件的确暴露出我国高铁存在安全隐患。为了在国际高铁市场上更具优势，高铁安全性的提升仍是关注的重点。总体而言，Google 平台上各个国家的媒体报道关注面更广泛、更宏观，更贴近政府视角。

YouTube 平台上收集的关键词相比于 Google 更加突出高铁的特性（high-speed、new、first），并未进行过多延伸（见表2）。内容涉及乘坐体验（business class）、线路介绍（Zhangjiakou、Laos、line）、原因讲解（why）等。一些视频标题试图以疑问句作为标题来引起观众的兴趣，例如 why 出现在美国媒体的标题中，原标题是"为什么航空公司讨厌高铁"（Why Airlines HATE High-Speed Rail）和"为什么美国没有高铁"（Why The US Has No High-Speed Rail），两部视频均提到中国在高铁方面取得的成就以及对美国老旧基础设施的担忧，为吸引观看流量提供了新的思路。一些国家将中国的高铁称为子弹头列车（Chinese Bullet Train），通过之前的分析可推测出原因是日本的子弹列车视频传播广泛，名字已经深入人心，说明宣传可以起到先入为主的效果。总体而言，YouTube 平台上各个国家的媒体报道关注点更具体、更微观、更贴近个体视角。

表2　YouTube 平台不同国家关键词情况

国家	关键词	中文译名
中国	high-speed、railway、train、Beijing、new、line、Zhangjiakou、first	高速、铁路、火车、北京、新、线路、张家口、第一
美国	rail、speed、high、US、why	铁轨、速度、高、美国、为什么
印度	railways、vs	铁道、vs(用来做对比)
西班牙	amazing	令人惊奇的
德国	train、bullet、business class	火车、子弹、商务舱
芬兰	Laos	老挝
卡塔尔	rail、world、high speed	铁轨、世界、高速

---

① 张晓通、陈佳怡：《中国高铁"走出去"：成绩、问题与对策》，《国际经济合作》2014 年第11 期。

五 不同平台关于中国交通领域的话题

表3 Facebook和Quora两个平台关于中国交通领域的话题情况

话题	关键词	Facebook	Quora
中国"一带一路"倡议中交通部分	the Belt and Road	0	92
	the Silk Road Economic Belt and the 21st-Century Maritime Silk Road	43	8
	B&R	0	0
	one Belt and one Road	6	107
	The Belt and Road Initiative	6	121
	总量	55	328
中国高铁	high-speed railway	2	76
	high speed rail	2	251
	high speed train	3	59
	high-speed line	0	25
	gaotie	7	2
	express railway	2	14
	express rail	0	0
	express train	0	13
	bullet train	6	44
	总量	22	484
中国航空	China airline	4	11
	air china	33	12
	china's aviation	0	6
	chinese airline	0	15
	chinese aviation	0	9
	总量	37	53
中国网约车	ride-hailing service	0	13
	car-hailing service	0	4
	Didi Chuxing	0	27
	online ride-hailing	3	0
	online car-booking	0	5
	online taxi-hailing	0	12
	online car rental	4	0
	总量	7	61
中国海内外港口建设	port construction at home and abroad	0	19
	harbour construction	0	0
	总量	0	19

话题	关键词	Facebook	Quora
共享单车发展	bike-sharing	0	28
	shared bike	0	8
	online bike rental	0	10
	bicycle-sharing	1	11
	bluegogo	0	11
	ofo bicycle	48	46
	mobike	5	14
	总量	54	128
中国高铁"走出去"	China's high-speed rail going global	0	58
	going out	0	0
	总量	0	58
中国桥梁隧道建设	bridge and tunnelconstruction	1	26
	bridge and chunnel construction	0	0
	总量	1	26
中国海外援建铁路（如蒙内铁路）	china's overseas aided railway	0	0
中国地铁发展建设	subway developmemt and construction	0	0
	metro development	3	24
	underground development and reconstruction	0	20
	总量	3	44
中国城市拥堵（城市交通）	urban congestion,china	0	3
	urban traffic,china	0	0
	urban traffic congestion problem,china	11	4
	traffic jam,china	5	4
	总量	16	11
	合计	195	1212

由表3可以明显地看出，Quora在中国交通领域的话题总量明显高于Facebook。Quora类似于美版知乎，平台上的知识分子比例相对高于

Facebook。Facebook作为社交媒体，话题多为日常搞笑性或新闻热点等，其娱乐属性在一定程度上会影响关于交通领域话题的探讨，但可以比较全面地反映出海外大众对中国交通的看法。对于"一带一路"倡议、中国高铁、中国航空、中国网约车、中国海内外港口建设、中国共享单车发展、中国桥梁隧道建设、中国地铁发展建设等话题，Quora的讨论量都要高于Facebook，说明Quora中以知识分子为代表的海外网络用户已经意识到中国交通的建设发展，并给予其大量关注。唯一一个话题讨论量Facebook超过Quora的则是中国城市交通拥堵，说明Facebook所代表的海外民众总体对中国的交通发展仍然着重关注较为负面的议题，而对近年来中国交通的快速发展关注不足。

六　评论情感态度分析

（一）Facebook：关于"一带一路"、中国高铁和航空的支持意见占大多数

　　分别在三个平台上抽取相关话题，对评论的意见维度和强度进行分析。无情感偏向即对话内容为简单的背景介绍和知识简介，多是从相关网站直接粘贴过来，不涉及情感。三种平台均无中国海外援建铁路的讨论。分析得出，Facebook平台上可以识别的语言中对"一带一路"倡议、中国高铁和中国航空等回复中的支持意见占到大多数，很多类似于中欧、阿拉伯语言的文字也准确反映出"一带一路"倡议影响所及的国家和地区在积极地进行报道与讨论。对于中国海内外港口建设、海外援建铁路等基础设施建设没有统计，说明在Facebook平台上的海外民众对于基础设施建设之类的话题并不太感兴趣（见表4）。国外对共享单车发展的讨论无情感倾向，但大部分帖子的内容是卖ofo共享单车，可能和ofo公司经营不善导致亏损有关。

表4 Facebook 中的话题与意见

议题名称	英文关键词	焦虑	怀疑	支持	反对	无所谓	无情感偏向	合计	备注
"一带一路"倡议	the Belt and Road the Silk Road Economic Belt and the21st – Century Maritime Silk Road B&R one Belt and one Road The Belt and Road Initiative			9	2		4	15	另外40个回复是类似于中欧、阿拉伯语言的文字,无法辨认,未算在内
	百分比			60.00%	13.33%		26.67%	100%	
中国高铁	high – speed railway high speed rail high speed train high – speed line gaotie express railway express rail express train bullet train			16			2	18	另外4个回复是类似于中欧、阿拉伯语言的文字,无法辨认,未算在内
	百分比			88.89%			11.11%	100%	
中国航空	China airline air china China's aviation Chinese airline Chinese aviation			33			4	37	
	百分比			89.19%			10.81%	100%	
中国网约车	ride – hailing service car – hailing service Didi Chuxing onlineride – hailing online car – booking online taxi – hailing online car rental			7				7	均为阿拉伯语系的文字,根据搭配的表情判断为满意

续表

议题名称	英文关键词	焦虑	怀疑	支持	反对	无所谓	无情感偏向	合计	备注
	百分比			100%				100%	
中国海内外港口建设	port construction at home and abroad								
	harbour construction				无有效数据				
共享单车发展	bike – sharing								
	shared bike								
	online bike rental					4	50	54	大部分帖子内容为卖小黄车
	bicycle-sharing								
	bluegogo								
	ofo bicycle								
	mobike								
	百分比					7.41%	92.59%	100%	
中国桥梁隧道建设	Bridge and tunnel construction						1	1	
	bridge andchunnel construction								
	百分比						100%	100%	
中国地铁发展建设	subway developmemt and construction								
	metro development			3				3	
	underground development and reconstruction								
	百分比			100%				100%	
中国城市拥堵（城市交通）	urban congestion,china								
	urban traffic,china			8			8	16	
	urban traffic congestion problem,china								
	traffic jam,china								
	百分比			50%			50%	100%	
中国高铁"走出去"	China's high-speed rail going global								
	going out				无有效数据				

议题名称	英文关键词	焦虑	怀疑	支持	反对	无所谓	无情感偏向	合计	备注
中国海外援建铁路（与高铁区分，这部分指的是一般铁路，如蒙内铁路）	China's overseas aided railway				无有效数据				

（二）Quora：评价较好但不关注基础设施建设

Quora 平台上对于"一带一路"倡议、中国高铁、中国航空、中国网约车、中国海内外港口建设、共享单车发展、中国高铁"走出去"、中国地铁发展建设、中国城市拥堵等涉及中国交通的议题，支持态度占大多数，这种现象说明 Quora 平台的用户对于中国交通整体评价较好（见表5）。值得注意的是，Quora 平台上没有中国海外援建铁路的评论，而 Twitter 上没有中国高铁"走出去"、中国桥梁隧道建设、中国海外援建铁路的有效评论数据，Facebook 上没有关于中国海内外港口建设、中国高铁"走出去"、中国海外援建铁路的有效评论数据，中国桥梁隧道建设也只有一条评论。说明海外民众普遍不太关注中国交通的基础设施建设，对于中国高铁"走出去"、中国桥梁隧道建设、中国海外援建铁路有比较大的盲点。

表5　Quora 中的话题与意见

议题名称	英文关键词	焦虑	怀疑	支持	反对	无所谓	无情感偏向	合计
"一带一路"倡议	the Belt and Road the Silk Road Economic Belt and the 21st-Century Maritime Silk Road B&R one Belt and one Road The Belt and Road Initiative	33	53	111	24		107	328

议题名称	英文关键词	焦虑	怀疑	支持	反对	无所谓	无情感偏向	合计
百分比		10.06%	16.16%	33.84%	7.32%		32.62%	100%
中国高铁	high–speed railway	17	314	5	5		143	484
	high speed rail							
	high speed train							
	high–speed line							
	gaotie							
	express railway							
	express rail							
	express train							
	bullet train							
百分比			3.51%	64.88%	1.03%	1.03%	29.55%	100%
中国航空	China airline	5	15	10	1		22	53
	air china							
	China's aviation							
	Chinese airline							
	Chinese aviation							
百分比		9.43%	28.30%	18.87%	1.89%		41.51%	100%
中国网约车	ride-hailing service	1		13			47	61
	car-hailing service							
	Didi Chuxing							
	online ride-hailing							
	online car-booking							
	online taxi-hailing							
	online car rental							
百分比		1.64%		21.31%			77.05%	100%
中国海内外港口建设	port construction at home and abroad	1	1	10			7	19
	harbour construction							
百分比		5.26%	5.26%	52.63%			36.85%	100%

续表

议题名称	英文关键词	焦虑	怀疑	支持	反对	无所谓	无情感偏向	合计
共享单车发展	bike-sharing shared bike online bike rental bicycle-sharing bluegogo ofo bicycle mobike	1	7	47	7		66	128
	百分比	0.78%	5.47%	36.72%	5.47%		51.56%	100%
中国桥梁隧道建设	Bridge and tunnel construction						26	26
	bridge and chunnel construction						100%	100%
中国地铁发展建设	subway developmemt and construction metro development underground development andreconstruction	5	6	7	4		23	45
	百分比	11.11%	13.33%	15.56%	8.89%		51.11%	100%
中国城市拥堵（城市交通）	urban congestion，china urban traffic，china urban traffic congestion problem，china traffic jam，china	2	1	3	2		3	11
	百分比	18.18%	9.10%	27.27%	18.18%		27.27%	100%
中国高铁"走出去"	China's high – speed rail going global going out			35			23	58
	百分比			60.34%			39.66%	100%
中国海外援建铁路	china's overseas aided railway	无有效数据						

表6　Twitter 中的话题与意见

议题名称	英文关键词	焦虑	失望	支持	反对	无情感倾向	观望	受到威胁	敬佩	可怜	合计	备注
"一带一路"倡议	the Belt and Road theSilk Road Economic Belt and the 21st–Century Maritime Silk Road B&R one Belt and one Road TheBelt and Road Initiative	11	3	21	30	5	8	8	4		90	对于"一带一路"的观点大多与新冠病毒相连，认为是"一带一路"加剧了新冠肺炎在全世界的传播
	百分比	12.22%	3.33%	23.33%	33.33%	5.56%	8.89%	8.89%	4.45%		100%	
中国高铁	high-speed railway high speed rail high speed train high-speed line gaotie express railway express rail express train bullet train			27		7	3	3			40	这一部分总体内容较少，都是宣传或者展示，且地点多在各个世界区域
	百分比			67.50%		17.50%	7.50%	7.50%			100%	
中国航空	China airline airchina china's aviation chinese airline chinese aviation	18	20	2		11	2	2		15	70	2020年以前的内容多是关于中国航空领域的进步，新冠肺炎暴发而至今内容多关于中国航空业受到的打击和自己的旅程受到中国航空的影响
	百分比	25.71%	28.57%	2.86%		15.71%	2.86%	2.86%		21.43%	100%	

续表

议题名称	英文关键词	焦虑	失望	支持	反对	无情感倾向	观望	受到威胁	敬佩	可怜	合计	备注
中国网约车	ride-hailing service											多为新冠肺炎突袭而至发后网约车的现状,或者中国网约车的市场份额或者宣传内容
	car-hailing service											
	Didi Chuxing											
	online ride-hailing			13		4				13	30	
	online car-booking											
	online taxi-hailing											
	online car rental											
	百分比			43.33%		13.34%				43.33%	100%	
中国海内外港口建设	port construction at home and abroad			20							20	
	harbour construction											
	百分比			100%							100%	
共享单车发展	bike-sharing		36	18	36						90	主要聚焦于小黄车坟墓等环境问题与中国共享单车方面的不文明行为
	shared bike											
	online bike rental											
	bicycle-sharing											
	bluegogo											
	ofobicycle											
	mobike											
	百分比		40%	20%	40%						100%	

续表

议题名称	英文关键词	焦虑	失望	支持	反对	无情感倾向	观望	受到威胁	敬佩	可怜	合计	备注
中国桥梁隧道建设	Bridge and tunnel construction					无有效数据						
	bridge and chunnel construction											
中国地铁发展建设	subway development and construction			26	17	14					57	
	metro development											
	underground development and reconstruction											
	百分比			45.61%	29.83%	24.56%					100%	
中国城市拥堵	urban congestion, china		4	6			43				53	多是对中国堵车情况的分享和感叹
	urban traffic, china											
	urban traffic congestion problem, china											
	traffic jam, china											
	百分比		7.55%	11.32%			81.13%				100%	
中国高铁"走出去"	China's high-speed rail going global					无有效数据						
	going out											
中国海外援建铁路	china's overseas aided railway					无有效数据						

（三）Twitter：中国交通与新冠肺炎病毒相联系

相比于前两个平台，Twitter 中的意见更为复杂，并且对"一带一路"倡议的反对意见较多。由于疫情的暴发，平台上"一带一路"的观点大多与新冠肺炎病毒相连。由于 Twitter 涉及更多的政治属性，一些政客试图在其中抹黑中国形象。部分海外民众认为是"一带一路"加剧了新冠肺炎病毒在全世界的传播。对于中国高铁的评论内容较少，主要是宣传和展示，且评论地点多在各个世界区域。对于中国航空的讨论，支持的比例虽然较高，但与失望、可怜等负面情绪的占比差距不大。2020 年以前的内容多是关于中国航空领域的进步，新冠肺炎疫情突袭而至后的内容多是关于中国航空业受到的打击和自己的旅程受到中国航空的影响。对于网约车的评论中支持与可怜的态度占比相等，各占45%，内容多为新冠肺炎突袭而至后网约车市场的现状，或中国网约车的市场份额及宣传。对于共享单车发展的评论多集中于失望、反对和支持三种态度，而负面情绪占大多数，内容主要聚焦于共享单车坟墓等环境问题与中国共享单车方面的不文明行为。对于中国地铁发展建设，海外网友多表示支持，反对的声音占比较小。而对于中国城市拥堵的意见并不强烈，绝大多数网友持观望态度，失望态度只占极少部分，内容多是对中国堵车情况的分享与感慨（见表6）。

七 海外社交平台关于中国交通领域的十大热点议题

由表7可以看出三个海外媒体平台关于中国交通领域的十大热点议题，Facebook 中的正面议题占据大多数，多为谈论中国的交通、"一带一路"倡议以及全球化中的中国作用，负面议题为中国交通堵塞和 ofo 共享单车坟墓。Twitter 中基本上都是负面议题，主要涉及中国的交通设施及服务存在的问题，以及利用新冠肺炎疫情对中国交通进行抹黑，相关议题设置上存在严重的偏见和攻击色彩。唯一的一个偏向客观的议题是中国高速公路里程增加。Quora 平台的议题相对客观，包括高铁、网约车、共享单车、地铁与航

表 7　十大热点议题

平台	1	2	3	4	5	6	7	8	9	10
Facebook	china traffic facilities 中国交通设施	china traffic jam 中国交通堵塞	china railway share 中国铁路股份	ofo grave ofo 共享单车坟墓	china's road into Latin-America 中国通往拉丁美洲的道路	china's power 中国的力量	china travel 中国旅行	china airline 中国航空	OBOR "一带一路"	global china 全球中国
Twitter	新冠肺炎和"一带一路"的联系，即"一带一路"加剧了新冠肺炎在全球的传播	中国交通造成的环境问题，例如小黄车坟墓	中国交通因新冠肺炎造成的影响和瘫痪	中国交通在新冠肺炎中的进步	中国的堵车	中国航空的服务问题	中国交通中的动物保护问题	中国交通工具的环境问题	中国高速公路里程体量增加	中国交通的不足
Quora	高铁会否参与构成"一带一路"	中国高铁为什么发展得这么快；高铁技术是否中国原创；中日火车技术对比；中国高铁如何盈利；过度开发，美国、印度可否借鉴中国高铁	中国航空安全；乘坐体验；各机型科技含量；票价	女性乘车安全问题；滴滴和 uber 对比	瓜达尔港口问题；"一带一路"对沿海国家、城市、港口的影响	共享单车在中国为什么成功；共享单车为什么不会被偷；欧美国家可不可以照搬共享单车的运营模式；ofo 为什么倒闭	美国、印度可否借鉴中国高铁	中日韩美有没有可能建桥连接	深圳地铁建设；中美、中欧地铁建设对比；中国地铁安检；地铁开放物品安全	北京城市交通拥堵；春运问题

空议题，"一带一路"对相关国家的影响，城市交通拥堵与春运问题。比较新的议题涉及女性乘客安全和 ofo 倒闭等，讨论覆盖面较其他两个平台更广。

八　总结与建议

（一）提升宣传质量，注重打造爆款

近年来，我国在对外宣传上取得的成绩不容忽视，相关报道及视频发布数量的前几名均为中国媒体。在 Google、YouTube 等网络平台上，以新华社、《南华早报》、中国国际电视台为主力的中国媒体机构在对外宣传上持续发力，为中国的对外宣传及"一带一路"建设做出了重要贡献。然而国外的一些媒体机构和个人发布的视频更容易获得较高播放量，并且有整个账号的总播放量比不上一条视频播放量的情况，说明我国在海外宣传中虽然注重数量，但在单条视频生成网络爆款的能力仍待加强，一定程度上存在自说自话、水土不服的情况。

网络平台上自媒体和专业的媒体机构在网络平台上能够共同竞争，传播的效果不再看重发布消息的媒体机构大小，自媒体发布视频的宣传效果有时甚至超过专业的媒体机构。媒体账号发布的视频多，并不意味着这些视频的播放量会多。单条爆款视频的播放量可能会超过某个账号所有视频的播放量总和。媒体机构要善于把握网络平台的传播特点，深刻理解到只需一个爆款视频便可超越大多数视频的传播效果。在保证一定数量的同时提升宣传质量，着力打造爆款，提供优质信息。

（二）用事实进行辟谣，在重点领域做好宣传

网络上相对便捷的信息传播渠道消除了信息的发布鸿沟，但同时也导致传播的信息质量参差不齐。专业客观的新闻报道常常与主观、片面甚至是具有大量偏见的消息同时呈现在网民面前，极易对海外公众形成误导。如何使海外公众尊重客观事实，不被负面信息煽动或极端情绪裹挟仍是众多媒体所

要面临的挑战之一。

值得注意的是境外反华势力依然不容忽视，一些机构和个人经常发布带有强烈偏见、抹黑中国的言论，如果任其肆意传播势必会使中国交通的海外发展受到影响。在宣传上绝不能放松，对于这些污蔑的言论应及时主动进行辟谣，做到公正客观地反映实际情况，占领舆论高地。对外传播时应重视产品的技术和服务优势，强化技术的自主知识产权的研发能力与成果，针对安全性能，举出更多实际案例加以支撑。海外公众如果能够详细了解到真实的情况，那些动机不纯的谣言必然会不攻自破。与此同时，中国方面要在大国博弈的框架下对相关交通建设采取更为谨慎的表述方式。例如在传播高铁信息时，淡化高铁的战略性价值，强调中国高铁相对单纯的技术和经济效应，以及在"一带一路"的经济和文化沟通方面的作用，避免引发有关国家不必要的担心和敌视。

（三）宣传渠道多样化，不同平台采取不同措施

研究发现，一些传播效果好的爆款视频由自媒体发布，个人视角的报道更具有亲和力，同样可以起到良好的宣传效果。而我国海外宣传中多为专业机构，民间力量较少，发布渠道较为单一。首先，在新媒体平台的内容发布要使用受众乐于接受的表达方式来实现高效交流，主动建立与受众沟通的机制，增强受众黏性。其次，在海外宣传方面可以培养更多自媒体，或吸引其他优质的自媒体进行报道，动员民间力量进行宣传。强化海外民众的情感认同，提升媒体传播魅力。同时创新发布形式，避免内容的刻板化，巧妙运用语言，讲有质感的故事。再次，不同网络平台具有不同属性，受众群体也有较大差异。研究发现 Quora 平台对于中国交通的评论多为正向态度，对应的群体受教育程度较高。Facebook 上两种态度较为均衡，受众涵盖面较广。Twitter 多是负向态度，负面情绪多与疫情突袭而至后美国一些政客对中国的抹黑有关，受政治因素影响较大。这就要求中国交通宣传方面要努力做到因地制宜，找准不同平台用户所关注的重点。充分利用一手消息和报道资源，对不同平台中的受众采取不同的宣传策略，让"高大上"的选题"接地气"、易于被受众广泛接受。

中国交通"走出去"媒体报道情况概要

吴颖婷[*]

摘　要： 本文将 Google News 近五年有关中国交通"走出去"的报道进行可视化处理，对报道内容进行词频分析，总结海外媒体对我国交通"走出去"的报道特点。研究发现，媒体的年度报道数量整体呈上升趋势、报道地域分布与铁路建设国家一致、报道停留在较宏观的叙事层面。最后，本文根据研究发现提出相关建议。

关键词： 海外　交通　"走出去"　Google News　媒体报道

一　研究背景

2013 年，习近平总书记提出了建设"新丝绸之路经济带"和"21 世纪海上丝绸之路"的合作倡议。随之，"一带一路"倡议成为一项连接亚洲、欧洲、非洲等 60 多个国家的重大战略。党的十八大以来，交通运输行业积极贯彻落实习近平总书记的指示精神，按照党中央、国务院的决策部署，推动交通互联互通取得显著进展，基本形成"六廊六路，多国多港"的互联互通架构。

多层次深化国际共识实现新突破。推动将"一带一路"倡议写入多个联合国国际会议的成果文件；联合相关国家制定《大湄公河次区域（GMS）

---

* 吴颖婷，北京交通大学语言与传播学院硕士研究生。

经济合作交通战略（2030）》《中国—东盟交通合作战略规划》等战略规划；建立上海合作组织国家便利运输联合委员会、中国—中东欧海运合作秘书处等新的合作机制；举办"一带一路"国际合作高峰论坛相关分论坛；与24个国家和4个政府间国际组织签署了36项合作文件，形成共建"一带一路"广泛共识。

全行业共建"一带一路"取得新进展。铁路方面，建成蒙内铁路、亚吉铁路等境外铁路，中欧班列累计开行突破1.9万列，到达境外16个国家的53个城市；公路方面，中巴经济走廊"两大"公路建设顺利推进，中俄黑河公路桥合龙，中越北仑河公路二桥建成通车，与19个国家签署22项双/多边运输便利化协定；海运方面，参与多个海外港口的建设经营，海运班轮联通指数稳居世界第一；民航方面，与96个"一带一路"合作国家签订双边政府间航空运输协定，其中与75个国家实现直航；邮政方面，与22个国家签署合作文件，推进中欧班列快件运输试点建设①。由此可知，中国交通在走出国门、联通世界方面取得了令人瞩目的成就。

二　文献综述

媒体对中国交通"走出去"的报道主要集中在"一带一路"倡议上。"一带一路"倡议自提出就得到国际社会的密切关注，也得到国内外媒体的广泛报道。媒体在塑造国家形象、传递价值观、提升文化软实力方面起着不可小觑的作用。中国媒体关注"一带一路"的发展前景，强调其开放性、合作性、对沿线国家发展的推动作用以及对全球化再平衡的贡献。与此不同的是，一些国外媒体在对"一带一路"倡议的报道中，暗指中国意在发展本国实力、扩张势力、挑战发达国家的地位、建立霸权，把中国塑造成了一个野心勃勃的霸主形象②。李凌凌、张远选取"一带一路"非沿线国家英国

---

① 来源 https：//mp. weixin. qq. com/s/blvQ4ZkY9PPgJb4zSb6LfA。

② 王立松、崔竞月、陈茜萌：《"一带一路"国内外新闻语篇话语对比分析》，《天津大学学报》（社会科学版）2020 年第 2 期。

的两家知名媒体《泰晤士报》《每日邮报》作为研究对象，发现其整体报道趋于客观，但负面报道仍占据一定比例①。王晓昆分析了以《纽约时报》《华盛顿邮报》《华尔街日报》为代表的美国主流媒体的报道倾向，研究发现其负面倾向明显，负面报道主要集中在：①扭曲中国"一带一路"倡议的意图，认为中国企图称霸世界。②曲解中国海外经贸合作和投资是经济殖民，是"中国版马歇尔计划"。③夸大中国"一带一路"倡议面临的风险和问题，唱衰中国经济、诋毁中国政治等②。吕晓莉、黎海燕以越南主流官方媒体——越南通讯社和"越南每日快讯"的相关报道为切入点，发现在历史和现实的因素及越南国内的政治博弈下，民众涉华负面情绪、中国对越南的投资比较优势不足论、"一带一路威胁论"持续发酵③。任孟山、王琳发现从日本、西班牙和俄罗斯情况来看，其主流媒体仍对中国存在很多误解，以西方发达国家的标准要求中国，善用隐喻批评中国。吉尔吉斯斯坦、哈萨克斯坦的情况略有不同，虽然存在少量质疑和负面评价，但是随着"一带一路"倡议的落地和推进，积极和肯定的报道数量在逐渐增加④。总体来看，海外媒体对中国"一带一路"倡议的报道倾向不一，负面报道较多，舆论环境仍然复杂严峻，对我国国家形象存在较大威胁。

三 研究方法

本文以"China""belt and road""transportation""agreement""technology""high speed railway""Infrastructure construction""invest""economic""threat"

---

① 李凌凌、张远：《英国媒体对"一带一路"的报道倾向分析》，《新闻爱好者》2020 年第 7 期。

② 王晓昆：《美国主流媒体"一带一路"倡议报道研究——以〈纽约时报〉〈华尔街日报〉〈华盛顿邮报〉为例》，《青年记者》2018 年第 6 期。

③ 吕晓莉、黎海燕：《越南对中国"一带一路"倡议的认知——基于对越南官方媒体报道的分析》，《和平与发展》2019 年第 6 期。

④ 任孟山、王琳：《新闻传播学领域对"一带一路"倡议的研究——对 2013～2019 年新闻传播学 CSSCI 来源期刊的文献分析》，《传媒》2020 年第 6 期。

为关键词，在 Google News 搜索近五年有关中国交通"走出去"的报道，最终共抓取 1365 篇文章。将获取的文章进行可视化处理和词频分析后，本文总结出海外媒体对我国交通"走出去"报道的特点，最后针对报道特点提出相关建议。

四 中国交通走出去媒体报道情况分析

（一）媒体年度报道数量整体呈上升趋势

在 Tableau 软件中，将报道按发布年份计算每一年的报道数量并制图，可直观看出年份差异。图 1 显示，2019 年媒体报道数量最多，2015 年以前 91 篇，2016 年 71 篇，2017 年 112 篇，2018 年 262 篇，2019 年 839 篇，2020 年 89 篇。由此可以看出，海外媒体对于中国交通"走出去"的关注度显著提高，这从侧面也反映出中国交通"走出去"的步伐在加快。其中 2019 年的报道数量较上一年呈现井喷式的增长，与 2019 年新增海外港口以及铁路建设密不可分。

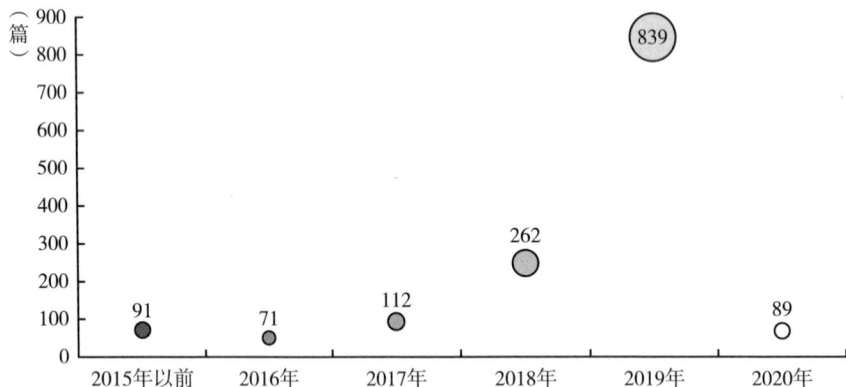

图 1 媒体年度报道数据

（二）媒体报道数量特点分析

由于媒体数目庞杂，所以选择用占有面积大小和颜色深浅来表示各个媒体报道的发布数量，占有面积越大、颜色越深，代表发布报道的数量越多。

将抓取到的数据按照报道媒体进行分类，发现报道数量前五的媒体仅新华社为中国媒体，其中 Deecan Chronicle 相关报道数量最多，共 59 篇。Bangkok Post 和 Directors Talk Interviews 的报道也在 50 篇以上。除此之外，BBC News、TIME 等国际知名媒体的报道数量也在 10 篇以上（见图 2）。

《德干纪事报》（*Deccan Chronicle*）是印度的英语日报，由 Rajagopal Mudaliar 于 20 世纪 30 年代创立，目前由 SREI 拥有。它由德干纪事控股有限公司（DCHL）在 Hyderabad、Telangana 出版。该报纸的名称来源于印度的德干地区。Deccan Chronicle 在 Andhra Pradesh 和 Telangana 共有八个版本。该报还在 Chennai、Bengaluru 和 Kochi 出版。

《曼谷邮报》（*Bangkok Post*）是泰国的 5 份英语报纸之一，主要在曼谷发行，是曼谷最主要的英语报纸，目前总编辑是哥维（Kowit Sanandang）。该报自 1999 年起，每年都提供半年份的泰国经济报告。

《英国广播公司新闻》（BBC News）是英国广播公司旗下负责新闻节目的部门。在 BBC 第一台，除了早上的《BBC 早餐》之外，还在下午 1 点和傍晚 6 点以及晚上 10 点播出约 30 分钟的新闻。BBC 在英国各地的分支机构也会制作面向各地区播出的新闻节目。除了电视和广播之外，BBC 也通过网络提供新闻。BBC 新闻网在 1997 年 11 月上线，现在每月的访问者超过 1500 万人，是英国最具人气的新闻网站之一。许多 BBC 电视新闻节目也在网上公开。

《时代周刊》（*TIME*）是一份于 1923 年开始在美国出版的新闻杂志。现今共有四种版本，包括了美国主版、欧洲版、亚洲版、南太平洋版。欧洲版（*Time Europe*，旧称 *Time Atlantic*）出版于伦敦，亦涵盖了中东、非洲和拉丁美洲的事件。亚洲版（*Time Asia*）出版于香港。南太平洋版出版于悉尼，涵盖了澳大利亚、新西兰和群岛。《时代周刊》之前曾发行加拿大版（内容与美国版相同，广告刊登的是加拿大本地广告），自 2008 年 12 月起，终止发行加拿大版，目前在加拿大发行的版本均为美国版。由图 2 可知，海外媒体对中国铁路"走出去"的关注度很高，而且报道总量远高于中国媒体。

选取报道数量在 10 篇及其以上的媒体，制成气泡图如图 3 所示。

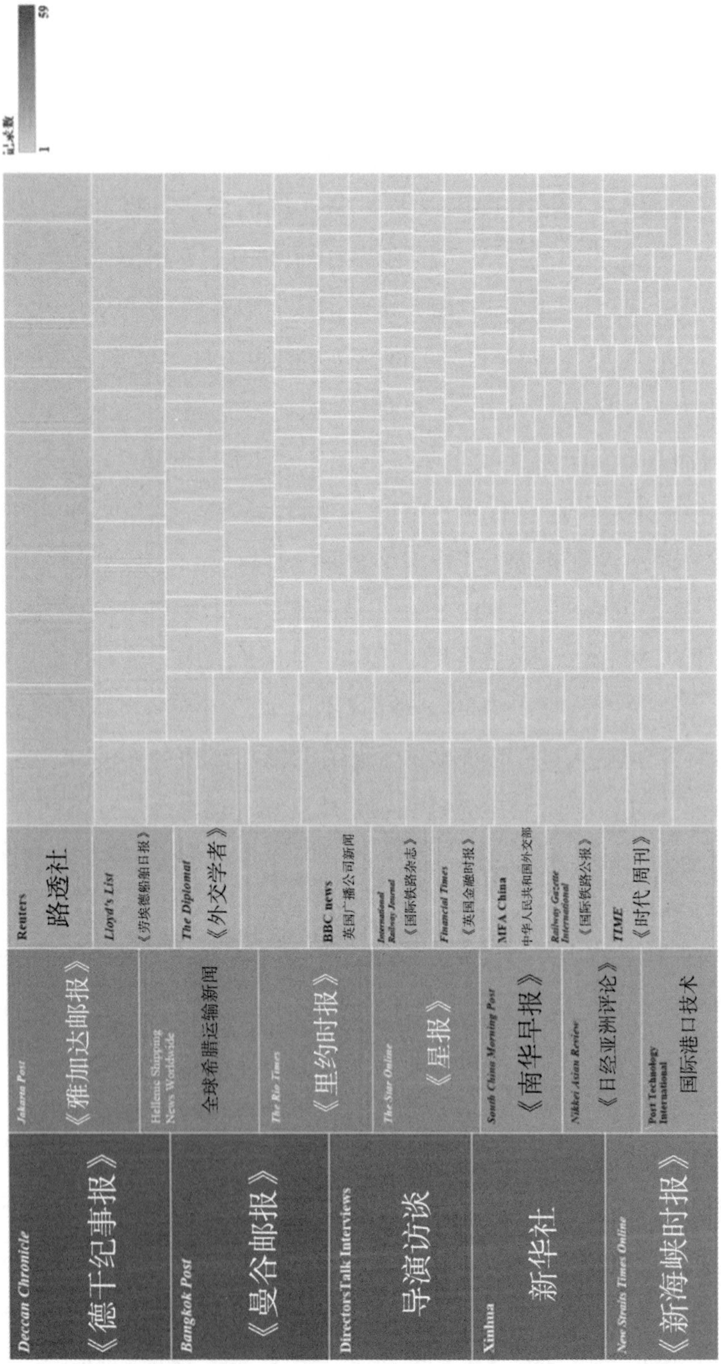

记录数

1 — 59

		Reuters 路透社	Jakarta Post 《雅加达邮报》	Deccan Chronicle 《德干纪事报》
		Lloyd's List 《劳埃德船舶日报》	Hellenic Shipping News Worldside 全球希腊运输新闻	Bangkok Post 《曼谷邮报》
		The Diplomat 《外交学者》	The Rio Times 《里约时报》	Directors Talk Interviews 导演访谈
		BBC news 英国广播公司新闻	The Star Online 《星报》	
		International Railway Journal 《国际铁路杂志》	South China Morning Post 《南华早报》	Xinhua 新华社
		Financial Times 《英国金融时报》	Nikkei Asian Review 《日经亚洲评论》	
		MFA China 中华人民共和国外交部		
		Railway Gazette International 《国际铁路公报》	Port Technology International 国际港口技术	New Straits Times Online 《新海峡时报》
		TIME 《时代周刊》		

图2　海外媒体报道数量分析

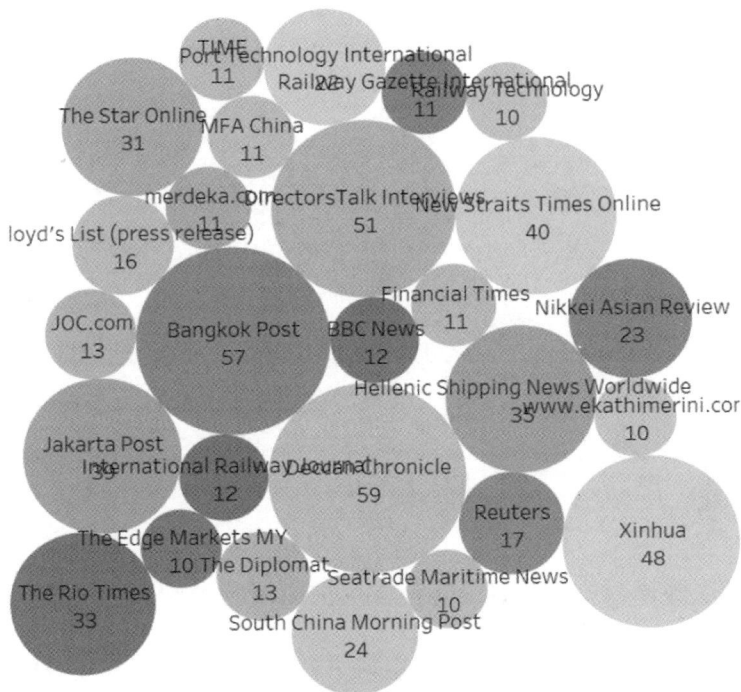

图3 海外媒体报道气泡

（三）媒体报道地域分布与铁路建设国家一致

选取报道数量在10篇以上的媒体进行地区分布分析（见图4），发现我国部分媒体在海外的消息发布和宣传上较为积极，其中新华社、《南方晨报》尤为突出。此外，媒体报道地域分布与铁路建设的国家具有一致性，泰国、马来西亚等国家与我国有铁路合作建设项目，德国与我国有港口合作建设项目，这些国家媒体的报道数量较多。值得注意的是，美国对于中国铁路"走出去"极为关注，马建英发现美国国内虽然也不乏一些理性、客观的声音，但是总体上对中国的意图存在较大疑虑，认为"一带一路"倡议是中国拓展国际影响力的战略工具，将给中美之间带来广泛的竞争，威胁美国在欧亚大陆的利益和领导地位①。

---

① 马建英：《美国对中国"一带一路"倡议的认知与反应》，《世界经济与政治》2015年第10期。

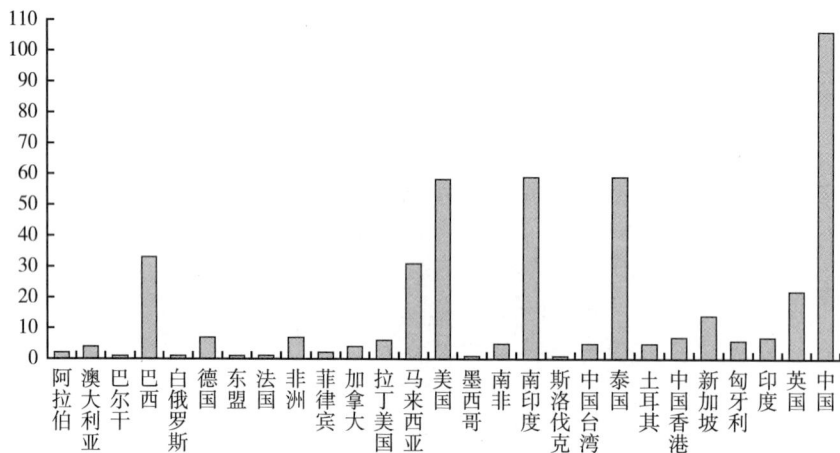

图4　报道地区分布

（四）媒体对中国交通"走出去"报道议题分析

对获取的1365篇报道的标题与内容使用gooseeker进行词频分析（见附录词频统计表），并使用Wordart制作关键词词云图（见图5），以期反映出海外媒体对于中国交通"走出去"过程中关注度高的部分。

图5　媒体报道的关键词词云

如图 6 所示, 海外媒体报道排名前五的关键词依次为"high-speed"(484 次)、"Jakarta-Bandung"(308 次)、"China's"(222 次)、"Sino-Thai"(186 次)、"Hungary-Serbia"(124 次)。出现频率最高的词为"high-speed", 这表明海外媒体的报道比较认可我国在海外建设的高铁等设施。值得注意的是, 频次高的关键词中主要为我国在海外修建高铁线路的国家与项目名称, 且"world's""country's"等宏观层面的词语也提及较多。总体看来, 海外媒体对于中国交通"走出去"的报道目前仍然停留在比较宏观的叙事层面, 缺乏完整与更加细节的报道。

标签词		词频
high-speed	484	28　　　　484
Jakarta-Bandung	308	
China's	222	
Sino-Thai	186	
Hungary-Serbia	124	
Brazil's	114	
Rio's	52	
world's	44	
Thailand's	42	
Indonesia's	40	
country's	36	
Djibouti-Addis	34	
state-owned	32	
Addis-Abeba	32	
China-Laos	28	

图 6 媒体报道关键词前 15

五 总结与建议

中国交通"走出去"取得新进展, 在此背景下, 根据媒体报道呈现的特点, 本文提出以下建议。

(一)争夺国际话语权, 变"他塑"为"自塑"

由研究可知, 海外媒体对中国交通"走出去"的关注度高。与此同时,以新华社、《南方晨报》为代表的我国媒体在海外宣传较为积极。但是相较于其他西方媒体，我国媒体在报道的数量与传播效果方面还有较大差距，影响力不足。这也一定程度上反映了国际传播领域的现状，依旧是"西强东弱"的传播格局，西方媒体牢牢掌握着国际话语权。尤其以美英等国的主流媒体为代表，它们用其强大的国际影响力左右着世界范围内的舆论。

　　一般来说，国家形象可分为"自塑"和"他塑"两个层面。从自塑的角度来说，国内媒体和政府机构通过形象塑造的过程，来引导和影响社会公众对国家价值的认知与情感归属，从而有助于实现对本国的国体、政体和文化价值观的共识与认同。从他塑的角度来说，现代传媒以其特有的海量信息集散特性、议程设置、公众舆论引导等功能，在全球信息环境中培养并影响着国际公众对他国形象的认知与态度，从而形成有利于本国利益的国际关系与互动行为[1]。由此可以推论，海外媒体的涉华报道也服务于其本国利益。由于"西强东弱"的传播格局，虽然我国综合国力和国际地位不断提升，但在国际上的形象很大程度上仍是"他塑"而非"自塑"，西方主观印象中的"一带一路"倡议与客观真实的"一带一路"倡议有较大差别。这就亟须国内媒体争夺国际上的话语权，增强"自塑"能力。因此，一方面，我国媒体在对外传播"一带一路"倡议时要善用 Facebook、Twitter、Instagram、Youtobe等重点平台以及新媒体技术去主动设置相关议题；另一方面，依附国外媒体平台对外传播仍然是戴着镣铐跳舞，传播能力与传播效果受限，我们应该去尝试打造属于自己的话语平台。此外，我国媒体需要增强"一带一路"倡议概念的国际性，并提升"一带一路"倡议价值观的普适性和感召力[2]。

（二）正确对待海外媒体的负面报道，有针对性地进行回应

　　本文文献综述部分发现海外媒体对中国交通"走出去"的报道倾向不一，存在不少负面报道，但我们不能谈"负面报道"色变。对待负面报道

---

① 陈薇：《媒介化社会的认知影像：国家形象研究的理论探析》，《新闻界》2014 年第 16 期。
② 任孟山、王琳：《新闻传播学领域对"一带一路"倡议的研究——对 2013～2019 年新闻传播学 CSSCI 来源期刊的文献分析》，《传媒》2020 年第 6 期。

要客观理性，不仅要考虑新闻本身正面、中立和负面的属性，而且要对报道方式、报道动机等做全面考虑，防止因为自身"刻板印象"而判断错误①。对海外媒体的负面报道需要具体问题具体分析，对客观、真实地报道"一带一路"倡议存在的问题我们应该进行反思。而对捏造事实、丑化"一带一路"倡议的负面报道，我们则要以主动传递真相进行反击，但目前对此类的负面报道我国媒体并未进行充足和深入的回应。以《人民日报（海外版）》为例，其对"一带一路"倡议的正面报道占93.3%，但对"一带一路"存在的风险几乎未涉及；此外，其只在2017年5月12日报道中简单介绍了人民日报微信公众号发布的文章《"一带一路"是空架子？中国当冤大头？用这些事实怼回去！》，对外界质疑进行的回应只停留在表层，不够深入。今后针对捏造事实、丑化中国的负面报道我国媒体需要进行更深入、更广泛的回应，以让海外受众了解"一带一路"倡议更加真实的形象。

（三）转变宣传思维，抓住海外受众心理

海外媒体对我国交通"走出去"的报道主要还停留在比较宏观的叙事层面，缺乏完整与更加细节的报道，这也一定程度上导致海外受众对中国交通"走出去"的认知碎片化并局限在表层，不够系统与深入。国内主流媒体有关"一带一路"倡议的报道则不只局限于政治、经济、外交等宏观方面，也会涉及与受众息息相关的议题，贴合受众的生活，并使用典型事件和通俗易懂的语言，增强对受众的吸引力。且传播认知的规律表明，大多数受众是通过自己的兴趣点来认识中国②。因此，我国媒体在"一带一路"倡议的对外传播与形象构建上不应只集中在大国形象的宏大视角上，也应该了解海外受众的兴趣点，做符合受众需要的内容。例如，我们可以多利用海外受众关注度较高的主题——法治、

① 王晓昆：《美国主流媒体"一带一路"倡议报道研究——以〈纽约时报〉〈华尔街日报〉〈华盛顿邮报〉为例》，《青年记者》2018年第6期。
② 王立松、崔竞月、陈茜萌：《"一带一路"国内外新闻语篇话语对比分析》，《天津大学学报》（社会科学版）2020年第2期。

人权、民主等，列举"一带一路"倡议与之相关的案例与事件，以构建我
国交通"走出去"更好的形象。

参考文献

龚婷：《"一带一路"：国际舆论反应初探及应对建议》，《对外传播》2015 年第 3 期。

伏学燕：《〈人民日报海外版〉与〈朝日新闻〉"一带一路"倡议报道的对比研究》，《新闻传播》2019 年第 4 期。

附录　词频统计表

标签词	词频	词性	标签词	词频	词性
high-speed	484	其他	Janeiro's	16	名词
Jakarta-Bandung	308	名词	Hungary's	16	名词
China's	222	名词	Shipping's	16	名词
Sino-Thai	186	名词	Malaysia's	16	名词
Hungary-Serbia	124	名词	Thai-Sino	16	名词
Brazil's	114	名词	Ports'	16	名词
Rio's	52	名词	Ethiopia's	16	名词
world's	44	名词	Budapest-Belgrade	14	名词
Thailand's	42	名词	Baku-Tbilisi-Kars	14	名词
Indonesia's	40	名词	China-Indonesia	12	名词
country's	36	其他	Japan's	12	名词
Djibouti-Addis	34	名词	cross-border	12	其他
state-owned	32	其他	COSCO's	12	名词
Addis-Abeba	32	名词	Bangkok's	12	名词
China-Laos	28	名词	Kong-based	12	其他
Ababa-Djibouti	26	名词	Russia's	12	名词
Greece's	24	名词	Ethio-Djibouti	12	名词
Europe's	24	名词	Belgrade's	10	名词
China-Thailand	22	其他	city's	10	其他
Thai-Chinese	22	名词	Serbia's	10	名词
Ethiopia-Djibouti	20	名词	Malaysia-China	10	名词
Chinese-built	18	名词	Kuantan's	10	名词